谨以此书献给

鄂尔多斯文博事业五十五周年

鄂尔多斯长城

ᠣᠷᠳᠣᠰ ᠤᠨ ᠤᠷᠲᠤ ᠴᠠᠭᠠᠨ ᠬᠡᠷᠡᠮ

鄂尔多斯青铜器博物馆　编著

科学出版社
北　京

内 容 简 介

本书是鄂尔多斯长城资源调查队在完成调查后所写的一部专著，内容翔实，研究独到。全书共分九章，内容涉及鄂尔多斯自然及历史的基本状况，战国、秦、隋、宋、明不同时期长城的修筑背景及原因，各时期长城的分布、走向、发现、考证及确认的过程，长城的相关遗址、历史人物、文化典故，长城的建筑特点、文化、保护等问题，是首部完整论述鄂尔多斯地区长城历史文化的专业著作，填补了相关学术空白，补充了鄂尔多斯地方史研究。

本书适合遗址保护研究、历史学、自然地理和旅游等领域的科研院所研究人员、高等院校师生等参考。

图书在版编目（CIP）数据

鄂尔多斯长城 / 鄂尔多斯青铜器博物馆编著 . —北京：科学出版社，2020.6

ISBN 978-7-03-065324-6

Ⅰ. ①鄂… Ⅱ. ①鄂… Ⅲ. ①长城 – 研究 – 鄂尔多斯市 – 明代 Ⅳ. ① K928.77

中国版本图书馆 CIP 数据核字（2020）第 091499 号

责任编辑：樊 鑫 闫广宇 / 责任校对：邹慧卿
责任印制：肖 兴 / 封面设计：金舵手世纪

科学出版社 出版
北京东黄城根北街 16 号
邮政编码：100717
http：//www.sciencep.com

北京九天鸿程印刷有限责任公司 印刷
科学出版社发行 各地新华书店经销
*
2020 年 6 月第 一 版 开本：787 × 1092 1/16
2020 年 6 月第一次印刷 印张：20
字数：465 000

定价：248.00 元
（如有印装质量问题，我社负责调换）

《鄂尔多斯长城》编委会

序

长城，自战国开始，在多个朝代，一直是作为一项北部边疆的重大防御工程，倾国家之力而持续修筑的。修筑长城所依据的原则是“因地形，用险制塞”，充分利用周围的地形条件，或沿着山脊修筑，或利用悬崖陡壁，或控制峡谷河川、交通要冲。修筑长城的目的是为了防御北方游牧民族的南下，人为地设置一道隔离线，在军事上做到易守难攻，政治上以求护卫中原王朝政权，思想上为了固守“夷夏有别”的封建正统观。长城的修筑，也的确体现了这种作用，因而修筑长城成为一种传统在中国历史上承续下来。当然也有例外，开明的唐太宗不修长城，他认为引起边患的原因是不能善待胡人，如能对华夷一视同仁，则无须筑墙而防也会四边安宁，盛世呈现。元、清也不修长城，因为江山一统，胡汉一家。历史上毕竟是以中原汉王朝封建正统观念为主导，据文献记载，有20多个诸侯国家和封建王朝修筑过长城，若把各个时代修筑的长城加起来，大约有5万千米，其中秦、汉、明三个朝代所修长城的长度都超过了5000千米。

内蒙古鄂尔多斯地区由于其特殊的地理条件和历史上复杂的民族关系，成为修筑长城朝代最多、分布较广的地区之一。2007年，国家文物局和国家测绘局启动了全国长城资源调查工作。是年5月，鄂尔多斯市长城资源调查工作全面开始。到2011年，用了4年时间，鄂尔多斯长城资源调查队对全市存有长城遗址的6个旗、区进行了全面而深入的田野调查。据调查，在鄂尔多斯市范围内，有战国、秦、隋、宋、明五个时代的长城遗存，总长228千米。同时，查清了长城遗址沿线的敌台、关堡、烽火台、女墙、藏身坑、瞭望室、挡马墙、壕沟等防御设施的遗迹。与此同时，进行了规范的室内资料整理工作，这项系统整理工作一直持续到2016年才得以完成，并出版了《内蒙古自治区长城资源调查报告·鄂尔多斯—乌海卷》一书。这是一项全面摸清鄂尔多斯长城遗存家底的基础工程，是保护长城资源重要的前提条件，无疑是一件功德无量的大好事。

这本《鄂尔多斯长城》就是鄂尔多斯青铜器博物馆长城资源调查队在完成调查后所写的一部专著。在这部著作中，介绍了鄂尔多斯自然及历史基本状况，详细分析了战国、秦、隋、宋、明不同时期修筑长城的背景和原因，各个时期长城的分布、走向、发现、考证和确认经过，长城的相关遗址、人物，长城的建筑特点、长城文化、长城保护等问题。这是鄂尔多斯第一部完整论述该区域长城历史文化的著作，具有填补学术空白的意义，对于鄂尔多斯地区史研究是一个重要的补充。

阅读这部著作，我对宋、明两朝在鄂尔多斯修筑长城的史实有了更深的印象。

作者说："鄂尔多斯宋长城作为内蒙古自治区唯一一段宋代军事防御设施，在全国范围内也属罕见。"所谓"罕见"，主要是指所谓的宋"长城"并非是一般由延伸的墙体组成的防御工事。这一工事设在北宋与西夏交界处——今准格尔旗丰州城，是以丰州城为中心，以沙梁川、清水川两道河险为依托，以永安砦、保宁砦两个砦址为护卫，以20余座烽火台为延伸的综合性防御体系。这个工事没有墙体建筑，而是由河川、烽火台、砦址组成的另一种防御形态，即利用地形条件构筑起一条烽燧线，同样起到了长城的防御作用。也可以说，它丰富了长城的形态，丰富了我们对历史上长城的认识。这一防御体系，在当时宋夏对峙、占据鄂尔多斯的西夏势力咄咄逼人的紧迫情势下，对于北宋王朝固守西北边防有着十分重要的意义。虽因地形条件难以修筑长城，但宋王朝丝毫没有怠慢，而是因地制宜地构建有效的军事防御体系，创造出了另一模式的"长城"。

明朝与北元势力的对抗，把鄂尔多斯推到了北部防卫的前线。当明王朝"复套"无望时，只好"弃套"，在明蒙交界的鄂尔多斯南缘构筑起防线，以期守住这条直通中原的最主要的通道。为此，明代成了在鄂尔多斯修筑长城最多的一个时期。这次长城资源调查更清楚地表明，明朝成化年间、嘉靖年间，在不到百年时间里，前后两次集中时间，聚集劳力，大规模地在鄂尔多斯南缘一线，修起了两道平行的长城，即所谓的"边墙"，称为"头道边"（嘉靖年修）、"二道边"（成化年修）。两道并行的边墙共长80余千米。这是明朝在整个北方军事防御体系中非常重要的一段。从保留较完整的头道边遗址可以看出，所修的边墙墙体高、壕沟深，还有一系列配套的烽火台、挡马墙、陷马坑、关堡等防御工程，足见明王朝的重视程度和明蒙对峙的紧迫状况。

宋、明两朝是鄂尔多斯历史上两个非常特殊的时期。鄂尔多斯前为宋、夏相争的前沿，后又是明、蒙对峙的地区。宋、明王朝均采取了传统的修筑长城防御和隔离的办法，不遗余力地修墙筑台，在当时，都起到了一定的防御作用，暂时地把异族拒之门外。

今天，当我们站在一个新的高度，从历史大势的角度来审视长城的修筑及其功能的时候，我们看到更多的是另一种结局。包括鄂尔多斯地区的长城在内，所处的自然地理位置是农耕业与畜牧业交界或交织的地带，两种经济有其天然的互补性，互相依存互相需要，同时造就了农耕文化与游牧文化的相互渗透和吸收。长城的修筑，试图将两种经济、两种文化隔开，但客观看来，反而依长城把两种经济、两种文化联结在一起，使中华经济格局更为完整统一，中华文化更为丰富多样。长城又是中国古代民族关系发展的产物。历史上中国两大民族群体——农耕民族和游牧民族之间的打打和和、和和打打往往是在长城一线展开，其结局不过是“兄弟阋墙”，隔而不能离，打而走向和，不断地交往、交流、交融，最终融为中华民族一家人。长城扮演了设计者、修筑者未曾预料到的一个角色，似乎成了“红娘”和牵线的“月下老人”，把长城内外各民族、各文化联系在一起，把不同生产方式的经济生活结合在一起，呈现出多元一体、一体多元的鲜明特征。长城作为一项伟大的建筑工程，凝聚着中国古代各族劳动人民的智慧、技术、发明和创造，是世界一大奇迹，是人类一笔重要的历史遗产。长城在中国历史上、在中华民族形成壮大的进程中，有着重要而独特的作用。

这个历史结局，也是本书作者所论述的基本思想。长城凝结着中国古代劳动人民的心血和智慧，积淀着中华文明博大精深、辉煌灿烂的文化内涵，体现着中华民族的精神品质和价值追求，已经成为中华民族的精神象征。

宁夏回族自治区政协原副主席，银川市委原书记，
宁夏大学原校长兼党委书记、教授
陈育宁
2017年8月

前　言

长城，作为世界文化遗产，是中华民族对世界历史文化的一大贡献，是世界历史文化百花园中的一朵靓丽的奇葩。1987年12月，联合国教科文组织将中国长城列入《世界遗产名录》。世界遗产委员会这样评价长城："约公元前220年，一统天下的秦始皇将修建于早些时候的一些断续的防御工事连接成一个完整的防御系统，用以抵抗来自北方的侵略。在明代（公元1368～1644年），又继续加以修筑，使长城成为世界上最长的军事设施。它在文化艺术上的价值，足以与其在历史和战略上的重要性相媲美。"

2007年，国家启动了对全国长城资源的专项调查。此次调查是由国务院在全国部署的一次全面摸清长城家底的行动，国务院副总理刘延东亲自到鄂尔多斯市，组织召开有关省区市分管文物工作的省区市领导的会议，亲自部署此项工作，要求各级政府高度重视。国家文物局会同国家测绘局，组织专家组为此次长城调查制定了详细的工作规程、技术路线并提出了相关要求。由于内蒙古自治区境内分布有全国最多最长的长城，因此，内蒙古自治区人民政府高度重视，成立了以区分管副主席为组长的领导小组，办公室设在自治区文物局，自治区文物考古研究所负责全区长城调查的业务指导和资料汇编；自治区人民政府为此次调查配备了交通工具、相关装备，并拨付了专项资金；根据内蒙古自治区人民政府和鄂尔多斯市人民政府的统一部署，在市政府成立了以分管副市长为组长的领导小组和设在市文化局的办公室，具体负责组织、协调全市的长城资源调查相关工作，负责人由市文化局分管文物工作的副局长和鄂尔多斯青铜器博物馆（即鄂尔多斯博物馆，当时为了在康巴什新区筹建综合博物馆，遂将鄂尔多斯博物馆更名为鄂尔多斯青铜器博物馆）主要负责人担任，组建了以鄂尔多斯青铜器博物馆为主要业务力量的"鄂尔多斯市长城资源调查队"。鄂尔多斯市的田野调查工作从2007年开始，至2010年结束，之后进入室内资料整理阶段，2016年完成并出版了《内蒙古自治区长城资源调查报告·鄂尔多斯—乌海卷》。此次调查和复查结果显示，鄂尔多斯市境内共发现战国、秦、隋、宋、明五个时代的长城，总长228千米。战国秦长城由南向北分布于伊金霍洛旗、准格尔旗、达拉特旗、东胜区，全长94千米；秦长城分布于鄂托克旗、达拉特旗，全长39千米；隋长城仅存于鄂托克前旗，全长12千米；宋长城分布于准格尔旗，共有20余座烽火台和3座古城址；明长城分布于鄂托克前旗、准格尔旗和鄂托克旗，全长83千米。其中隋长城和宋长城的发现是本次调查工作的一项重要成果。根据国家及自治区的要求，此次长城资源调查更加规范，更加专业，记录手段也运用了更多新的技术。

《鄂尔多斯长城》是鄂尔多斯青铜器博物馆在内蒙古自治区全区完成调查并正式出版《内蒙古自治区长城资源调查报告》各分卷之后所完成的一部专著。《鄂尔多斯长城》相比于《内蒙古自治区长城资源调查报告·鄂尔多斯—乌海卷》，不用因循从套书的许多规程性的范式，增加了后者所没有的内容，根据我的要求，特别增加了“长城文化”和“长城保护”部分，旨在对长城内外的生业以及对过去所没有注意到的问题进行揭示，进而把与长城相关的、长城所蕴含的文化内涵进行多维度的综合研究。正如《国际古迹遗址理事会（ICOMOS）文化线路宪章》（由国际古迹遗址理事会文化线路科学委员会编撰，于2008年10月4日在加拿大魁北克举行的国际古迹遗址理事会第十六届大会上通过）中对文化线路的识别和评估那样，《鄂尔多斯长城》要达到的目的是“必须把以下几个方面作为初步的、非结论性的证据，证明文化线路的存在：动态的社会、经济、政治和文化进程的表现，形成相关领域内不同文化群体之间的交流；被历史纽带联系起来的不同地理和文化地区之间共享鲜明的特征；各民族或不同文化的少数民族群体的迁徙及他们关系的证据；植根于不同社区传统文化的具体文化特色；遗产因素和文化习俗，比如典礼、节日和宗教盛典，这些因素和习俗具有代表性，代表了与线路意义和功能相关的某个文化和历史地区内不同特区所共享的价值”。基于调查资料的完整性和准确性，以确定其历史关系与动态功能，只有这样才能够使我们对长城有一个科学的认识，也才能在此基础上准确提出对长城的研究、评估、保护、管理与利用的规划。虽然给作者出了题，但是在这方面由于在过去的工作中注意不够，所以在深度和广度方面还感不足，期待着今后有更多研究者加入。

对于鄂尔多斯地区的长城，过去有不少学者对此进行了不懈的研究和考察。内蒙古自治区的文物工作者盖山林、陆思贤、唐晓峰等人分别在鄂尔多斯等地区进行了调查，发现了准格尔旗境内的战国秦长城和秦长城，发表了一批成果[①]。20世纪70年代，内蒙古博物馆文物工作队的田广金先生在伊克昭盟举办了文物干部培训班，在田野调查实习时，根据伊克昭盟文物工作站的尚志先生提供的线索，发现和确认了位于原伊金霍洛旗纳林塔公社境内的战国秦长城，遂将此信息告诉了我国著名的历史地理学家、陕西师范大学教授史念海先生。1979年夏，史先生在利用参加于呼和浩特市召开的长城保护与研究座谈会的契机到伊克昭盟实地考察后，发表了对鄂尔多斯境内战

---

① 盖山林、陆思贤：《内蒙古境内战国秦汉长城遗迹》，《中国考古学会第一次年会论文集（1979）》，文物出版社，1980年；文物编辑委员会编：《中国长城遗迹调查报告集》（内部发行），文物出版社，1981年；唐晓峰：《内蒙古西北部秦汉长城调查记》，《文物》1977年第5期。

国秦长城的考察文章——《鄂尔多斯高原东部战国时期秦长城遗迹探索记》[①]。20世纪八九十年代，内蒙古自治区文物工作队的李逸友先生多次到伊克昭盟，对长城进行了专题考察[②]。鄂尔多斯市的文物工作者也多次对鄂尔多斯境内长城进行了考察和调查，尤其是在1982～1989年开展的第二次全国文物普查中，对鄂尔多斯市全境长城进行了较为详细的调查，发现了达拉特旗境内的战国秦长城和秦长城，鄂托克旗境内的秦长城，准格尔旗、伊金霍洛旗和东胜区境内的战国秦长城，以及准格尔旗境内与此有关的遗迹、遗物。由于在此之前内蒙古自治区社会科学院历史语言研究所曾调查和发掘了位于川掌公社境内长城左近的秦汉广衍故城——石字湾古城址[③]，所以我们对准格尔旗境内的战国秦长城以及秦代以来秦文化在鄂尔多斯地区的分布有了一定的了解。我们认为秦人、秦文化与北方民族——主要是匈奴人及其文化的主要对峙与融合区就在以准格尔旗、伊金霍洛旗为中心的鄂尔多斯地区（这些年由于与内蒙古自治区文物考古研究所共同配合基本建设及煤矿开发，先后在这一地区进行了遗址、墓葬的考古发掘，获得了一批重要的考古资料，证明了这一认识）。文物普查中，我们同时对史念海先生关于战国秦长城走向的推测进行了更加谨慎的证实。起初在达拉特旗境内发现长城时，其周围分布有大量汉代遗物，当时达拉特旗文物保护管理所的同志们对此颇有疑惑，然史念海先生在其文章中早有提及："但在这里还有一事不能略而不言。此事为何？即所拾得数枚残瓦中，一枚花样略同，而条纹较粗，这是汉代瓦式，故与战国后期制品稍异。战国后期的长城之下，何来汉代瓦式？殊是引起滋疑。然证以历史记载，则不仅事出有因，而且佐证灿然俱在。秦统一六国之后，始皇又遣蒙恬北征，另筑长城于阴山之上。鄂尔多斯高原已同于内地，这里的长城亦已完成其历史的使命，宛如祭余的刍狗，等闲弃置，无人问。秦祚短促，才及二世。秦亡汉兴，匈奴又复南下牧马，抵于故塞。所谓故塞，自是指这条长城而言。汉王朝虽限于国力，未能还击，然据地设防，亦是不可或免的举动。汉初经常派遣守塞之卒，就是为了防守这条秦昭襄王时所修的长城。初期这些守塞之卒还是一岁而更，后来徙民塞下，成了长期的屯戍。直到汉武帝大举征伐匈奴时，这条长城才最终归于废弃。当汉卒在此防守之时，自必修葺秦卒所留的废垒旧堡。当地瓦砾堆中，战国后期残瓦中虽有汉瓦，也是理之必然，无足怪异。"[④]第二次全国文物普查中鄂尔多斯市的普查工作历时8年，参与普查人数达50余，在交通工具（近乎没有）、野外装备、相关设备非常落后，经费

① 史念海：《鄂尔多斯高原东部战国时期秦长城遗迹探索记》，《文物与考古》1980年第1期。

② 李逸友：《论内蒙古文物考古》，《内蒙古文物考古文集》（第一辑），中国大百科全书出版社，1994年。

③ 崔璿：《秦汉广衍故城及其附近的墓葬》，《文物》1977年第5期。

④ 史念海：《鄂尔多斯高原东部战国时期秦长城遗迹探索记》，《文物与考古》1980年第1期。

不足的情况下，文物工作者们凭着一颗颗对文物事业的热爱之心以及对普查工作的责任感，跋山涉水、风餐露宿、克服困难、不计得失，查得全市地上地下不可移动文物点共1000余处，为制定鄂尔多斯市经济社会发展规划和文物保护提供了宝贵的第一手资料。在此基础上分批次公布了各级重点文物保护单位，将历代长城根据保存情况，分段、分区域进行了重点保护。本次长城资源调查就是在第二次全国文物普查的基础上进行的一次更规范、更专业的专题调查。因此，本次调查所获得的数据更多，内容更丰富。

对于定居农业民族而言，长城是放大了的院墙，是农业民族为了保护自身利益而修筑的一道防御工事。长城不仅是人为的地缘政治分界线，更是一条自然分界线。以鄂尔多斯地区为代表的内蒙古自治区是中国北方天然的农牧交错带，由西向东以贺兰山、阴山和大兴安岭为自然分界线，南北气候截然不同，地质地貌差异明显。千百年来，长城逐渐变为一条沟通中原与北方、东方与西方文化的纽带，一条沿着气候与人文分界线由东向西或由西向东行走着的文化线路，而绿洲丝绸之路基本上就是沿着这条线开通的。对于文化线路遗产的定义与保护，国际古迹遗址理事会在《国际古迹遗址理事会（ICOMOS）文化线路宪章》中提出："由于文化遗产保护科学的发展，文化线路这一新概念显示出有关文化遗产视角的思想演变和与其相关的环境和区域规模的价值日益增长的重要性。这个概念提出一种新的遗产保护模式，将这些价值看作超越国界的共同遗产并呼吁进行联合努力。对于每个独立要素固有的价值，文化线路承认并强调其所有要素的价值是在整体中独立存在的部分。它还有助于阐释当代文化遗产价值的社会价值是促进社会和经济可持续发展的一种资源。文化遗产更为全面的概念需要在更加广泛的环境中，通过新途径来加以分析，以便描述并保护其与自然、文化和历史环境间直接相连的重要关系。作为发展的成果，文化线路的概念在本质上非常新颖、复杂，涉及多个方面。这是文化遗产保护理论与实践的定性新方法。……从历史上来看，文化线路既形成于和平交往，也产生自敌对冲突，然而在今天，文化线路代表了许多共同方面，超越了其最初的作用，为和平文化提供了特殊的环境。这种和平文化基于共同的历史联系，也基于宽容、尊重和对相关社区文化多样性的理解。……文化线路这一概念所传达的创新，展示了人类迁徙和交流特定现象的遗产内容，通过交流的线路而发展。这些线路有助于其流动，用于或是有意识地服务于具体特定的目标。……因此，文化线路不仅仅是蕴含文化价值、连接不同民族的交流和交通之路，还是独特的历史现象，这种现象不能被某人的想象而创建，而是那些恰巧具有共同特征的一系列相关文化遗产的沉淀。"

鄂尔多斯地区由于三面被黄河环绕，史称"河南地""河套"，蒙古语称"布尔陶亥"。随着鄂尔多斯部入居河套地区，鄂尔多斯遂被称为"右翼三万户之鄂尔多斯部驻牧地”，又被称为“伊克昭盟”。2001年撤盟设市后，该地区被称为鄂尔多斯市。“鄂尔多斯”（Ordos）这个名称被认为是“众多的宫殿”之意，应与鄂尔多斯部的职责与任务有关。

鄂尔多斯地区自然地理与人文环境极为特殊，处于东经106°42′～111°27′，北纬37°35′～40°51′，海拔高度为850～2149米。这里有丘陵、山地、沙漠、草原、河湖相湿地、黄河及河流冲积平原，地质结构复杂，又处于东南季风尾闾区，年降水量为200～400毫米，而年蒸发量却为2000～3000毫米，属于典型的半干旱和干旱气候区。西、北、东三面被黄河环绕，除了在黄河冲积平原和萨拉乌苏河流域有部分绿洲之外，本区大部为宜牧宜林区。其特殊的气候与环境造就了本地区特殊的人文环境。文物普查表明，自相当于旧石器时代中晚期的河套人及其文化以及水洞沟文化被发现以来，加上后来乌兰木伦旧石器时代遗址的发现，除了末次冰期之外，鄂尔多斯地区从相当于仰韶文化时期以准格尔旗坟堳遗址及其墓地为代表的新石器时代，至青铜时代、铁器时代，乃至历史上的各个时期，人类社会在鄂尔多斯地区的发生发展历程及其规律性通过文物普查以及已有的历史文献，使得我们对此有了一个较为清晰的认识。我们认为，在人类发展历史上，本地区所呈现出的生产方式的演进现象是原始采集→狩猎（包括渔猎）→种植业→畜牧业→游牧业→游牧业兼营部分农业；青铜时代以降，则表现为农业生产方式与游牧生产方式的交互进退，在国家、政权、政治联盟及部落集体层面则表现为相互对抗。同时，这里又是各种文化的汇聚之地，距今5000年左右时，相当于考古学上的仰韶时代晚期至龙山时代早期阶段，处于中国文化重组和社会变革即文明形成的剧烈动荡时代。由于鄂尔多斯地区特殊的地理位置和人文环境，该时期分布于甘、青、宁地区的考古学文化沿着长城地带向东发展，分布于赤峰、辽西、天津、北京、河北地区的考古学文化也沿着长城地带向西发展，加上本地区所特有的文化特点，使鄂尔多斯地区成了文化漩涡地带，本地区的考古学文化得到了空前的发展，为创建古代多元文明社会积累了丰厚思想与物质基础。朱开沟文化的发现与确立，证明“鄂尔多斯青铜器”（或“鄂尔多斯式青铜器”）即起源于鄂尔多斯及其邻近地区。在距今3500年左右，因为气候与环境的变化，生活在本地区的人们为了适应生存环境的变化，及时调整生存方式，由原来的种植业生产方式转变为畜牧及游牧生产方式，并随着环境的不断变化以及来自欧亚草原游牧文明的信息传入，出现了以“鄂尔多斯青铜器”为代表的北方草原青铜器（被学界称为“北方青铜器”），基本沿长城一线分布，形成北方草原青铜游牧文明。在其成长和发展的过程中，不断受到来自欧亚草原以及中原的影响，春秋战国时代发展至鼎盛时期，其分布范围向南沿长城至燕山以北地区并影响到中原地区，向北分布到整个蒙古高原和南西伯利亚草原的米努辛斯克盆地，向西分布范围可达新疆以至黑海沿岸，向东到海，其分布范围之广、影响之深在中华文化历史上是少有的，不仅改变了区域文化发展进程的格局，还影响了整个中国乃至世界历史的进程。至此，沿着这条长长的农牧交错带所形成的农业生产与游牧生产的交互方式，在递进的过程中，同时形成了边际效应。从有记录的商王朝时代开始，以中原王朝为代表的农业集团与以北方草原各游牧集团之间的对抗与交流融合就在这条农牧交错带上进行；中原各时期的王朝政权为了巩固其国土安全，往往要修筑“边墙”，国与国之间要修，尤其是春秋战国以后，如燕赵长城、齐鲁长城等，为防止游牧民族和其他诸侯国的侵扰，秦、赵、魏、燕等国更是沿着农牧交错带，在各自势力所及之处修筑了长城；自秦汉等统一的王朝政权以来，沿长城一线与北方民族的防御、对峙、战争、和平、交流、融合就成了一种常态和规律。每当中原王朝强盛之时，边塞则安宁，积贫积弱或统治衰萎腐朽之时，则边塞防护洞开，北方民族长驱直入，对中原王朝形成巨大的冲击。纵观中国历史，凡北方民族突破长城防线入主中原者，均或多或少地对古老中国的封建社会体系造成了影响，有些如拓跋鲜卑之北魏、蒙古之元朝、女真（满族）之清朝则使中国封建社会体系形成了重组，尽管有时阵痛，打破了原有的平衡，但是从宏观的角度观察，这些北方民族入主中原，推动了中国社会的发展与进步，对构建中华民族共同体做出了贡献。流动性是北方游牧民族的根本属性，当游牧文明诞生之时，便在欧亚草原腹地大通道上驰骋往来，充当了中西文化交流的使者。由于游牧生产方式的局限性，有许多生活必需品需要通过交换获得，抵御自然灾害的能力又较弱，古老富庶的中原地区便是其依靠和来源，所以长城一线始终是交互之所，或以战争的方式，或以和平的方式实现其需求。鄂尔多斯地区人类社会发展的历史证明，作为农牧交错带的鄂尔多斯是游牧民族的理想乐园，在这里可耕可牧，由于气候、环境、土壤等方面的原因，这里可以满足有限度的农业开发，广阔的牧场是游牧民族的乐享之所；同时又紧邻农业区，可以实现与农业区域的商品交易。自“鄂尔多斯青铜器”及其拥有者——畜牧、游牧民族在以鄂尔多斯地区为代表的长城沿线诞生之后，作为其诞生地，游牧民族对此地有着深深的眷恋之情，荤粥、鬼方、戎狄、林胡、匈奴、鲜卑、突厥、党项、蒙古等各族相继入居，在鄂尔多斯及其邻近地区的数千年历史上，此进彼出，争相演绎，是一部浓缩了的北方民族关系史。

1206年，成吉思汗建立了大蒙古国，随着帝国势力的扩张以及与西夏王国的战争，蒙古族始居河套地区（今鄂尔多斯地区）。1227年，成吉思汗在最后一次征讨西夏时因伤病逝世。成吉思汗逝世时，随行的也遂皇后，窝阔台、托雷两位皇子和博斡尔出、速别台等将军，基于萨满教之思想内核以及蒙古人灵魂不灭的意识，按照萨满教的仪轨，将一缕白色骆驼头顶上的绒毛置于成吉思汗之口鼻处，以供成吉思汗之灵魂依附，又建立白色宫帐，将成吉思汗画像及部分遗物一并供奉，成为象征成吉思汗陵寝的“奉祀之神”，在宝日陶亥（蒙古语“河套”，即鄂尔多斯）和漠北分别建立了“奉祀之神”。《蒙古源流》载：“因不能请出（成吉思汗）金身，遂造长陵共仰庇护，于彼处立白屋八间，在阿勒台山阴、哈岱山阳之谔特克地方建立陵寝，号为索多博克达大明青吉斯汗，其后遂留传至今云。”[①]由此，蒙古族文化在本地区留下了深深的烙印[②]。

元代以前的鄂尔多斯地区大部属党项西夏，与宋、辽、金在本地区呈掎角之势。元代设立陕西四川行中书省，治京兆（今西安），下设察罕脑儿宣慰使司都元帅府，辖今鄂尔多斯地区，包括今乌海市的海勃湾区，治所位于今乌审旗萨拉乌苏河畔，察罕脑儿不仅是元代驿站枢纽，也是中西文化交流通道（丝绸之路）上的一个重要节点地区，还是当时重要的军事牧场。是元代鄂尔多斯地区行政、军事、经济、交通的中心。1272年，皇子忙哥剌被忽必烈封为安西王，领蒙古四千户驻牧于此。有元一代，本地区一直作为中央政府直属的14个皇家牧场之一由皇子领治。

“中国自古就有若干条由北方草原通向欧亚草原腹地的‘草原丝绸之路’。13世纪的东西方之间交流的主要交通干线是由大都出居庸关，经西京（大同）、河套（包括汪古部封地）、唐兀（宁夏）、凉州（武威）、甘州（张掖）、肃州（酒泉）、出嘉峪关通往西域是为陆路……而大多数人所不知的是元代有两位中国的景教徒、汪古部人拉班·扫马和拉班·马可，曾经从汗八里（元大都）出发，经汪古部东胜州（河套），前往中东，进行宗教和政治活动，并受蒙古帝国的派遣，出使今天的土耳其、意大利、英国和法国等国，成为最早踏上欧洲大地的中国人，详细记录了沿途各地的政治、宗教、社会、经济等方面的情况，后人根据他们的游记经过整理，于1895年分别在巴黎和莱比锡出版了叙利亚文的《大总管马·雅巴拉哈和拉班·扫马传》。因与同时代的马可·波罗反方向走了同一条路，所以被学界称为‘逆向的马可·波罗’。他们对于中西文化交流互鉴做出了巨大的贡献。”[③]

鄂尔多斯部是因祭祀和守护成吉思汗灵寝——‘八白宫（室）’之神圣使命而组成的‘部落’。历史上其人员结构由蒙古各部万户、千户选派之忠诚勇士，由早期“四大鄂尔多”（“四大鄂尔多”是指成吉思汗早期的四个大本营，分别由四位夫人管理）守护者、兀良哈人、成吉思汗怯薛军（成吉思汗亲军、“万名贺希格腾”）、成吉思汗大将之后裔和成吉思汗黄金家族等组成。成吉思汗黄金家族后裔、清代著名学者萨冈彻辰说：“鄂尔多斯乃为汗守御八白室者，承受大任之兀鲁思。与其相对的

① （清）萨冈彻辰著，乌兰译注：《蒙古源流》，内蒙古大学出版社，2014年。

② 厄·阿斯儒：《鄂尔多斯的敖包》概述，文物出版社，2019年。

③ 陶贝卿：《回望元朝——元代丝绸之路》概述，2020年拟出版稿。

兀良哈为守护成吉思汗御陵之人，同为承受大任之兀鲁思。”[①]1368年，元顺帝退走漠北，建立了北元政权，在元大都的太庙——“八白宫”，亦随着北元政权迁至漠北。15世纪中叶，随着鄂尔多斯部大批入居宝日陶亥地区，漠北奉祀之神、四大鄂尔多和鄂尔多斯奉祀之神会合于宝日陶亥。1468年，被称为“中兴之主”的巴图孟克——达延汗重新统一了蒙古各部，将蒙古各部划分为六个万户。此时的鄂尔多斯部属于右翼三万户之一，设济农（晋王），专司管理守护奉祀之职。随着北元末帝林丹汗抗清失败，退走青海途经鄂尔多斯时，又将“全体蒙古人总神祇”组成部分、左翼察哈尔部所奉祀的查干苏勒德等部分圣物也留存至宝日陶亥。明朝时，在本地区的“八白室”的部分一直处于秘密状态，直到明万历年间鄂尔多斯部大部入居布尔陶亥时，便与鄂尔多斯部所奉祀的“八白室”的其他部分合并一处。此后，除了在抗战时期为了躲避战乱和防止日本侵略者的劫掠，分别西行至甘肃省和青海省（1954年返回）而短暂离开鄂尔多斯地区之外，再没有离开过。鄂尔多斯部所守护与供奉的成吉思汗“八白宫”，遂成为全体蒙古人永世景仰的灵魂与精神的象征。

鄂尔多斯部所特有的使命感和聚合性使得鄂尔多斯部从其入居宝日陶亥地区以后，便将与“全体蒙古人总神祇”有关的圣物集中于此地。除了鄂尔多斯部，其他蒙古部落中也有陆续向该地集中者。据著名国际蒙古学家、鄂尔多斯学创建者、比利时天主教神甫昂突瓦耐·莫斯特尔（Antoine Mostaert，汉名为田清波，为叙述方便，下文采用汉名）的调查研究，在鄂尔多斯地区有181个蒙古姓氏。这些姓氏来自不同的部落，有的姓氏非常古老。田清波在鄂尔多斯地区生活和传教长达20年之久（1905～1925年），研究范围涉及鄂尔多斯蒙古人的语言、历史、宗教、文学、俚语、传说等，对其语言、宗教、文学的研究造诣尤其深厚，发现了蒙古高原古代信仰基督教部落之后裔——厄尔呼特人[②]。尽管当时以鄂尔多斯地区为代表的整个蒙古地区的民众已经普遍深度信仰佛教，对异教徒十分排斥，但厄尔呼特人仍然在秘密地信奉着那个“神秘宗教”。据田清波研究，这个所谓的“神秘宗教”就是已经销声匿迹很多年的基督教之东方教派——聂斯托里派——景教。所有这些就构成了鄂尔多斯部人群组合的复杂性和文化及宗教构成的多元性。自鄂尔多斯部进入该地区后，地理环境对其文化的影响巨大：南面是汉族农业文化区域，西南则是藏族文化区域。从彼时鄂尔多斯部便与明朝时战时和。明朝政府为了创造一个和平的环境，应要求开放了边境。据《万历大明会典》和《万历武功录》载，明朝沿长城设置了多个互市场所，双方进行官方及民间贸易，在一定程度上促进了双方文化的交流，但是真正打通界限，

---

① （清）萨冈彻辰著，乌兰译注：《蒙古源流》，内蒙古大学出版社，2014年。

② 田清波：《鄂尔多斯志》，《辅仁大学学刊》1934年卷九。

开启蒙汉人民互通并融为一体的历史节点还是清康熙三十六年（1697年）。该年，伊克昭盟盟长松喇布奏请康熙皇帝“乞发边内汉人与蒙古人一同耕种黑界地”，“一体贸易，与民杂耕”，康熙皇帝允之。所谓“黑界地”是清顺治年间，清政府为了限制蒙人与汉人联系，沿长城设置的“一条长2000里、宽50里的禁地”，“禁地”中不许汉人耕种，不许蒙人放牧，完全隔绝了两地之间的交往。“黑界地”的宣告破除，完全打通了蒙地与汉地之间的联系，实现了真正意义上的文化交流。该地与藏地之间的文化交流则是起自1578年。“（鄂尔多斯执政官）胡图克台·彻辰·洪·台吉协助其叔祖父——土默特之阿拉坦汗经过多年征战，把搞分裂的卫拉特部征服后，向阿拉坦汗提出利用黄教的精神力量巩固战果、维护蒙古统一的建议。……于1578年5月至青海察布恰勒庙同三世达赖喇嘛索南嘉措进行了会晤。阿拉坦汗决定在蒙古地区废除萨满教，信奉喇嘛教，建设寺庙，保护喇嘛；允许喇嘛享有特权，免除徭役赋税，高僧享有与蒙古贵族同等的待遇等一系列特权。”[①]于是佛教大举进入鄂尔多斯乃至整个蒙古地区，使得该地区的文化结构发生了重大变化。

清朝，尤其是1649年清廷实行盟旗制度以来，鄂尔多斯部设六旗，分为左右各3旗，后增设扎萨克旗，形成7旗，每三年会盟一次。因首次会盟于当时本地区最大的藏传佛教寺庙——王爱召，而伊克昭系蒙古语，意为“大庙”，故称其为“伊克昭盟”。由于清朝政府这一“画地为牢”制度的限制，鄂尔多斯部再未离开本地区，使鄂尔多斯部所特有的蒙古族文化深深地植入鄂尔多斯的历史文化土壤之中，而其中的帝王祭祀文化——以奉祀成吉思汗灵寝“八白室（宫）”以及以此为代表的成吉思汗黄金家族成员陵寝奉祀，一并成为鄂尔多斯（部）之魂。由此形成的忠诚、责任、勇敢、智慧、坚韧，成了鄂尔多斯人的品质与性格，至今主导着鄂尔多斯地区人们的行为和操守[②]。

鄂尔多斯农牧交错地带的环境特质，决定了人类利用土地的方式。鄂尔多斯地区不宜大面积开垦土地，这是生活在此地的人们经过长期摸索得出的结论。著名考古学家张忠培先生在为《鄂尔多斯文物考古文集》（第二辑）写的序中说：“侯仁之、俞伟超两位先生于1963年深入乌兰布和考察，而在1973年发表的《乌兰布和沙漠的考古发现和地理环境的变迁》一文所揭示出来的事实。我在《河套地区先秦两汉时期的生业文化与环境》一文中对两位先生揭示出来的事实，进行了一点说明，即沃土变沙漠的原因，是汉武帝从河套驱走匈奴后，移民屯垦，破坏了草原及其赖以生长的类似湖相沉积的黏土，从而大大助长了强烈的风蚀作用，导致了流沙的形成，使草原变成了

① 厄尔呼特·宝山等：《鄂尔多斯史札》，内蒙古大学出版社，2011年。

② 厄·阿斯儒：《鄂尔多斯的敖包》概述，文物出版社，2019年。

沙漠。这是建武二十六年（公元50年）东汉王朝撤回河套地区移民的原因。”[①]在鄂尔多斯历史上这样的例子比比皆是，凡大面积开垦土地过后，就是一次大面积沙化、生态环境遭到破坏的过程，而生态环境得到修复则需要很长时间，这个时候（生态修复期）往往是游牧民族在本区域表现得最活跃的时期。

鄂尔多斯是一个富有革命斗争精神的地区。自鸦片战争以来，由于帝国主义列强的入侵，清政府内忧外患，不断加大对广大人民的剥削和压迫，沉重的苛捐杂税和劳役，使人民群众苦不堪言，人民日益贫困化，反帝反封建的浪潮风起云涌。自19世纪50年代起，鄂尔多斯地区就不断爆发以“独贵龙”为形式的反抗斗争。至民国初期，“独贵龙”运动主要以反抗封建王公的横征暴敛、清政府以及北洋政府放垦土地，要求减轻赋税徭役为主要内容，当地广大牧民尤其对开垦牧场等行为深恶痛绝。其中最著名的是20世纪初由锡尼喇嘛领导的“独贵龙”运动。锡尼喇嘛，本名乌力吉吉尔格勒，乌审旗嘎鲁图布寨人，是近代蒙古族著名的民族民主革命家。辛亥革命后，乌审旗人民由于不堪忍受北洋政府及封建当局的苛政压榨和土地放垦政策，在锡尼喇嘛的领导下掀起了声势浩大的“独贵龙”运动。1912年，锡尼喇嘛组织60个“安达”（盟兄弟），将参与的群众编成11个“独贵龙”组织开展斗争。1915年，“独贵龙”运动取得胜利，建立了民主政权——公众委员会，从而控制了乌审旗的政权局势，使得旗衙门政权陷于瘫痪，锡尼喇嘛乘机宣布废除一切官差摊派和军政徭役。1919年，锡尼喇嘛被诱捕。1920年，在北洋政府和地方封建势力的联合镇压下，“独贵龙”运动失败了。锡尼喇嘛越狱后，1921年到北京了解了“五四运动”“十月革命”等的情况，并于1922年与共产国际组织和中国共产党北方地区的领导人李大钊取得了联系。1924年，锡尼喇嘛赴乌兰巴托。1925年，他当选为内蒙古人民革命党中央执行委员。1927年，在第三国际和中国共产党的帮助下，锡尼喇嘛建立了乌审旗保卫队（后改编为内蒙古人民革命军第十二团），并任团长。1929年，锡尼喇嘛被暗杀。他所领导的“独贵龙”运动是鄂尔多斯历史上持续时间最长、群众参与最广、有组织、有纪律、有武装，并一度建立了政权组织的运动。锡尼喇嘛曾经带领“独贵龙”群众和十二团的战士们同北洋军阀和封建王公进行了英勇的斗争，对北洋政府和蒋介石政权产生了很大的震动，尤其从根本上动摇了乌审旗的封建政权，在鄂尔多斯地区乃至整个内蒙古高原产生了非常大的影响。鄂尔多斯地区这些以“独贵龙”运动为形式的斗争虽然都以失败而告终，但它却昭示了鄂尔多斯蒙古族人民不屈不挠的斗争精神和机智的斗争策略。“独贵龙”运动以其独特的斗争形式，播下了革命的火种，培育了革命传统的土壤。

---

① 张忠培：《鄂尔多斯文物考古文集》（第二辑）序，远方出版社，2003年。

20世纪20年代初，中国共产党人毛泽东即提出要“帮助蒙古、新疆、西藏、青海自治自决”。1922年7月，中共“二大”通过了民主革命基本纲领，主张“蒙古、西藏、回疆三部实行自治，成为民主自治邦”。1923年，李大钊出版了《平民主义》一书，明确反对民族压迫。1925年，李大钊发表了《蒙古民族的解放运动》一文。1925年10月，中共中央通过了《关于蒙古问题决议案》。中国共产党一直对内蒙古的民族问题高度关注，尤其是1935年中央红军到达陕北后，在瓦窑堡召开了著名的中共中央政治局扩大会议，并发表了《中华苏维埃中央政府对内蒙古人民宣言》（简称“三五宣言”）。该宣言专门阐述了内蒙古的民族问题，认为内蒙古各民族正面临着“被剥夺一切政治经济权利，最终完全被日本侵略者奴役和剥削，内蒙古地区的各个民族正面临前所未有的危机”的局面，提出“不管你们的领导者是王公贵族或平民，我们都可以给你们以善意的实力的援助”。这是中国共产党结合内蒙古的实际，系统阐述内蒙古的民族问题，指导内蒙古民族解放斗争的纲领性文件，使饱受剥削和压迫的鄂尔多斯人民看到了希望。1928年，乌审旗人张云程（张鹏飞）、石作琦等三人成立了中国共产党乌审旗第一个党小组。1929年，准格尔旗成立了伊克昭盟最早的党支部。20世纪20年代，乌审旗黄金家族贵族、世袭台吉奇国贤（蒙名：道布庆道尔吉，乌审旗沙尔利格朝岱人，《蒙古源流》作者萨冈彻辰世孙）在前往北京和西安时就积极了解中国共产党的有关情况。以刘志丹为首的陕北红军在陕北开展革命斗争时，与乌审旗的进步人士跨过长城，通过文化、贸易等渠道建立了良好的关系。奇国贤主动提出接受共产党领导、欢迎红军进驻乌审旗，成为伊克昭盟地区第一个倾向革命的民族上层人士，使乌审旗成为接受革命影响最早、最深的旗之一。1934年，陕北党组织分别在巴图湾和掌高图建立了党支部。“三五宣言”后，中共中央先后派毛泽民、高岗、赵通儒、张德生、曹动之、徐子述、白汉臣、田万生等一批干部到乌审旗沙尔利格等地乃至鄂尔多斯西南部地区开展工作。此时，奇氏家族的大宅子——“大库圙”（大库伦）和西公商就成了这些革命干部的落脚点和联络处。奇国贤数次秘密通过长城脚下的张冯畔到延安，拜见毛泽东等中共领导人，对中国共产党及其主张有了更加深入的了解。奇国贤、奇金山（蒙名：哈诺墨拉）兄弟先后与高岗、张爱萍、赵通儒、曹动之、曹布诚、田万生、张金贵等人拈香叩头，互称“拜什”（兄弟），结为生死弟兄。正是由于以奇国贤、奇金山等为代表的鄂尔多斯蒙古族上层贵族加入革命的阵营，中国共产党所领导的革命斗争事业才能够顺利越过长城深入草原腹地，为建立鄂尔多斯西南地区革命根据地创造了条件。1936年8月，中共乌审工委在乌审旗河南建立。10月，中共三段地工委建立。抗日战争爆发后，伊克昭盟战略地位更加凸显，它不仅是陕甘宁边区长城外的北方门户，也是阻止日本侵略者西进南下的重要屏障，同时又是国民党驻扎大批军队和党、政、情报人员之地，因此，是国、共、日三方激烈角逐之所。1937年2月，乌审旗组织37人的牧民考察团赴延安考察。考察团向毛泽东等中共领导人赠送了大黄走马、狐皮及奶食品等，中共中央则向牧民考察团回赠了枪支弹药等物资。此后，乌审旗又组织了两批包括蒙古族上层人士在内的蒙古族群众到延安进行考察，使得中国共产党在鄂尔多斯地区有了广泛的民意基础，影响进一步扩大。1938年，中国共产党在桃力民建立伊盟工委和河套工委。是年春，位于长城脚下的中共河曲县委在准格尔旗的马栅、长滩建立了三个党支部。1942年11月4日，奇国贤被国民党伊克昭盟警备司令陈长捷诱骗至东胜，以“通共”之罪名于11月13日杀害。1943年3月26日，以陈长捷为代表的国民党政府，强行在伊盟推行垦荒暴政，激起了以伊克昭盟盟长、绥靖蒙政会委员长沙格都尔札布为代表的伊克昭盟各界的强烈反对，地方武装与国民党军队发生激烈冲突。国民党政府闻讯后慌忙派兵镇压，此时，沙王通电全国，得到了中国共产党及全国各界支持，成为震惊全国的事件。通过坚决反抗和谈判，国民党政府最后不得不答应沙王代表伊克昭盟各方提出的要求，将陈长捷撤职，并暂缓开垦蒙地和征派粮畜等。这次反抗斗争取得了胜利，史称“三二六事变”。

为响应此次事变，1943年4月15日，奇金山率乌审旗保安队起义，得到了广大民众的大力支持，数天之内队伍发展至数千人。随着斗争形势的发展，奇金山接受中国共产党的领导，将所属部队改编为乌审旗骑兵团，并任团长。1944年，党组织安排奇金山赴延安学习并接受军事培训，回到乌审旗后在乌审工委的领导下，依托陕甘边区，在乌审旗西部的纳林河、河南、沙尔利格一带建立起了较为巩固的革命根据地，同时在红军军事干部的指导下训练革命队伍，还加入蒙汉抗敌联合会，开办工厂、商店，为根据地人民服务。奇金山及他所领导的部队创建和巩固了西乌审革命根据地，为延安建立起了一道安全屏障，为在少数民族地区建立少数民族的革命武装做出了重要的贡献。1945年2月16日，奇金山团长被国民党顽固派偷袭杀害，年仅51岁。1945年5月4日，中国共产党中央民族事务委员会和蒙古同学会在延安成吉思汗灵堂举行追悼大会，乌兰夫主持追悼大会，并在延安《解放日报》上撰文悼念了这位蒙古族的“抗战与民族运动的英雄”，赞誉奇金山是“西乌审的坚决抗日、有民主思想、深得人民爱戴的一位进步将领”。奇金山被害后，他在城川民族学院正在上学的儿子朗合岱等亲属，在其叔父和中共地下党的带领下，赴延安向中共中央汇报奇金山被害的情况。毛泽东同志亲自接见了朗合岱一行，指示要把奇金山曾经领导的这支队伍保护好，要为奇金山报仇，让朗合岱担任这支队伍的排长，并为他们一行赠送了一批枪支弹药。奇金山虽然被害，但他所建立起来的革命队伍之后成长为一支坚强的革命武装。伊盟蒙汉支队就是在这支队伍的基础上建立起来的，在这支队伍中涌现出了许多英雄人物，如三营营长那顺德力格尔。那顺德力格尔之后任陕甘宁边区政府委员。因病逝世后，陕甘宁边区政府主席林伯渠亲自主持追悼大会，毛泽东同志高度评价那顺德力格尔同志。奇金山被害后，当时任副团长的王悦丰被任命为团长，其后，中国共产党不断派干部到这支队伍任职，以加强其革命干部力量；后将队伍扩编，称之为“西乌审部队司令部”，王悦丰任司令员。随着革命形势的发展，队伍不断成长壮大，这支队伍先后改编为蒙汉支队、伊盟支队司令部、伊盟军区司令部（军分区）等，王悦丰同志一直任司令员。这支队伍从抗日战争到解放战争期间，浴血奋战，转战长城内外、伊克昭盟各地，甚至陕北地区，为保卫延安及陕甘宁边区，为伊克昭盟的人民解放事业做出了重要贡献。中华人民共和国成立后，王悦丰同志任伊克昭盟第一任盟长。

延安民族学院是中国共产党为了培养少数民族革命干部于1941年9月18日在延安成立的。1945年，延安民族学院迁址于鄂尔多斯西南鄂托克旗之城川。中国共产党在这里培养了一大批少数民族干部，这些少数民族干部在内蒙古及其他少数民族地区的民族解放事业中发挥了重要作用。时任内蒙古自治区党委副书记、城川民族学院副主任的王铎这样评价延安—城川民族学院：“培养少数民族革命干部是中国革命的一项战略任务。中国的革命战争是包括各个少数民族在内的整个中华民族和中国人民的解放战争，少数民族自身的解放斗争是中国革命的重要组成部分。……民族学院的创建，为我党大批地培养少数民族革命干部开辟了广阔的前景。这样有计划地大批培养少数民族干部，在我党历史上是第一次，这是我们党的一个伟大创举，成为我党民族干部教育史上第一个里程碑。”延安—城川民族学院从1945年3月迁入城川，至1948年底撤销，不过三年多的时间，学生们在这里一边学习一边打仗，学校则不仅培养了一大批各族革命干部，为中国人民的解放事业输送了有生力量，还在这里汇集了一批理论研究者，对中国共产党在民族地区如何开展工作以及民族区域自治等问题进行了积极的探索，使内蒙古成为我党实施国家统一和民族团结的民族区域自治制度的一个伟大试验场，为在全国实现第一个少数民族自治区——内蒙古自治区的建立积累了经验。

伊克昭盟（鄂尔多斯地区）的革命斗争是全中国人民解放事业的重要组成部分。在反帝反封建以及反对国民党反动统治的长期斗争中，伊克昭盟各族人民为此不屈不挠，前赴后继，为民族解放事业做出了突出的贡献，留下了可歌可泣的事迹，建立了不朽的功勋。许多动人的故事就发生在长城内外、黄河岸边，而古老的长城像是一条红色的纽带把长城内外的蒙汉等各族人民紧紧地联系在一起，为鄂尔多斯文化注入了红色的基因，谱写了一曲在中国共产党领导下鄂尔多斯各族人民主动融入中国人民伟大解放事业的凯歌，是我们应当继承和弘扬的一份珍贵的红色文化遗产。

鄂尔多斯地区的历史，是一部波澜壮阔的人类社会发展史，更是一部浓缩了的中华民族北方民族发展史。自鄂尔多斯河套人以降，鄂尔多斯地区的人们顺应历史发展，在追求美好生活的过程中，克服艰难险阻，用勤劳和智慧，不断创造奇迹，创造历史。鄂尔多斯独特的地理环境为本地区历史上的人类社会的发展创造了一个特殊的环境。这里的人们在创造历史文明的过程中，不断受到来自东南西北各方面人类文化成果的影响，这些文化因子与本地文化的融合，又造就了新的文化成果。鄂尔多斯犹如一个巨大的海洋漩涡，在这里生成人类文化的暴风雨后又向周围扩散，其影响范围十分广大，对世界人类文明的发展以及中华民族的形成做出了积极的贡献。

《国际古迹遗址理事会（ICOMOS）文化线路宪章》指出："文化线路是人类不同文化间联系互动的动态且连续发展的过程，反映出不同民族对文化遗产的贡献具有丰富多样性。"当初修筑长城者的本意主要是为了阻挡来自北方民族的侵扰，历代所修筑的长城对于中原农业民族安居乐业、守望家园起到了重要作用。数千年来，长城在历史的长河中，承载了时代的重担与历史的积淀，已然成为中华民族精神家园中的重要因子。如上文所述，长城如同一条长长的文化线路，在历史的各个时期不仅像一条穿越时空的隧道，联系着长城内外，联系着过去与现在；还像一条长长的丝带，联系着世界的东方与西方；更像一条哈达，紧紧联系着蒙汉等各族人民。长城已经跨越了时间、地域和种族，成为中华民族共同的文化记忆，其历史价值、文化价值和社会价值受到普遍认可，这棵文化大树已经深深植根于世界历史文化遗产之林。

本次长城调查使我们对长城的分布、走向、结构、保存状况、所处环境等方面较之前有了一个更为详细的了解，为下一步制定长城的保护规划以及开展对长城系统科学的研究提供了可供参考的依据。由于其所具有的"文化遗产价值的社会价值是促进社会和经济可持续发展的一种资源"，在对长城研究、评估的基础之上，如何更进一步地实施对长城的保护、管理与利用是一个较为复杂的过程，因此，对长城的研究、保护与利用是一项系统工程。

如今，生活在中国北方长城沿线之中心地带的鄂尔多斯各族人民，沐浴着改革开放的春风，在"创新、协调、绿色、开放、共享"发展理念的指引下，各项事业快速发展，地区生产总值、公共财政预算收入和国民可支配收入大幅提高，在全自治区处于领先位置。一个宜居宜业、秉承绿色发展理念的鄂尔多斯，正在新的历史发展时期成为中国正北方一道亮丽的风景线。

鄂尔多斯青铜器博物馆原馆长、二级文博研究馆员

王大方

2020年4月4日于呼和浩特

目　录

第一章 长城概况

鄂尔多斯市为内蒙古自治区西南部的地级市，位于黄河“几”字形河套之内，东、北、西三面环绕黄河，南面以明长城为界，地处鄂尔多斯高原腹地。鄂尔多斯市是内蒙古的新兴经济城市，是呼包鄂城市群的中心城市之一，现辖二区七旗，分别为康巴什区、东胜区、达拉特旗、准格尔旗、鄂托克前旗、鄂托克旗、杭锦旗、乌审旗和伊金霍洛旗，总面积86752平方千米。鄂尔多斯市西南与宁夏回族自治区接壤，西北与乌海市毗邻，北与巴彦淖尔市、包头市、呼和浩特市托克托县隔河相望，东与呼和浩特市清水河县和山西省的偏关县、河曲县以黄河为界，南接陕西省的府谷、榆林、靖边、横山等市县。2018年末鄂尔多斯全市常住人口为207.84万，其中城镇人口154.82万，乡村人口53.02万，城镇化率为74.49%。

“鄂尔多斯”是蒙古语，汉语意为“众多的宫殿”。其由来还得从蒙古部落——鄂尔多斯部说起。鄂尔多斯部是成吉思汗汗庭及祭祀宫帐鄂尔多的守护群体，是由大蒙古国各万户、千户选派出来的卫护成吉思汗的最忠诚的部队。这支精锐卫队为成吉思汗四大鄂尔多服役，其后裔继承了祖先的职业，世世代代聚集在成吉思汗祭祀宫帐周围，形成了守护诸多宫帐的部——鄂尔多斯。成吉思汗及其眷属相继去世以后，守护宫帐的这些人继续为主人的宫帐服务，即守护和祭祀灵帐。15世纪中叶，大批鄂尔多斯人带着成吉思汗四大鄂尔多，进入黄河宝日陶亥（河套）地区并定居在这里[①]。因而，河套地区也随之称为鄂尔多斯。

一、鄂尔多斯高原自然、地理环境

鄂尔多斯市位于内蒙古自治区西南部，东、北、西三面被黄河环绕，东南、南与黄土高原相连。地貌类型多样，既有美丽的草原，又有开阔的波状高原，主要包括东部的丘陵沟壑区、西部的高原区、北部的库布其沙漠区、南部的毛乌素沙漠区、中部的波状高原区和北部黄河南岸的平原区。鄂尔多斯地形由南北分别向中部隆起，隆起部位在东胜区至杭锦旗四十里梁一带，海拔1400～1700米，地形以其为中心，向四周

① 旺楚格：《成吉思汗陵》，内蒙古人民出版社，2004年。

逐渐降低，中部隆起的脊线同时又是南北分水岭。鄂尔多斯境内虽无山脉，但相对高差较大。最高处在西部桌子山主峰乌仁都西峰，海拔为2149米（图1-1）；最低处在东部准格尔旗龙口镇，海拔高度为850米。

图1-1　桌子山乌仁都西峰

鄂尔多斯地区属典型的温带大陆性气候，跨越半干旱暖温、干旱温凉、干热、极干热四个气候区，四季分明，无霜期短。日照丰富，太阳辐射强烈，年日照时间为2716.4～3193.9小时。年平均气温为5.3～5.7℃，分布特点是中部低，四周偏高。最冷月1月平均气温为−11℃，最热月7月平均气温为21～25℃。全市大部分地区平均无霜期在150天以下，仅准格尔旗龙口镇、杭锦旗伊克乌素在170～190天，东胜区、伊金霍洛旗新街镇、乌审旗河南在150天以上。东部地区年降水量为300～400毫米，西部地区年降水量为190～350毫米，全年降水集中在7～9月。同时蒸发量大，年蒸发量为2000～3000毫米。全年多盛行西风及北偏西风，年平均风速3.6米/秒，最大风速可达22米/秒。

鄂尔多斯地区位于阴山山脉大青山、乌拉山、狼山以南的黄河套中地区，西、北、东被黄河环抱，东南部、南部与陕北黄土高原接壤，地貌单元独立，海拔高度为850～2149米，中西部地势较高，北部与东南部地势稍低，属于典型的内陆高原（图1-2），被称为“鄂尔多斯高原”①，东西长约400千米，南北宽约340千米，总面积约8.7万平方千米。鄂尔多斯生物资源丰富，仅国家重点保护的珍稀濒危植物就有四合木、半日花、沙冬青、蒙古扁桃等7种；羊绒、羊毛资源富足。鄂尔多斯矿产资源也很丰富，截至2007年，已探明煤炭储量1496多亿吨，约占全国总储量的1/6，内蒙古自治

① 鄂尔多斯大辞典编纂委员会：《鄂尔多斯大辞典》，内蒙古人民出版社，2009年。

图1-2 鄂尔多斯草原
（选自鄂尔多斯大辞典编纂委员会：《鄂尔多斯大辞典》，内蒙古人民出版社，2009年）

区的1/2；已探明天然气储量约为1880亿立方米，约占全国总储量的1/3；稀土、高岭土等资源也十分丰富。

鄂尔多斯高原整体上处于我国农牧交错区的过渡带上，从东向西逐次为温带干草原和荒漠。由于深处大陆内部，鄂尔多斯常年受东亚季风控制，气候上呈现出明显的大陆性和季风性特点，具体表现为降水从东南向西北递减，气温的年较差和日较差都十分明显。鄂尔多斯高原位于北纬38度以北，纬度相对较高，冬季黄河有长达三个月的封冻期。地貌形态分布差别明显，高原、沿河平原、山地间分界明确，除黄河外，地表径流量也不大。以上因素决定了鄂尔多斯地区自然带的面貌，对于历史时期农业民族和游牧民族的活动产生了直接的影响。

纵观两千年来的人类历史活动可以看出，农业民族强盛时基本上沿着黄河沿线的平原地带向北推进，受地形和气候变化的制约非常明显。游牧民族强盛时往往能占据整个河套地区，阴山、贺兰山、鄂尔多斯高原成为其活动的主要地域，活动范围远较农业民族广阔，受自然因素的制约相对较小。依据古气候学、古地理学的研究，农业民族和游牧民族在本地的势力消长与古代气候的演变具有某种内在联系。由于本地区地表径流多为季节性变化非常明显的黄河小支流与内流河，黄河的地位极为突出：春夏两季，它既能为农业区提供灌溉，又能进行水上交通联系，还可在一定程度上阻挡北方游牧民族的南下入套；但是在冬季，鄂尔多斯高原大部分黄河河段有长达三个月的封冻期，本地区失去了黄河的天堑之险，故在古代每年冬季的中原王朝加强边防、巡逻与游牧民族南下几乎形成了一条规律。

鄂尔多斯地区实际上是一个环状结构，其最外层的西、北、东三面均为山脉所阻挡，山脉圈以内就是黄河及其两岸的冲积平原，最内层为黄河所包围的区域则是鄂尔多斯高原。鄂尔多斯高原地势比较平坦，从西北向东南方倾斜，这里荒漠、草原和湖泊交错分布。河套外沿的贺兰山、阴山山脉植被覆盖情况较好。阴山多处山口是历史上著名的南北交通要道，为出塞的必经之路，在中国古代北方民族史上具有重要地位。山脉与黄河间的平原主要是宁夏平原、河套平原和黄河南岸河流冲积平原等，其中河套平原又分为前套平原和后套平原两块，均为黄河冲积而成的平原。平原面的倾斜度大多有利于引黄河水自流灌溉，发展农业的条件十分便利，故这里自秦汉时起就引起了中原王朝的注意，是农业民族扩张时的主要争夺目标。

二、鄂尔多斯简史与文物

远古时期的鄂尔多斯，以奇迹般的海陆变迁和丰富多彩的演化发展而闻名于世。距今约46亿年前地球刚诞生不久，鄂尔多斯便已存在，是地球上最原始的古陆之一，地质史上被称为“鄂尔多斯古陆”。经过多次地壳运动，距今约6亿年前，鄂尔多斯古陆下沉，形成著名的“鄂尔多斯古海”。后由于造山运动的影响，海水退出了鄂尔多斯，古陆再次隆起，在距今约1亿年前，逐步形成了鄂尔多斯盆地的雏形。随着地势的不断抬升，距今1万年前，古陆成为现在宏伟起伏的鄂尔多斯高原[①]。

与鄂尔多斯地质发育一同进行的，是鄂尔多斯远古生命由海生到陆生、由低等到高等的演化进程，这是一部绚丽多彩的生命发展史。在鄂尔多斯古海时期，出现了鄂尔多斯大地上时代最久远的生命——三叶虫、角石、笔石等古生物。在距今2.25亿~0.7亿年前的中生代，鄂尔多斯成为爬行动物的世界、恐龙家族的王国。在鄂尔多斯中、西部地区发现了大量恐龙化石及其足迹、尾迹印痕化石，其中包括以发现地命名的“萨茹拉鄂托克龙”、“伊克昭龙”和“洛克雷查布龙”等（图1-3）[②]。

鄂尔多斯高原南端正好是年降水量400毫米上下的分界线，也是我国牧区和农区的分界线[③]。自古以来，鄂尔多斯高原就是北方草原民族的游牧天堂，而鄂尔多斯高原以南地区则是中原农耕王朝的粮食产区，两种不同的生产生活方式、文化习俗在这里碰撞、交融，甚至由于政治、军事的原因在这里发生冲突、战争。由于游牧经济和农耕经济相互交融的多样性经济、贸易需求，北方草原民族与中原农耕民族在政治、文化上的相互吸引，鄂尔多斯高原成为多民族融合和经济交流的重要区域，历史文化底蕴深厚，文化遗产丰富，并且极具地方特色和民族特色。

---

① 陈育宁：《鄂尔多斯史论集》，宁夏人民出版社，2002年。

② 高毅、王志浩、杨泽蒙：《鄂尔多斯史海钩沉》，文物出版社，2008年。

③ 苏秉琦主编，张忠培、严文明撰：《中国远古时代》，上海人民出版社，2010年。

图1-3 鄂托克旗洛克雷查布龙足迹化石

（一）旧石器时代

在进入人类文明史的发展阶段后，鄂尔多斯以它古老灿烂的历史文化而享有盛誉。迄今为止，鄂尔多斯最早的古人类和文化遗存是发现于乌审旗萨拉乌苏河畔的旧石器时代河套人萨拉乌苏遗址，其于1922年由法国地质及古生物学家桑志华发现，时代为距今14万～7万年[①]，地质上的萨拉乌苏大剖面成为我国晚更新世的典型地层（图1-4）。遗址出土了几百件包括小型刮削器、尖状器在内的独具特色的石制品，被命名为“萨拉乌苏文化”，成为我国华北旧石器时代两大文化传统之一——“周口店第1地点—峙峪系”小石器文化传统中的重要组成部分。遗址出土的包括披毛犀、王氏水牛、河套大角鹿等几十种已经灭绝的晚更新世古动物被古生物界命名为“萨拉乌苏动物群”[②]，与早更新世“泥河湾动物群”、中更新世“周口店动物群”共同成为中国更新世三大动物群而永载史册、闻名中外。特别是遗址出土了著名的“鄂尔多斯人牙齿”以及20多件人类化石，掀开了亚洲古人类史研究的帷幕，成为探秘远古时期中西文化交往史的经典遗址。

① 董光荣、苏志珠、靳鹤龄：《晚更新世萨拉乌苏组时代的新认识》，《科学通报》1998年第17期。

② 祁国琴：《内蒙古萨拉乌苏河流域第四纪哺乳动物化石》，《古脊椎动物与古人类》1975年第4期。

图1-4　萨拉乌苏遗址

萨拉乌苏遗址发现88年后的2010年，在康巴什区乌兰木伦河畔，发现了距今约6.5万～5万年的乌兰木伦遗址①。遗址所在地基岩为白垩纪红色风成砂岩，顶部为近现代风成沙堆积，遗物出土地层为呈灰绿色的河湖相三角洲沉积。至2012年底，乌兰木伦遗址共出土13000多件石制品遗物和15000多件古动物化石②。其石料来源丰富而充足，是一种以发达的锯齿刃器和凹缺器为代表的小石器文化。遗址出土的披毛犀、河套大角鹿、普氏野马、诺氏驼等古生物化石，属于“萨拉乌苏动物群”③（图1-5）。乌兰木伦遗址是继内蒙古萨拉乌苏遗址、大窑遗址、金斯泰洞穴遗址、扎赉诺尔人遗址等旧石器时代遗址后发现的又一处重要遗址，为发现遗址不多的中国旧石器时代中期遗址考古研究增添了新鲜而丰富的珍贵资料。乌兰木伦遗址遗物分布密集、地质地貌特殊、文化信息独特，是继1922年法国学者发现萨拉乌苏及水洞沟遗址后鄂尔多斯地区史前文化的又一次重大发现。在2012年中国社会科学院考古学论坛上，乌兰木伦旧石器时代遗址荣获“2011年度中国考古六大新发现”。

① 侯亚梅、王志浩、杨泽蒙，等：《内蒙古鄂尔多斯乌兰木伦遗址2010年1期试掘及其意义》，《第四纪研究》2012年第2期。

② 刘扬：《内蒙古鄂尔多斯乌兰木伦遗址石器工业中的西方文化元素》，《草原文物》2018年第2期。

③ 王志浩、侯亚梅、杨泽蒙，等：《内蒙古鄂尔多斯市乌兰木伦旧石器时代中期遗址》，《考古》2012年第7期。

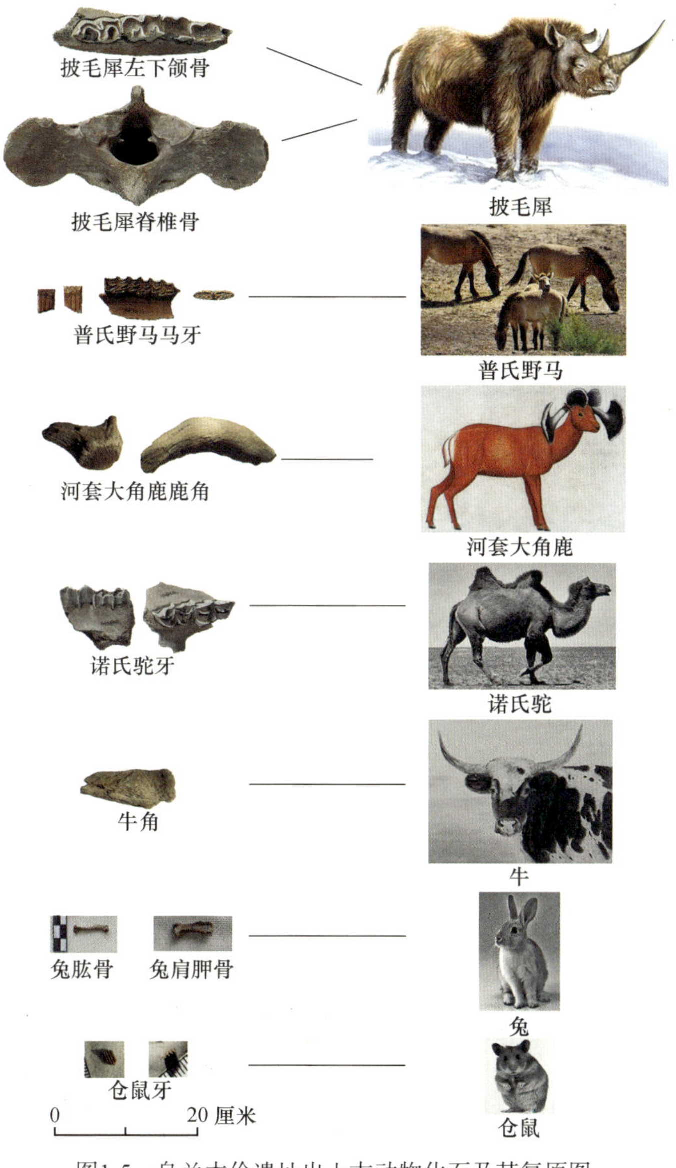

图1-5　乌兰木伦遗址出土古动物化石及其复原图

（二）新石器时代

进入新石器时代后，古人类开始使用磨制石器和陶器，饲养家畜并开始定居生活。仰韶文化时期，距今约6500年前的阳湾遗址是鄂尔多斯地区迄今所知时代最早的新石器时代古人类遗存，出现了使用陶质内墙砖镶嵌技术装饰的“木骨泥墙”式的“半地穴式建筑”。坟堳墓地成为鄂尔多斯时代最早的原始社会氏族墓地。喇叭口尖底酉瓶，是生活在鄂尔多斯地区的古人类在距今5500～5000年前海生不浪文化时期大

图1-6　喇叭口尖底西瓶

量使用的一种器皿，整体形态与商代甲骨文“西”字的形态十分接近，表明在这个时代，中国最早的象形文字开始产生，进而说明生活在鄂尔多斯的古人类，在中国文字的起源以及中华文明的起源和发展过程中发挥了巨大的作用（图1-6）。寨子圪旦遗址坚固的石筑围墙以及高高在上的祭坛①，成为中国北方地区迄今发现的时代最早的拥有石筑围墙的遗址，也是为数较少的集防御与宗教于一体的原始社会晚期古人类遗址。

龙山文化时期，距今5000～4200年的永兴店遗址先民，创造并使用了中国历史上最早的陶鬲——陶斝式大袋足鬲，最终成为以鼎、鬲为代表的古代中华文明的核心遗址之一。龙山时代晚期，鄂尔多斯又出现了独具地方特色的朱开沟遗址。

（三）青铜时代

鄂尔多斯青铜时代发源于朱开沟文化晚期，鼎盛于桃红巴拉文化时期，年代相当于中原的夏代、商代、西周和春秋时期。

朱开沟遗址位于纳林陶亥镇朱开沟村，1974年由田广金先生等人发现，先后进行了四次发掘，其时代从4200年前的龙山时代晚期，延续至3500年前的商代前期。朱开沟遗址的陶器群以三足器特别发达而著称，尤其是以花边鬲、蛇纹鬲、三足瓮、带纽罐等器物构成的特有陶器组合，不但地域性鲜明，而且独具特色。由于朱开沟遗存的重要性和特殊性，学术界将以朱开沟遗址为代表的遗存命名为“朱开沟文化”。在朱开沟遗址发现的鄂尔多斯青铜器，是迄今所发现的年代最早的。朱开沟遗址的环首刀和环首剑，开创了北方草原及邻近地区青铜刀、青铜剑的先河②（图1-7）。中国北方游牧文化的

图1-7　朱开沟遗址出土青铜环首剑、环首刀

① 内蒙古自治区文物考古研究所编：《万家寨水利枢纽工程考古报告集》，远方出版社，2001年。

② 李健民：《朱开沟遗址出土的青铜武器及相关问题》，《鄂尔多斯青铜器国际学术研讨会论文集》，科学出版社，2009年。

雏形，首先在鄂尔多斯地区从原始农业文化中分离出来，完成了人类历史上的第一次社会大分工。以鄂尔多斯青铜器为代表的我国北方民族游牧文化，可能就是在朱开沟文化的基础上逐步发展起来的[①]。

桃红巴拉文化是北方地区著名的青铜时代考古学文化，因在鄂尔多斯杭锦旗桃红巴拉墓地最早发现而得名，主要分布在鄂尔多斯高原。该文化陶器很不发达，仅发现夹砂褐陶罐等。金银器以装饰品为主，如冠饰、带饰、牌饰、扣饰、项圈、耳坠等。铜器以工具、兵器、马具和装饰品为主（图1-8）。铁器逐渐增多，有兵器、工具和马具。墓葬形制为土坑竖穴墓，葬式为仰身直肢葬。经济形态为典型的早期游牧文化。该文化年代相当于春秋中晚期至战国晚期，有的学者认为可能一直到汉代。关于其文化族属，有学者认为春秋时期为白狄，战国时期可能为林胡[②]。笔者认为，桃红巴拉文化应为匈奴及其前身在鄂尔多斯高原游牧的部族的文化。

图1-8 鄂尔多斯青铜器之圆雕动物

夏代生活在鄂尔多斯地区的主要是朱开沟文化古人类，其可能就是史书上记载的荤粥或鬼方。商代生活在这里的是羌，活动于今鄂尔多斯西部。据记载，商王武丁曾命其妃子——妣辛（即妇好）率兵13000人征讨并战胜了羌方。这场战争是在鄂尔多斯土地上进行的，时间为三年，《诗经》以“自彼氐羌，莫敢不来享，莫敢不来王”的

① 张占霖主编：《鄂尔多斯文化·文物卷》，社会科学文献出版社，2011年。

② 王巍：《中国考古学大辞典》，上海辞书出版社，2014年。

诗句记载了这件发生在鄂尔多斯的商代重要历史事件[①]。西周时期，周宣王曾大举征伐屡犯周地的玁狁，两次战争均在鄂尔多斯南部进行，并派大将南仲筑朔方城，该城可能在鄂尔多斯西北杭锦旗一带[②]。春秋时期，戎狄居于鄂尔多斯南部无定河一带，林胡、楼烦也进入鄂尔多斯高原[③]。

鄂尔多斯是我国北方最早的游牧民族活动地区，青铜时代生活在鄂尔多斯高原的游牧部族同中原王朝形成对峙，他们使用的器物成为鄂尔多斯青铜器的滥觞。

（四）战国秦汉时期

1. 战国时代

前475年，我国进入七雄争霸的战国时代。当时的鄂尔多斯成为赵、魏、秦、林胡、楼烦、义渠、匈奴争夺的肥沃牧场和战略要地。赵武灵王“胡服骑射”，“西略胡地，至榆中”，将臣服的林胡和楼烦安置在鄂尔多斯境内。后秦昭襄王计杀义渠王，然后对义渠展开征讨，为防止义渠夺回已失去的故地，修筑了战国秦长城[④]。鄂尔多斯战国秦长城主要分布于伊金霍洛旗、准格尔旗、达拉特旗、东胜区，全长94千米，沿线分布有19座烽燧，构筑方式有石块垒砌、毛石干垒、石块堆积、土夯筑四种。

2. 秦代

前221年，秦始皇统一六国，建立了中央集权的封建帝国。前215年，秦始皇派大将蒙恬率兵三十万北击匈奴，蒙恬军主力由上郡北上进入九原，另一支由义渠经萧关北进掩护主力侧翼，顺利占领了鄂尔多斯地区。前214年，蒙恬率兵将匈奴赶往阴山以北，迫使匈奴向北退却了700余里后，拥兵坐镇上郡，以为守卫，使“胡人不敢南下而牧马”，“士不敢弯弓而报怨”。同时“因河为塞，筑四十四县城”，在鄂尔多斯西南设北地郡，东北设云中郡，北部设九原郡，东南设上郡，鄂尔多斯归入秦朝版图。

秦始皇不仅据黄河为塞，还把原来战国时代燕、赵和秦三国修筑的长城连接起来，筑成西起临洮（今甘肃省临洮县）、东至辽东（今辽宁省东部）的“万里长城”，形成一道防御匈奴南下的屏障。鄂尔多斯鄂托克旗和达拉特旗的秦长城为其一部分，全长39千米。

秦始皇时期，除修筑了从都城咸阳通往六国的“驰道”外，为了边防需要，还修

① 陈育宁：《鄂尔多斯史论集》，宁夏人民出版社，2002年。

② 鄂尔多斯大辞典编纂委员会：《鄂尔多斯大辞典》，内蒙古人民出版社，2009年。

③ 伊克昭盟地方志编纂委员会：《伊克昭盟志》，现代出版社，1994年。

④ 景爱：《中国长城史》，上海人民出版社，2006年。

建了一条从都城通往北部边疆的交通要道，其自关中云阳经鄂尔多斯向北直通九原，“堑山堙谷，直通之”，这就是著名的“秦直道”。“秦直道”从今陕西淳化县北的云阳，直达今内蒙古包头市西的九原，穿越今14个旗县，全长1800里，从秦朝的心脏地区直抵北方边塞，把京城守卫和边境防御结合起来，纵贯鄂尔多斯南北，是世界历史上的“第一条高速公路”。现鄂尔多斯市伊金霍洛旗、东胜区、达拉特旗都保存有“秦直道”遗迹，南起伊金霍洛旗的掌岗图四队，北至达拉特旗高头窑乡吴四圪堵村，其中在伊金霍洛旗境内长约75千米，在达拉特旗境内长约30千米。位于东胜区境内的秦直道（图1-9）保存最为完整，全长约20千米，基本沿15°方向呈南北向分布。

图1-9 秦直道遗址与秦直道博物馆

3. 汉代

汉武帝时期，“天下殷富，财力有余，士马强盛”，遂对匈奴进行了长达几十年的战争，其中最重要的就是派大将卫青收复鄂尔多斯的河南战役，这是西汉向匈奴发起的第一次战略性进攻。前51年，匈奴呼韩邪单于认清“事汉则安存，不事则危亡”之势，归附西汉。汉朝为了显示对呼韩邪的欢迎，曾派专使至五原郡迎接，并在长安经河套的朔方、西河、上郡等地沿途陈兵，以示宠卫。呼韩邪单于多次往返于大漠与长安之间，鄂尔多斯是其必经之地。呼韩邪归汉，汉匈和好，结束了汉匈之间长期的对峙状态，促成了塞北与中原的统一。汉元帝时，宫女王嫱（王昭君）嫁与呼韩邪单于为阏氏。前33年，王昭君随呼韩邪单于出塞，经由现在的陕北、鄂尔多斯，渡黄河北行进入大漠[1]，从此，汉匈之间结束了一百多年的战争局面（图1-10）。48年，匈奴分裂为南北两部，南匈奴归附于汉，其部众四五万人入居塞内，南匈奴的单于庭帐就设在西河郡美稷县，即今鄂尔多斯市准格尔旗纳林古城。

图1-10　达拉特旗昭君坟

经考证，鄂尔多斯地区能与文献记载对应并确认的汉代古城有5座，其中杭锦旗霍洛柴登古城为西河郡郡治，伊金霍洛旗红庆河古城为西河郡虎猛县城，准格尔旗十二连城古城为云中郡沙南县城，准格尔旗勿尔图沟古城为西河郡广衍县城，准格尔旗纳林古城为西河郡美稷县城[2]。

（五）魏晋北朝时期

魏晋北朝时期，鄂尔多斯地区成为北方、西北民族南下东进中原的通道，“杂胡”聚集，史称“羌胡地”，前赵、后赵、前秦、后秦都曾占据这里。铁弗匈奴建立大夏政权后，413年，赫连勃勃驱使十万人在朔方水（今无定河）北、黑水（一说为今纳林河）之南营建大夏国都，取统一天下、君临万方之意，将都城定名为统万城。据史料记载，统万城历时7年建成，规模十分宏伟。统万城修建得异常坚固，虽经1500年

① 林幹：《试论王昭君艺术形象的塑造》，《内蒙古大学学报》（人文社会科学版）1986年第3期。

② 国家文物局主编：《中国文物地图集·内蒙古自治区分册》（上、下），西安地图出版社，2003年。

风雨侵蚀，依然巍峨挺立，雄踞北国。现存城垣遗址高2～10米，四城角各有角楼，西南角楼保存最好，现仍高30米，城墙外部均有防御性的马面建筑（图1-11）。该城为鄂尔多斯高原上唯一的古代都城[①]。

图1-11 大夏国都统万城

（六）隋唐时期

1. 隋代

581年，杨坚废黜北周皇帝自立，建立了隋朝。为抵御突厥的入侵，隋朝统治者开始不断修筑长城。史载，隋朝在辽宁、山西、陕西、内蒙古、宁夏都修筑过长城，前后共修筑了七次。鄂尔多斯南部鄂托克前旗隋长城属于隋朝第二次修筑的长城。585年，隋文帝派遣司农少卿崔仲方领兵三万，到朔方、灵武筑长城，西据黄河，东至绥州。崔仲方所筑长城在今鄂尔多斯南部及周围地区，西起北流黄河东岸的灵武（今宁夏灵武市），东到南流黄河的绥州（今陕西绥德县），自西向东横亘河套南部，全长约310千米[②]。隋长城遗址残存较少，由西向东穿过今内蒙古自治区鄂托克前旗东南部，宁夏回族自治区灵武市、盐池县和陕西省绥德县、神木县。

鄂尔多斯现存隋长城位于鄂托克前旗，全长12千米，由东向西分布于上海庙镇特布德嘎查四十堡小队、宝日岱小队和十三里套小队。墙体为堆筑土墙，泛白色或泛红色，呈土垅状或鱼脊状凸起，墙体底宽2～6米，高0.3～1米。

① 张占霖主编：《鄂尔多斯文化·文物卷》，社会科学文献出版社，2011年。

② 宁夏文物考古研究所、盐池县博物馆：《宁夏盐池县古长城调查与试掘》，《考古与文物》2000年第3期。

2. 唐代

唐初10万突厥人降唐，被安置在鄂尔多斯南部，唐朝统治者在这里设置了夏、宥、盐、灵、丰、胜等州，还设立了总管府、都督府和节度使，对归附入居的少数民族实行羁縻府州政策①。“六胡州”是唐初为安置突厥降户，在灵州、夏州之间设置的鲁州、丽州、含州、塞州、依州、契州的总称。粟特人是原居住于中亚，活跃在丝绸之路上的古代商业民族，主要由康、安、曹、石、米、何、火寻、戍地、史9个城邦组成国家，每个城邦的居民都以国为姓，所以习惯上称粟特人为昭武九姓。突厥兴起后，由于突厥对粟特地区的占领，粟特人大量进入突厥部落，因而“六胡州”中主要的居民就是粟特人②。一般认为，“六胡州”中鲁州、丽州、塞州的治城分别为今鄂托克前旗的查干巴拉古城（图1-12）、巴郎庙古城、呼和淖尔古城，含州、依州、契州的治城分别为今鄂托克旗的哈达图古城、敖伦淖尔古城及今乌审旗呼和淖尔古城，统辖“六胡州”的兰池都督府治城为鄂托克前旗敖勒召其镇的巴格陶利古城。“六胡州”属于羁縻府州的性质，粟特人在这里保持了较为稳固的部落组织，并未完成部落民向唐之编民的转变。“六胡州”之乱后，“六胡州”的部落组织开始逐渐被打破，

图1-12　查干巴拉古城墙体夯层

① 王乃昂、何彤慧、黄银洲，等：《六胡州古城址的发现及其环境意义》，《中国历史地理论丛》2006 年第21卷第3辑。

② 艾冲：《公元7—9世纪鄂尔多斯高原人类经济活动与自然环境演变研究》，中国社会科学出版社，2012年。

加之不久后“安史之乱”爆发，部落中的粟特人分散迁徙，“六胡州”的粟特部落也最终消失。“六胡州”所在之地属半农半牧地带，既是多民族错居杂处而交融的地域，又是唐朝的边疆战略要地。“六胡州”的置废变迁，是唐前期关内道北部，乃至整个北方边疆军政形势起伏变化历程之缩影。

（七）辽宋夏金时期

辽宋夏金时期是鄂尔多斯地区占据民族最多样、战争最频繁、历史最复杂、社会变化最剧烈的年代，是党项、汉、契丹、女真、蒙古等民族进行激烈争夺的时期。

党项族是古代羌族的一支，也有一说是源出东北鲜卑族[①]。拓跋部是党项族中较大的部落。756年“安史之乱”后，唐代宗将拓跋朝光所率的居于庆州（今甘肃庆阳）的党项部众迁往银州（今陕西榆林东南）以北、夏州（今乌审旗南统万城）以东地区，即鄂尔多斯的东南部，号称平夏部。唐僖宗时，封平夏部首领拓跋思恭为夏州节度使，平夏部在包括鄂尔多斯南部地区在内的夏州一带逐步发展成割据势力，快速发展起来。唐中和元年（881年），黄巢攻占长安，拓跋思恭会同唐军镇压起义军，被封为夏绥银节度使。唐中和三年（883年），拓跋思恭被封为夏国公，赐姓李。从此夏州拓跋氏党项称为李氏党项，统辖夏、绥、银、宥、静五州之地[②]。

在鄂尔多斯市，除康巴什区地域较小外，其他八个旗区中均发现了西夏遗址、城址或墓葬，其中鄂托克前旗临近兴庆府（今宁夏银川），处于西夏的心脏地带，故西夏遗存发现最多；准格尔旗、伊金霍洛旗、东胜区、杭锦旗、乌审旗均发现有西夏窖藏，尤以伊金霍洛旗最多，共有6处西夏窖藏（图1-13）。

图1-13 鄂尔多斯西夏窖藏出土黑釉剔花瓷瓶

1038年，李元昊称帝，建立西夏王朝，定都兴庆府（今宁夏银川），仍然重视对夏州故地的经营，在鄂尔多斯地区先后设置了丰、胜、夏、宥以及南部的银、绥、盐、麟、府等州。李元昊称帝遭到北宋的强烈反对，为巩固西夏政权，1040年至1042年，西夏向宋边连续大举进攻，先后在延、麟、府、丰等州大破宋军。1043年夏宋议和，西夏向宋“称臣”，宋册封李元昊为夏国主。

① 汤开建：《党项源流新证》，《暨南史学》（第一辑），暨南大学出版社，2002年。

② 白寿彝、陈振：《中国通史·中古时代·五代辽宋夏金时期》，上海人民出版社、江西教育出版社，2013年。

宋辽订立了“澶渊之盟”后，辽夏间因争夺鄂尔多斯北部的部众爆发了1044年的辽夏大战，辽兴宗亲自统帅10万骑兵出金肃城（今准格尔旗北），分兵三路进攻西夏，其中北路军于贺兰山北击败夏兵。李元昊使用缓兵之计，在鄂尔多斯河曲之地（泛指河南地区）佯装后撤三次，凡百余里，每退三十里，就放火把沿途野草烧光，待辽军“马饥士疲”时发动反攻，恰好又遇上“大风忽起，飞沙迷眼”，辽军大败。李元昊死后第二年，辽兴宗再度兵分三路向西夏用兵，其中南路军遭到西夏军的猛烈攻击，伤亡惨重[①]。

这一时期，鄂尔多斯东部是北宋与西夏争夺的重点地区。在鄂尔多斯准格尔旗纳日松镇分布有宋代丰州故城，及其两座卫星城永安砦和保宁砦；在三座古城西、北，由南部的羊市塔村，经松树墕村、川掌村，至北部的四道敖包村、五字湾村，分布有烽燧20余座，均呈圆锥形，由黄土夯筑而成。烽火台的预警、卫星城的护卫、丰州城的坚守共同形成了一条宋朝针对西夏和辽的多重军事防御体系。这些古城和烽燧见证了西夏与北宋对准格尔旗东南部的争夺。

（八）蒙元时期

1206年，成吉思汗建立蒙古汗国，自1205年至1207年，蒙古军队六次进兵西夏。1226年，成吉思汗统兵10万分东西两路进攻西夏，成吉思汗所统东路军由漠北攻入，尽占黄河以西的土地，进逼西夏首都中兴府。在这次战役中，蒙古军队之一部攻占夏州地区，取道盐州，向西推进，攻陷夏州后，东、西两路军便形成了对西夏中兴府的两线夹击。1227年，蒙古军队进占中兴府，西夏灭亡。至此，鄂尔多斯地区为蒙古占据，历经元明清时期，蒙古族一直是鄂尔多斯的主体民族，奠定了厚实的历史基础。

成吉思汗率军征西夏时，在鄂尔多斯留下了三处重要遗迹。

1. 成吉思汗陵

“梅花鹿儿栖身之所，戴胜鸟儿育雏之乡，衰落王朝振兴之地，白发老翁享乐之邦”，这是成吉思汗路过鄂尔多斯所作的词句。据记载，1226年，成吉思汗率军征讨西夏，路过鄂尔多斯时，目睹这里水草丰美，梅花鹿出没，心里特别高兴，留恋之际，失手将马鞭掉在地上，因此道出这些词句。感慨之余，成吉思汗对左右吩咐道：“我死后可葬于此处。”[②]八百年来，成吉思汗陵（成吉思汗八白宫）辗转大漠南北，最后坐落于鄂尔多斯的伊金霍洛（意为圣祖的院落；图1-14）。

---

① 陈育宁：《鄂尔多斯史论集》，宁夏人民出版社，2002年。

② 旺楚格：《成吉思汗陵》，内蒙古人民出版社，2004年。

图1-14 成吉思汗陵

2. 阿尔寨石窟

据考证，1226年，64岁的成吉思汗亲率大军第六次进攻西夏期间，冬季在阿尔巴斯打猎时为野马所惊，落马跌伤，在众窟汇聚之地——阿尔寨石窟养伤（图1-15）[①]。

3. 苏里格敖包

1227年成吉思汗进军西夏时，从鄂托克旗阿尔寨石窟寺出发西征，行军途中，发现四湖环绕着一处山包，登上山顶，王气葱郁，祥光高照，成吉思汗非常高兴，命令大军驻扎，于此举行苏勒德威猛大祭，杀81只羊用以祭祀，因羊肉长时间不熟，成吉思汗赐名“苏里格”，意为“半生不熟的肉”[②]，于是这里就有了苏里格敖包，后兴建苏里格庙，祭祀至今。

元代，鄂尔多斯部分地区成为陕西行省、甘肃行省的辖区，大部分地区为皇家封地，是元朝官办的14个牧场之一。仅次于行省的察汗脑儿宣慰司，是当时鄂尔多斯地区政治、经济、军事最高权力机构。据专家考证，乌审旗的三岔河古城（图1-16）应为元代安西王阿难达所建的察汗脑儿故城，后收归朝廷直辖，设察汗脑儿宣慰司。

---

① 王大方、巴图吉日嘎拉、张文芳：《百眼窑石窟的营建年代及壁画主要内容初论——兼述成吉思汗在百眼窑地区之活动》，《内蒙古文物考古文集》（第一辑），中国大百科全书出版社，1994年。

② 仁钦道尔吉：《鄂托克访古——成吉思汗在阿尔寨石窟及阿尔巴斯地区的活动》，《内蒙古地方志》2002年第1期。

图1-15　阿尔寨石窟鸟瞰图

图1-16　三岔河古城北城墙

（九）明清时期

1. 明代

明朝建立以后，退回到漠北草原的蒙古鞑靼、瓦剌诸部仍然不断南下；明中叶以后，女真族又兴起于东北地区，不断威胁边境的安全。为巩固北部边防，在明朝的200多年统治中几乎没有停止过长城的修筑工程。

明代长城的修建过程，大体可以分为三个阶段，鄂尔多斯明长城均为第二阶段修筑。“土木之变”以后，瓦剌、鞑靼不断兴兵南下，迫使明王朝把修筑北方长城、增建关堡作为当务之急。百余年间建成9座长城重镇，由东向西分别是辽东镇、宣府镇、蓟镇、大同镇、山西镇、延绥镇（榆林镇）、宁夏镇、固原镇、甘肃镇，史称“九边重镇”。鄂尔多斯市准格尔旗明长城属于榆林镇，鄂托克前旗和鄂托克旗明长城属于宁夏镇。

由于军粮运输的困难和防守的艰难，成化九年（1473年），明朝政府逐渐退出了在河套地区鄂尔多斯高原的军事和政治存在，转而开始修筑长城来防御蒙古军民的南下，在鄂尔多斯南部修筑了宁夏镇河东边墙，这就是明史上说的“弃套”。鄂托克前旗明长城分为嘉靖边墙和成化边墙，同属宁夏镇河东边墙。其中，成化边墙大体在北（外）侧，修筑年代较早，保存较差，为明宪宗成化时期巡抚宁夏都御史徐廷章修筑；正德元年（1506年），三边总制杨一清予以加固，并在边墙上加修暖铺，便于士兵休息；弘治十年至十四年（1497～1501年），宁夏巡抚张桢叔、王珣先后于墙外添挖陷马坑44000多眼，以防骑兵逼近。嘉靖边墙大体在南（内）侧，修筑年代较晚，为明世宗嘉靖时期三边总制王琼、唐龙、王宪修筑，“深沟高垒”[①]，保存较好，是内蒙古自治区与宁夏回族自治区的分界线。

2. 清代

顺治六年（1649年），清王朝在蒙古地区实行盟旗制度，将蒙古族鄂尔多斯部分为6个旗，有鄂尔多斯左翼中旗（原郡王旗），鄂尔多斯左翼前旗（现准格尔旗），鄂尔多斯左翼后旗（现达拉特旗），鄂尔多斯右翼中旗（现鄂托克旗），鄂尔多斯右翼前旗（现乌审旗），鄂尔多斯右翼后旗（现杭锦旗），后增设鄂尔多斯右翼前末旗（原扎萨克旗）。光绪三十三年（1907年）清王朝在鄂尔多斯左翼中旗东部被开垦的地区设东胜厅。因鄂尔多斯七旗会盟于伊克昭（蒙语，大庙之意），遗址是位于今达

---

① 宁夏文物考古研究所、鄂托克前旗文化局、灵武市文物管理所：《宁夏灵武市古长城调查与试掘》，《考古与文物》2006年第2期。

拉特旗的王爱召，故名为“伊克昭盟”。多罗郡王额璘臣，是伊克昭盟第一任盟长，其封地为鄂尔多斯左翼中旗，俗称“郡王旗”。从额璘臣任郡王旗第一任扎萨克（即王爷）以来，各旗世袭扎萨克职位，共历十六代，由于历代王爷的世袭更替，其王府亦不断迁徙。光绪二十八年（1902年），该旗第十四代扎萨克特克斯阿拉坦呼雅克图袭位后，王府迁至现伊金霍洛旗郡王府所在地，其住所为半砖木结构的9间正房和6间土建平房，并用沙柳扎围做院。民国十七年（1928年），该旗第十五代扎萨克图布升吉尔格勒多罗郡王，请来山西偏关匠人宋二等30余人，对郡王府进行翻新建设（图1-17），到民国二十五年（1936年）完工，整个工程耗资13800余银元，相当于该旗一年半的财政收入。伊金霍洛旗郡王府是鄂尔多斯市和内蒙古西部唯一保存完整的王府。

图1-17　郡王府

自1828年至清朝灭亡，蒙古族民众举起“独贵龙”旗帜，展开了艰苦卓绝的反封建压迫、反帝国主义侵略的斗争。

（十）近现代

民国时期，在鄂尔多斯地区继续实行盟旗制度，蒙古封建王公的世袭统治仍旧延续。20世纪初，鄂尔多斯七旗王公反对蒙古库伦分裂势力的“独立”活动，赞同“共和”，维护了国家的统一。民国时期，政府实行的“移民开垦”政策，特别是陈长捷的强行“军垦”，导致了抗垦的“三二六事变”，“独贵龙”抗垦和反封建压迫斗争风起云涌。“独贵龙”为蒙古语，意为环形圆圈，是蒙古族群众近代反帝反封建斗争的一种形式，参加者将名字呈环形地写在名簿上，分不出谁是组织者[①]。乌审旗独贵龙运动旧址，曾是“独贵龙”运动的总部和重要根据地，运动著名领袖——锡尼喇嘛1919年被捕后，曾在此遭到封建王公及反动势力惨无人道的严刑拷打；1926年，锡尼喇嘛组建内蒙古人民革命军第十二团，任团长，总指挥部即设于此（图1-18）。

图1-18 乌审旗独贵龙运动总指挥部旧址

抗日战争期间，蒙古民族武装大力开展抗日斗争。1937年10月13日，蒙旗独立旅与日军在归绥城南大黑河对战，14日撤退，经包头南下鄂尔多斯，11月初经东胜到达与准格尔旗交界的陕西府谷哈拉寨，在晋西北河曲和陕西神木驻防。乌兰夫（当时叫云泽、云时雨）同志于当年受党委派进入该部，后任政治部代理主任，是该部队中共地下党组织书记。1938年春，国民政府正式编部队为蒙旗独立旅，下辖2个团，旅长白海风；9月，蒙旗独立旅奉命进驻郡王旗和杭锦旗，开展抗日活动。1939年夏，蒙旗独立旅扩编为新编陆军第三师（简称新三师），师长白海风，下辖3个团。师部及第八团驻郡王旗赤劳图，七团、九团分别驻杭锦旗桃力民和脑高代村。1940年开始，新三师3个团的兵力部署在达拉特旗的黄河沿岸，防御日伪军南下。在新民堡战斗中，新三师打垮日伪十八团和1个炮队的进袭，受到上级嘉奖。1941年春，新三师派出1个加强营和1个炮兵连与傅作义部一零一师共同作战，一举拔掉日伪占据达2年之久的柴登据点。新三师驻防鄂尔多斯期间，多次击退日伪的进犯，保护了群众的生产生活，防止

① 赵新民、杨道尔吉主编：《鄂尔多斯史话》，华文出版社，2007年。

图1-19　20世纪80年代伊克昭盟行政公署办公楼

了日伪的抢劫活动。

1949年，伊克昭盟解放，伊克昭盟自治政务委员会宣告成立，区划多次变动，但仍以长城和黄河为盟境界线，一直沿袭至今。原伊克昭盟行政公署设在东胜市（图1-19），2001年2月26日，国务院批准撤销伊克昭盟和县级市东胜市，设立地级市鄂尔多斯市和市东胜区，鄂尔多斯经济、政治、文化各项事业进入快速发展时期。2016年，国务院批准设立康巴什区，至此，鄂尔多斯市共设有七旗二区。

三、鄂尔多斯长城概况及修筑起因

（一）鄂尔多斯长城基本数据

在2007年至2010年开展的全国长城资源调查工作中，经过详细的调查、复查和整理、考证，确认鄂尔多斯市共有战国秦、秦代、隋代、宋代、明代5个朝代的长城；9个旗区中，除康巴什区、杭锦旗和乌审旗外，其余6个旗区均有长城分布；鄂尔多斯市境内的长城墙体总长度为228887米（图1-20）。

图1-20　鄂尔多斯市长城分布示意图（鄂尔多斯博物馆张煦敏绘）

战国秦长城分布于鄂尔多斯市伊金霍洛旗、准格尔旗、达拉特旗和东胜区，墙体总长94077米，沿线共调查烽燧19座、障城3座。伊金霍洛旗境内的战国秦长城墙体长41319米，其中土墙3628米，石墙6178米，山险段18475米，消失段13038米，沿线分布有烽燧7座、障城1座。准格尔旗境内的战国秦长城墙体长42618米，其中土墙8540米，石墙7357米，山险段20209米，消失段6512米，沿线分布有烽燧12座，障城2座。达拉特旗境内的战国秦长城长4411米，其中土墙3172米，消失段1239米。东胜区境内的战国秦长城长5729米，其中土墙1895米，消失段3834米。

秦长城分布于达拉特旗、鄂托克旗，墙体总长39405米，沿线共调查烽燧3座、障城1座。其中达拉特旗秦长城墙体长22206米，其中土墙1806米，消失段20400米。鄂托克旗秦长城墙体总长度为17199米，其中石墙11457米，山险墙34米，山险5708米，沿线分布有烽燧3座、障城1座。

隋长城分布于鄂托克前旗境内，墙体总长12288米，其中土墙7003米，消失段落5285米。

宋长城分布于准格尔旗境内，共调查烽燧23座、古城3座。

明长城分布于鄂尔多斯市准格尔旗、鄂托克旗和鄂托克前旗境内，墙体总长83117米，其中土墙81392米，消失段长1725米；墙体上共分布有敌台235座；鄂尔多斯市全境共分布有明代烽火台13座。准格尔旗明长城长585米，包括土墙68米，消失段517米，墙体上分布有敌台1座，沿线分布有烽火台2座。鄂托克旗境内发现的明代烽火台共4座。鄂托克前旗明长城总长82532米，有头道边和二道边之分，两边并行；头道边均为土墙，长51831米，包括保存较好段11454米，一般段29709米，保存较差段7513米，保存差段2282米，消失段873米，墙体上有敌台221座；二道边长30701米，其中土墙长30373米，消失段长328米，二道边墙体上有敌台13座；头道边和二道边沿线共调查烽火台4座。另有3座烽火台分布于鄂托克前旗布拉格苏木境内。

（二）鄂尔多斯长城修筑的自然、地理原因

鄂尔多斯市是内蒙古乃至全国长城修筑朝代最多、分布最广的城市之一，还保留着内蒙古唯一一段隋长城和唯一一条宋代烽燧线。为什么在鄂尔多斯高原上会存在分布如此广泛、里程如此之长、年代如此之多的长城呢？鄂尔多斯长城修筑有其特殊的自然和地理原因，以下作详细分析。

鄂尔多斯高原位于北纬37°35′～40°51′，海拔多在1000～1300米，属温带气候，年平均气温仅0～10℃，大部分地区年降水量不足400毫米，为草原和荒漠景观，年生长期一般低于210天，是我国主要的牧业区之一。

而鄂尔多斯高原西南面、南面及东南面的地区，即长城以南至秦岭—淮河一线以北，属暖温带气候，年平均温度为10～15℃，年降水量为400～800毫米，是半干旱地区，年生长期为210～270天，现为我国旱地作物的主要产区[①]。

鄂尔多斯高原南端正好是年等降水量400毫米的分界线，也是我国牧区和农区的分界线。2000年以来，这条年等降水量400毫米线在南北摆动，牧区和农区的分界线也随之南北摆动。鄂尔多斯高原自古就是北方草原民族的游牧天堂，其以南地区则是中原农耕王朝的粮食产区，两种不同的生产生活方式和文化习俗在这里碰撞、交融，甚至因为政治、军事的原因在这里发生冲突乃至战争。故而，这里从商周以来，就成为北方游牧民族与中原农耕王朝军事冲突的中心地带，战国、秦、隋、宋、明等朝代都在这里修筑长城，鄂尔多斯高原成为军事防御的前沿阵地，并且，由于游牧经济和农耕经济相互间的多样性经济、贸易需求，北方草原民族和中原农耕民族在政治、文化上的相互吸引和交融，鄂尔多斯高原成为多民族融合和经济交流的重要区域。

鄂尔多斯高原西、北、东三面被黄河环绕，南端为游牧民族与中原农耕王朝的分界线，地理上与西面的陇西、北面的大漠、东面的京畿和南面的中原隔绝开来，从而形成了独立的经济、政治、军事存在和特有的文化、风俗。

汉唐时期，鄂尔多斯高原处在中原王朝的政治、经济和文化中心——长安与北方游牧民族的政治、经济和文化中心——蒙古高原的中间地带，中原王朝北进大漠，必须先占领鄂尔多斯地区，北方民族南进中原，也必须经过鄂尔多斯地区，鄂尔多斯高原成为兵家必争之地和交通枢纽。

鄂尔多斯高原由于相对独立的地理优势和极其优越的交通位置，加之平坦的地貌、肥美的水草，成为北方草原民族的战略要地和游牧天堂，历史上土方、鬼方、狄、林胡、楼烦、义渠、匈奴、突厥、党项、契丹、女真、蒙古等民族都占据过这一地区，鄂尔多斯成为中原政权与北方部落政治争夺、军事冲突、经济贸易、文化交流、民族融合的焦点地区。也因为如此，鄂尔多斯高原成为中原王朝防御北方游牧民族的前沿阵地，是历代修筑长城的首选之地。当然，各朝代在鄂尔多斯修筑长城都有其深刻的历史、政治、经济和军事原因，在后文中将详细分析。

四、国内外长城概况

（一）长城基本概念

为使本书尽量做到准确严谨、深入浅出、通俗易懂、雅俗共赏，以下介绍一下长

① 苏秉琦主编，张忠培、严文明撰：《中国远古时代》，上海人民出版社，2010年。

城的起源、定义以及一些相关的基本概念。

1. 长城的起源

城是以土、石、砖为墙体的封闭性建筑空间，以保卫私有财产为目的。原始社会末期，由于人类智慧的发展，生产力有了很大提高，出现了剩余产品，从而产生了私有财产，形成了私有制。为了保护私有财产和私有制，城的建筑出现了。城是私有制的产物和标志，从产生起便是设防的，不只有城墙，还有马面、角楼，用以防御敌人的侵占和掠夺。东汉人许慎撰写的《说文解字》对城的注释是“以盛民也”，盛民，就是保护居民的人身安全和财产安全。

在新石器时代，曾以壕沟作为聚落的防御工事。内蒙古兴隆洼遗址聚落三面有壕沟环绕，一面濒临小河，是目前国内已知规模最大的兴隆洼文化聚落，应是中国城的雏形。最初的城为一城一门，后来发展到有内、外城，甚至有子城；城墙上逐渐建有马面、角楼，有些城门发展为瓮城；城内设有钟鼓楼、点将台等。

距今5000年左右的准格尔旗寨子圪旦古城，是一处以石筑围墙环绕的祭坛为主体的原始社会聚落遗址。石筑围墙依地形而建，平面形制不大规整，略呈椭圆形。墙体外侧用石板、石块垒砌而成，略呈斜坡状，较平整，内部由碎石块及土填充而成。该古城不但保存较好，时代较早，而且规模较大，是中国北方地区迄今发现的时代最早的具有石筑围墙的城址，堪称“鄂尔多斯最古老的城市”，已经具有了防御和坚守的功能。

石峁石城，位于陕西省神木县高家堡镇，发现了由“皇城台”、内城和外城三部分构成的石砌城垣，气势恢宏、构筑精良，为国内同时期遗址所罕见。城内密集分布着大量宫殿建筑、房址、墓葬、手工业作坊等龙山文化晚期至夏代早期遗迹。据初步研究，石峁城址初建于距今4300年前后，沿用至距今3800年前后，城内面积逾400万平方米，是目前中国发现的最大的史前城址。石峁城址正处于中国早期文明形成的关键阶段，它的发现对进一步理解东亚及东北亚地区早期国家的起源与发展过程具有重要意义。种种迹象表明，石峁城址的社会功能不同于一般史前聚落，已经跨入了早期城市形成时期邦国都邑的行列之中，对于重新描绘4000年前华夏沃土上“万邦林立”的社会图景具有重要意义。

这些最早时代的古城都可能是长城的源头。

春秋时期是我国奴隶社会向封建社会转变的时期，到了战国则进入了封建社会。这个时期人口大增，土地价值得以凸显，自春秋起除攻城外，略地也成为战争的目标，到了战国，兼并土地变成了战争的主要目的。战国时期，各国普遍实行义务兵役制，建立了常备军，将相分离，出现了职业军官，各国兵力迅速增多。兼并土地的战争，迫使各国都需要设防，然而各国城池均比较分散，所能保卫的地面空间相当有限，即使比较大的都城，也只能控制一隅之地。于是，人们在城的基础上想出了新办法，将封闭性的城墙打开，改作连续性、单向性的城墙，以保卫一个地区的领土不受侵犯，这种连续性高墙，可以长达数百里、数千里以上，故人们称之为“长城”。长城是长长的墙，表明它来源于城，是城的扩大和延长。

长城是我国由奴隶社会向封建社会转变过程中的产物，是社会大变动的产物，是常备军出现、战争盛行的产物。长城在战国时期的普遍出现，与封建社会的产生是一致的。长城是为了保护封建私有制而出现的，它把城保卫私有制的功用推向了一个新阶段。

2. 长城的基本含义

长城又名边墙、界壕等。中国长城是世界上规模最大的文化遗产，其建造时间之长，分布地域之广，影响力之大，是其他文物所不可比拟的。中国最早的长城修筑在战国时代，秦代、汉代、明代的长城长度均超过了1万华里，故称“万里长城”。全国历代长城总长度为21196.18千米，分布于辽宁、河北、天津、北京、山西、陕西、内蒙古、宁夏、甘肃、青海、新疆、河南、山东等十多个省区市。长城是全国重点文物保护单位，1987年被联合国教科文组织整体列入世界文化遗产名录。长城是中国古代劳动人民智慧的结晶，是中华文明和中华民族的象征。

长城是中国古代中原地区的封建王朝为互相防御，以及抵御北方游牧民族的侵扰而修筑的军事防御工程，其以连续、不封闭的高墙为主体，并与关隘、城堡、敌台、烽火台等设施紧密结合，长达数百至数千千米。在中国历代王朝修筑的长城中，明长城的建筑体系最为完备，除墙体外，还有如敌台、马面、障墙、暗门、马道、排水孔，以及关城、堡城、烽火台等附属设施，还包括其他与长城防御有关的设施如挡马墙、壕沟、“品”字形窖（陷马坑）、砖瓦窑、采石场、居住址、碑刻题记等。

从定义上看，“长城是以土、石、砖垒筑的连续性高城墙，系古代边境御敌的军事工程”①，包括长城结构、长城墙体及筑法、长城的性质与功用、长城分布地区、长城时代等多方面内容，这些都是长城最重要、最本质的问题。具体来看，“长城”具有以下五个要素。

（1）长城是连续性高城墙

“连续性高城墙”，是就长城的结构特征、形态特征而言，是长城最本质的特征所在，“长城”即以此得名。

---

① 景爱：《中国长城史》，上海人民出版社，2006年。

长城的连续性，是针对城墙的封闭性而言。我国很早就出现城（古城、石城、城堡），城的形状有方形、长方形、圆形、椭圆形、不规则的多边形等，但都有一个共同的特征，即城墙是首尾相接，呈封闭状态，城内的空间是居民区。而长城是连续性的城墙，绵延数百里、数千里，首尾不相连接，呈单向性。这是长城与一般的城、城堡最根本的区别。

“连续性城墙”，是长城的主要特征。虽然在遇到河流和山险的地方，长城会被断开，然而却不能由此认为，长城失去了连续性。一方面，长城的长度多在数百里甚至数千里，就长城的整体走向和布局来说，其仍是连续性的。另一方面，被河流或山险隔开的各段长城，仍具有单向性、连续性的特征。实际上，古今的军事防线在河流、道路等处，多有一定的间隙，但这并不影响其整体性和军事作用。

长城的连续性是其御敌功能之所在。在先秦时期，中原地区车战盛行，常以战车的多少来衡量军事力量的强弱。北方游牧民族则以骑兵为主，以骑兵多少显示其军力。战车和骑兵的特点是机动性比较强，转移的速度比较快，特别是骑兵，在一日之内即可转移数百里。在这种情况下，只有连续性的长城才能阻止敌人的侵掠。这是长城作为军防工程产生的历史背景和重要原因。

长城不但要长，而且必须足够高，只有高墙体才能发挥其军事防御作用。古代士兵皆为男子，身高为1.6～1.7米。士兵站在战车上，总高可达3米。如果坐骑是骆驼，骑兵加坐骑总高可达3.5米。这就决定了长城的城墙必须修得很高，才能阻挡敌人的前进。现在所能见到的古长城遗址大多残破不全，而残长城的高度，最高可达8米左右，其实际的高度，可能不止于此。即使以8米的墙体高度而言，也完全可以阻止战车兵和骑兵的逾越。如果是步兵攻城，没有云梯和楼车，是无法攀上城墙的。值得注意的是，早期的长城达不到很高的高度，有些地段甚至只有1～2米，这些长城主要是作为界线和挡马墙来使用，有一定的阻挡骑兵的作用。

（2）长城以土、石、砖垒筑

这是说长城墙体所用的建筑材料及建筑方法，也是长城本质特征之所在。这里用“垒筑”而不用砌筑，是由于长城墙体是以泥土为主，而非石、砖，以泥土筑墙是不能说砌筑的，故而使用“垒筑”二字。

泥土是最早使用的墙体材料，用以表示墙体的“墙”“垣”“墉”“壁”等字，均以“土”字为偏旁，即证明了这一点。在行文中，将“土、石、砖”用顿号隔开，表明它们具有同等的地位，都是长城墙体所用的主要材料。

用泥土垒墙，多用木夯或石夯打实，因而称作“夯土”。在宁夏银川、吴忠和内蒙古鄂尔多斯市鄂托克前旗曾发现未经夯打的土墙，被称作“堆筑”，不过这种现象所见甚少。夯打泥土墙，必须采用木夹版，因此，“夯筑”又被称作“夯土版筑”。泥土在平原地区可以就地取材，十分方便，因此古代的墙体多以泥土为主。这种情况至今仍可以见到，如西北农村常以夯土垒筑院墙、畜舍和房屋，这是黄土文明的重要表现。

在土源缺乏的山区，则多以石头作为长城墙体的主要原材料。在缺少大块岩石的地方，则采用土石混筑，墙体外部砌石，内部用泥土、碎石夯实。不管是纯石墙还是土石混筑，石头都是最重要的原料，故可称作石墙。

以石头垒筑长城很早就出现了。山东长清县（现济南市长清区）的齐长城，河南林县（现林州市）的魏长城，内蒙古鄂尔多斯纳林塔战国秦长城、包头秦长城，都保留有石墙。石垒长城不但墙体坚固，而且抗拒风雨侵蚀的能力特别强，要比夯土城墙更持久。

墙体砌砖始于隋唐时期，隋唐洛阳宫城墙内外均包砖。宋元时期砖包墙渐多，如金代蒲峪路故城城门附近内外包砖，元大都和义门内外砌砖等。砖砌长城墙体，则始于明代。不过通体砌砖的长城很少见，通常是墙体外部包砖，内部以泥土、碎石夯实。砖墙多以石灰勾缝，使其更加坚固，难以拆毁。砖砌墙体是长城发展的最高阶段，也是最后的阶段。

在西北某些地区，由于土质松散，含沙量高，不易夯筑土长城的墙体。因此在墙体内部放置树木、荆条或蒿草，以加强墙体的整体性和坚固性，防止墙体坍塌倾倒，这些长城有的称作“柳条边”。这种做法与现代水泥浇铸墙体加进钢筋的道理相似，表现了古代劳动人民的聪明才智。

（3）长城属于御敌的军事工程

这是说长城的性质和功用，它属于军事防御工程。长城具有以夯土、石头、烧砖垒筑的又高又长的城墙，显然是一件巨大的建筑工程。古今所有的战争和军事行动，都分为进攻和防守两方，战场上的对峙只是暂时现象，不久即转入进攻和防守。受此影响，军事设施和军事装备都可以分为进攻性和防守性两大类。进攻性的军事设施和军事装备，多半是可以移动的，便于进入敌境扩大战果，古代的兵车、战马都属于这一类。防守性的军事设施和军事装备，多半是不可以移动的，古代的城堡、边壕都属于这一类。

长城是不可以移动的设施，是为了保卫国土，防御敌人的侵掠而建，属于典型的防御性军事设施。从实际情况来看，历史上的长城多半是由势力弱小或采取守势的国家修建。正在扩张领土的强国或企图抢掠别人财富的国家、民族，是不需要修建长城的，因为长城反而会束缚了自己的手脚，不利于扩大领土和势力范围。

（4）长城修筑在边境地区

这是说长城地理分布的特点。无论是文献记载，还是古代长城遗址的分布，都表明长城是修筑在边境地区，这样才能达到御敌于国门之外的军事防御目的。但是，长城修在边境地区不等于长城修建在国界线上，长城不是国界。

（5）长城是古代建筑物

这是说长城修筑的时代只限于古代历史时期。有关长城从春秋时期开始修筑的观点，证据并不充分，而战国筑长城，则既有文献可据，又有遗址可证。明长城是我国最后修筑的长城，清代由于实现了中原内地与边疆地区空前的大统一，已经不需要修筑长城了。而从战国到明代，都属于古代史的范畴，因此，我们说长城是古代建筑物。

长城定义所涉及的五个方面，是紧密结合在一起的，缺少了其中任何一个方面，都无法完整地表现长城的基本特征和长城作为科学术语的唯一性。

3. 长城专业术语

墙体：长城防线设施中最重要的部分，直接承担着阻挡游牧骑兵突袭的重任。长城所在的地区地形、地势、地质条件多样，包括山地、平原、高原、河谷、荒漠、戈壁等，因此在修筑材料的选择上“就地取材”，在地形的选择上“因地制宜”。古人将之概括为“因边山险，因河为固”“因地形，用险制塞”的修筑原则，充分保证了长城的防御效果。墙体的高矮视地形起伏而定，顶部内侧筑女墙，外侧筑垛墙，当敌人接近长城墙体时，守卫者可用石块、箭矢、火器等杀伤敌人。

墙体类别：主要有土墙、石墙和砖墙等。明代之前的长城墙体以石砌墙、土墙和土石混砌墙为主，间或有土坯墙、木障墙，还有以山为险的“山险”或经过人工加工的“斩崖”——修坡式山险墙。明代隆庆至万历初年，谭纶、戚继光对蓟镇长城墙体进行了改建，墙体设置随地势平险、取材难易、防御重点不同而异，重要地段设置双重甚至多重墙体以增加防御纵深，并由简单的土石墙体改为外包砖石的宽厚高墙，墙体加筑敌台、马面、障墙、垛口墙、射孔、瞭望孔、排水孔、暗门等设施，达到了古代长城修筑的高峰。凡在平原或要隘之处的墙体均修筑得十分高大坚固，高山险峻处则较为低矮狭窄，以节约人力和费用，一些特别陡峻无法修筑的地方，采取修建“山险”“山险墙”的办法。

土墙：指主要用土修筑而成的长城墙体，为长城修筑的主要方式，多分布于石料稀少、烧砖不便而土源丰富的地带，包括夯筑、堆土、土坯垒砌等构筑方式。其中夯筑土墙是指用土经夯打筑成的墙体。堆土墙是指直接堆土而成的墙体。土坯垒砌是指用黏土做成土坯，垒砌成墙面后再抹一层黄泥的墙体。

石墙：指主要用石料修筑而成的长城墙体，为长城修筑的主要方式之一，多分布于石料来源丰富的地带，包括毛石干垒、土石混筑、砌筑等构筑方式。其中毛石干垒是指使用较大的石料垒筑，墙体中不夹泥土的石墙。土石混筑是指泥土和石头混合筑成的石墙。砌筑是指用条石、块石、片石砌筑的石墙。

夯土墙：用夯土的方式所筑的墙。夯土是我国最早采用的筑墙方式。筑墙时两版相夹，内填黏土或沙石，再一层一层地用杵夯实，又称版筑，底宽顶窄，顶部宽度一般为墙宽的五分之一至四分之一。

烽火台：又名烽燧、烽堠、狼烟墩等，指在长城墙体沿线通过白天放烟、晚上放火，快速传递战争信息的高台，整体呈覆斗形、圆柱形、圆锥形或不规则形，是长城防御体系的重要组成部分，主要起军事预警作用。烽火台的使用始于汉代以前，汉代称作亭、燧，有时亭燧并称。烽火台上多设有存放柴薪的烟灶，有些烽火台有垛口、铺舍、围墙等附属设施。东周时期就有烽火戏诸侯的故事，可见烽火台在古代对于军情大事的重要性。

敌台：又名敌楼、墩台等。是指分布于长城墙体上并凸出于城墙的高台，可分为空心和实心两种，始创于明代。敌台迎敌面凸出于长城墙体外，高出墙体，左右与墙体相连，整体平面与墙体连接呈“凸”字形，为守卫长城的士卒巡逻放哨、据高防御所用。

壕沟：指人工挖掘的用于阻敌的深沟。

陷马坑：又名“品字窖”，是指设在墙体外侧用于防卫的陷阱，一般呈“品”字形分布，通常挖置在地势开阔平坦，便于骑兵驰骋的地段，对于冲击的骑兵来说，是致命的打击。

关城：长城防线上最为重要的防御据点。关城设置的位置至关重要，均是选择在地形有利防守之处，以收到以极少的兵力抵御强大的入侵者的效果，“一夫当关，万夫莫开”的说法，生动地说明了关城的重要性。长城沿线的关城有大有小，数量很多，以明长城的关城来说，大大小小有近千处之多。历史上著名的关城如山海关、黄崖关、居庸关、紫荆关、平型关、雁门关、偏关、嘉峪关以及汉代的阳关、玉门关等。有些大的关城附近还带有许多小关，如山海关附近就有十多处小关城，共同组成了万里长城的军事防御工程建筑系统。有些重要的关城本身就有几重防线，如居庸关除本关外，尚有南口、北口、上关三道关防，北口即八达岭，是居庸关最重要的前哨防线。关城往往是长城的最后一道军事防御线，如果被突破，将无险可守，骑兵将会长驱直入，标志着长城军事防御的失败，多为战争的重大转折，有时甚至是亡国的前兆。

堡城：又名障城、城堡、边堡等。一般指筑有城墙、围墙的用于屯兵、居住的封闭式要塞城池，为长城防御体系的重要组成部分，主要起坚守作用。

瓮城：又名月城，指城门外侧加筑的凸出于城墙外的城圈，一般有2个城门。“瓮中捉鳖”一词便来源于此，取从瓮城中容易包围歼灭敌人之意（图1-21）。

图1-21 鄂托克前旗与宁夏灵武交界处的毛卜剌堡瓮城

（二）全国长城概况

1. 全国长城概况与历史记载

长城是中华民族悠久历史、文化和精神的代表性建筑，是世界上体量最大的文化遗产。据调查和考证，历史上有20多个王朝和诸侯国修筑过长城。根据国家文物局发布的长城资源调查成果，中国历代长城墙体总长度达21196.18千米，分布于北京、天津、河北、山西、内蒙古、辽宁、吉林、黑龙江、山东、河南、陕西、甘肃、青海、宁夏、新疆共15个省、自治区、直辖市。

（1）战国长城

春秋战国时期是我国古代社会的重要转型期。此时，周王室衰微，权力下移。各诸侯国为了自身利益而扩军备战，彼此征伐。特别是进入战国时代后，战争的目的、性质发生很大变化，诸侯国间的兼并战争变得更为频繁，各国在开疆拓土的同时，纷纷开始修建长城来巩固边防，中国进入修筑长城的第一个高峰期。

① 齐长城

齐国在春秋之时率先成为中原霸主，桓公之后，齐国势力衰落，晋国崛起，有称霸中原之势。此时，齐国北有燕，南有鲁，西南有曹、宋，西有卫、晋。虽然齐、晋两国没有直接接壤，但宋、鲁、卫等国皆臣服于晋，齐之西南边境受到了严重的威胁。而其西南境，尤其是济水以东，今广里、防门一带为黄河冲积平原，地势平坦，在车战盛行的春秋时期，不易防守。因此，为加强这一地区的戒备，修筑防御工事成为齐国此时的当务之急，最后修筑了一条西起黄河，东至黄海，横亘千余里的长城。

齐长城位于山东省境内，西起济南市长清区孝里镇东南广里村北500米处的岭子头，东至今青岛市黄岛区于家河村东北，与海相接。途经长清、肥城、泰安市泰山区、泰安市郊区、济南历城区、章丘、莱芜、博山、淄川、沂源、临朐、沂水、安丘、莒县、五莲、诸城、胶南、黄岛共18个县市区，全长618.9千米。

② 楚长城

楚长城，史称“方城”，文献记载，“楚盛周衰，控霸南土，欲争强于中国，多筑列城于北方，以通华夏，故号此城为万城，或作方城”[①]。楚国从“慎其四境”“守在四境”“完其守备，以待不虞”的军事防御思想出发，为防御较为强大的诸侯邻国而修建长城，而长城同时又成为其实现扩张之本。“春秋战国时期，楚国把攻伐扩张北顾中原继而称霸中原作为立国之本，以实现先王‘观中国之政’的理想，楚长城便由此应运而生。”[②]

目前所见最早的有关楚长城调查与发现的资料，是1993年2月新华社在《人民日报》发布的一条简讯，内容为“陕西省文物考古工作者，在这个省的旬阳县发现了一段迄今中国最古老的长城楚方城遗址，勘察表明，它由东向西横贯旬阳县全境，长为200千米。用石块垒成，有些石门还很清楚”[③]。20世纪80年代，围绕楚长城开展的考古调查工作陆续增多，其中包括第二次全国文物普查。调查涉及河南省方城县大关口、鲁山县犨城故址、泌阳县象河关，陕西省旬阳县、白河县、平利县，以及湖北省竹溪县、竹山县等地。20世纪90年代，楚长城的考古发现主要集中于河南省境内，涉及众多市县，“已在平顶山市的鲁山、叶县，南阳市的南召，驻马店市的泌阳等地，证实了100余处楚长城遗址，尤以鲁山与南召两县遗存较多”[④]，同时还涉及湖北省竹溪县、竹山县，陕西省旬阳县、平利县等地。

---

① （北魏）郦道元原著，陈桥驿等译注：《水经注全译·汝水》，贵州人民出版社，1996年，第728页；内蒙古大学蒙古史研究室：《长城文献资料辑略》（附录），《中国长城遗址调查报告集》，文物出版社，1981年。

② 杨鲁奇：《楚长城塞与方城山辩考》，中国长城网，2005年2月24日，http://chinagreatwall.org/detail/news_detail.jsp?info_id=1100052862&cust_id=greatwall。

③ 姚德棠、姚婕：《楚方城》，《武当风》2000年第5、6期。

④ 杨晓宇：《春秋楚长城五大关》，《平顶山师专学报》2003年第6期。

③ 鲁长城

鲁国先后传二十五世，经三十六位国君，历时800余年，定都曲阜。疆域主要在泰山以南，略有今山东省南部，兼涉河南、江苏、安徽省之一隅。春秋战国时期，鲁国失去西周时期的政治优势，逐渐受到强邻的攻击，鲁顷公二十四年（前256年），鲁亡于楚。

关于鲁长城的记载一直未在任何文献中出现，直到2009年山东省第三次全国文物普查才发现一些遗迹，有学者认为这些遗迹就是鲁长城，主要是为防御齐国的军事威胁而修建的。《中国文物报》《半岛都市报》《深圳特区报》等报刊对该遗迹进行了详细的报道。所发现的遗迹大部分位于莱芜市境内，西起莱城区的崇崖山，向东沿徂徕山余脉断续分布，至钢城区的黄羊山与青羊崮一带，总长30余千米，全部位于山岭北侧，由石砌的矮墙与城堡组成。

④ 魏长城

魏，战国七雄之一，姬姓，其先祖毕万因事晋献公有功，于前661年获封于魏地（今山西省芮城北郊）。前453年，魏桓子与赵、韩三家分晋。前403年，周威烈王封魏文侯为诸侯，建都安邑。魏国从魏文侯封侯到前225年被秦所灭，共历179年，疆域最盛时拥有今河南省北部、山西省南部和陕西省东部。

魏国处于中原腹地，西与秦接壤，北与赵犬牙交错，东部与齐相邻，南有韩、楚。四面受敌，战争连年。魏文侯时期，魏国改革政治，兴修水利，成为战国初期的强国。然而到魏惠王时，魏国国力逐渐衰弱，东侵计划受挫，其在东方的优势逐渐丧失。与此同时，西方的秦国夺取了河西地区，此后魏国不断地受到秦国的侵扰。出于战争防御的需要，魏惠王之后，魏国开始修建长城。

魏国所筑长城共三道。一道在今河南境内，因在古黄河之南，故称河南长城，又因经过卷地（今河南原阳原武镇），也称卷长城；一道在西境，因在黄河之西，故称河西长城或河右长城；还有一道未为人知，或知之甚少，被称为陕县长城[①]。

⑤ 秦长城

秦，嬴姓，秦仲时期被周宣王封为大夫。前770年，秦襄公因护送周平王东迁有功被分封为诸侯。战国初期，因经济落后，加之长年内乱，秦国国势日趋衰落，不断遭到外部打击。当时对秦威胁最大的是魏、韩两国，尤以魏为甚。直到秦孝公时期，经商鞅变法，秦国国势日盛，开始不断地参与中原兼并战争，蚕食各诸侯国领土。

秦国陆续东进的同时，也不断地用兵于西方的戎族，义渠是其中最大的一支。义渠和秦国的关系最为复杂，时叛时降，两者斗争也较为激烈。据《史记》，公“伐

---

① 瓯燕：《中华文明史话——长城史话》，《现已消失的魏长城》，中国大百科全书出版社，2000年。

义渠，虏其王”[①]，孝公“西斩戎之獂王”[②]，惠文“县义渠”“伐取义渠二十五城”[③]，至“宣太后诈而杀义渠戎王于甘泉，遂起兵伐残义渠”[④]后，秦国最终吞并周围的大小戎族。秦国在灭义渠，得陇西、北地、上郡后，修筑了一条长城，以抵御北方游牧民族。由于此长城是在昭襄王时期修筑的，所以后人多称之为秦昭襄王长城，也是史籍中关于秦国筑长城中记载最为明确的一条。

战国秦昭襄王长城的修筑目的是防御游牧民族内侵，所以长城修筑在三郡即陇西郡、北地郡、上郡的北边。其中，陇西郡在今甘肃省中部，北地郡在今甘肃省东北部和宁夏回族自治区的东南部，上郡则在今陕西省的北部及鄂尔多斯的部分地区。

⑥燕长城

战国时期，燕国北有东胡等少数民族，西有赵国和秦国，南有齐国，这些诸侯国和少数民族势力均对其构成威胁。为了防御外来的侵扰，燕国先后修建了两条长城，即燕北长城和燕南长城。

《史记·匈奴列传》记载：“燕有贤将秦开，为质于胡，胡甚信之。归而袭破走东胡，东胡却千余里……燕亦筑长城，自造阳至襄平，置上谷、渔阳、右北平、辽西、辽东郡以拒胡。”这条文献中所指的“长城”是燕北长城，根据文献可知，燕国筑造北长城是在秦开破走东胡之后，并且战后燕国还在东胡旧地设置了上谷、渔阳等五郡。由此可见，东胡势力对于燕国的威胁很大，以至于燕国不惜耗费巨大的财力、人力及物力也要修建长城。

由于文献中关于战国燕北长城的具体位置及走向只有“燕亦筑长城，自造阳至襄平”[⑤]这样简略的文字记载，一些历史学家从古地名的研究出发对燕北长城具体走向进行考证时，产生了不同的观点。《史记·朝鲜列传》记载：“自始全燕时尝略属真番、朝鲜，为置吏，筑鄣塞。”这说明燕国曾在今辽东地区及朝鲜国境内修筑过“鄣塞”，至于其具体位置及走向，文献中没有更多明确的记载。此外，为了拱卫燕下都，防御齐国和其他诸侯国的进攻，燕国在今河北易县、徐水一带修筑了一道与易水相接并为屏障的长城，历史上称为燕南长城，也称易水长城。

⑦赵长城

赵国自前403年建国至前222年被秦所灭，共历181年。三家分晋以后，赵国分得晋国东部和北部的领土，经历了赵简子、赵襄子、赵献子、赵成侯、赵肃侯等几代君主

---

① （汉）司马迁：《史记》卷五《秦本纪》，中华书局，1959年，第199页。
② （汉）司马迁：《史记》卷五《秦本纪》，中华书局，1959年，第202页。
③ （汉）司马迁：《史记》卷五《秦本纪》，中华书局，1959年，第207页。
④ （汉）司马迁：《史记》卷一一〇《匈奴列传》，中华书局，1959年，第2885页。
⑤ （汉）司马迁：《史记》卷一一〇《匈奴列传》，中华书局，1959年，第2886页。

的努力发展，到赵武灵王、惠王时期，赵国的疆域达到历史上的最大范围，成为战国中后期的一个强国。西部越黄河与秦为邻，南有漳河与魏为邻，东有清河与齐为界，北有易水与燕接壤，西北傍阴山筑长城与匈奴、林胡、楼烦接界。为了军事需要，赵国曾在其南界和北界筑有长城，即赵南长城和赵北长城，其中赵北长城又包括了赵肃侯长城和赵武灵王北长城。

《历代长城概况》一书提到，赵长城东起于代（今河北宣化境内），经云中、雁门（今山西北部），西北折入阴山，至高阙（今内蒙古乌拉山与狼山之间的缺口）而止，长约一千三百里。后来秦始皇修筑万里长城时，曾利用了这一段赵长城作为基础。现在这一段赵长城的遗址还断续绵亘于大青山、乌拉山、狼山之间。

⑧ 中山长城

战国中山地处燕南赵北，疆域相对较小。中山国的建立者鲜虞，是北方游牧民族白狄的别种。春秋时鲜虞越过太行山东进，多次与晋发生战争。春秋晚期，鲜虞转移至河北唐县，改称中山国，中山武公建都于顾（今河北省定州市）。前406年，鲜虞中山国为魏所灭，魏国在对鲜虞的统治中建立魏属中山国。前380年左右，中山复国，迁都于灵寿（今河北省平山县三汲村一带）。复国后不久，中山国就进入历史上最强盛的时期，筑长城为其最主要的标志。史书中关于此事的记载仅有一句：“（赵成侯）六年（前369年），中山筑长城。”[①]

20世纪80年代，河北灵寿县的文史资料中记载了3段长城和4座敌台[②]。20世纪90年代，河北省文物工作者在唐县北店头乡蔡庄村发现一座古长城遗址，并认定其为战国时期中山国古长城[③]。

（2）秦长城

前221年，秦始皇统一六国，彻底结束了诸侯割据的混乱局面，建立起中国历史上第一个统一的中央集权的封建王朝。前214年，秦将蒙恬调动大量军队和民夫，将战国时期秦、赵、燕三国北部的长城重新修缮和增筑，完成了西起临洮（今甘肃岷县），东到辽东，长达500多千米的伟大建筑工程。同时，秦在匈奴退出的地方设置九原郡（今内蒙古包头境），并因河为塞，筑城44座，抵御匈奴。至此，真正意义上的“万里长城”形成了。

（3）汉长城

汉长城包括西汉和东汉时期的长城。西汉王朝从前202年刘邦称帝开始，至9年王

---

① （汉）司马迁：《史记》卷四三《赵世家》，中华书局，1959年，第1799页。

② 灵寿县文史委员会：《古长城》，《灵寿县文史资料》（第一辑），河北人民出版社，1989年。

③ 程实：《河北唐县发现战国古长城》，《历史教学》1997年第11期。

莽称帝灭亡。“承秦制”的西汉王朝在防御方面很大程度上也延续了秦王朝的方针，特别是“白登之围”后，多沿用秦代长城，多修少建。武帝时期西汉王朝对匈奴由防守变为进攻，积极开疆拓土，并开始在新的疆域修建新的汉塞。武帝后，西汉王朝没有大规模的对外用兵，同时由于汉王朝与西域诸国关系缓和，故修缮边塞多，新建较少。东汉时期，由于内部政局稳定和自身经济实力的局限，对长城的新建也较少，东汉初年多在西汉长城的基础上修缮或修建烽燧，随着实力的减弱，对原来西汉长城有所放弃，开始内缩。因此今日所说的汉长城，主要是西汉长城，它是修筑长城最长的一个朝代。

此外，汉代长城还是修缮利用前代长城及新建长城的典范，即在沿用基础上对部分路段进行新建。如在河南地（鄂尔多斯高原）、阴山南北麓，燕山地区的河北省、内蒙古自治区、辽宁省及朝鲜境内（战国燕、秦代之辽东郡，汉代之朝鲜四郡所在地）几乎全部沿用战国赵长城、燕长城和秦始皇长城。修缮的主要是旧有的战国长城、秦长城，新建的主要是河西长城、外线长城。其中修缮的秦长城又是在利用赵燕长城基础上新建了阴山北麓长城及东部部分路段。所以，西汉一代新建的长城基本上集中在西北地区，即居延塞、令居塞、疏勒河长城和北部蒙古高原地区的外线长城。

因此，汉代最终形成东起朝鲜中北部，中经阴山和河西走廊，西达新疆库尔勒，北至蒙古国境内的长城。它具备体系化特征，是一个集合了墙体、烽燧、城堡、堑壕、山险、河险、天田、虎落（栅栏）、水门等建筑的庞大体系[①]。同时，每一地区的长城体系均具有不同的作用，决定了汉长城体系构成的不同特点。比如在蒙古高原、新疆和朝鲜地区，防御作用大于开发作用，这里少有郡县移民，防守亦很简单，多以烽燧线代替墙体，这也是汉代长城建设中最重要的新特点，被后代反复利用。河西走廊、河套地区是汉代重点开发区，也是移民屯垦政策的重要实施区，所以郡县设置频繁，遗迹很多，长城防御体系也较为复杂，集中了所有建筑形式。

汉长城的分布，总体可分为以下几段[②]：汉长城东段遗址指内蒙古商都以东至辽东半岛的汉长城。辽宁境内的汉长城遗址是自辽宁阜新市往东，经彰武、法库、开原，然后折而向南，经新宾、宽甸，进入朝鲜境内。汉长城中段遗址指内蒙古商都以西至额济纳旗之间的汉长城，为两条平行的长城。南侧一条起自武川县境内，西越固阳县、乌拉特中后旗、新忽热和潮格旗，伸入蒙古国境内。靠北的一条东起达茂联合旗西南，西经乌拉特中后旗和潮格旗的桑根达来、乌兰、巴彦前达门、宝音图、乌力吉等乡，进入蒙古国境内，再转而向南，复入内蒙古自治区境内，至额济纳旗苏古诺

① 罗哲文：《长城》，清华大学出版社，2008年。

② 中国长城学会：《长城百科全书》，吉林人民出版社，1994年，第77～79页。

尔湖东北，与西段的汉长城相连接。汉长城西段遗址自内蒙古额济纳旗苏古诺尔湖畔起，沿额济纳河南下，至甘肃金塔县境内循北大河向西折，再沿北山山地南麓和疏勒河畔至敦煌市西北小方盘城，再向西经罗布泊、孔雀河畔延伸，不再筑城墙，而是建造绵延的烽燧。

（4）魏晋南北朝长城

南北朝时群雄逐鹿，中原鼎沸。北魏、东魏、北齐等王朝均修筑过长城。

① 魏长城

北魏定都平城（今山西大同）后，由于京城处在农业与牧业的交会地带，游牧于北方的柔然诸部不时越过大漠南掠，影响着王朝心脏的安全和统一北方的步伐。泰常七年（422年）十月，魏太宗拓跋嗣挥师南下，同南朝的刘宋争夺青、兖、豫诸州。与此同时，为确保后方无虞，太宗命皇太子拓跋焘统率六军出镇北疆。泰常八年（423年），"……蠕蠕犯塞。二月戊度辰，筑长城于长川之南，起自赤城，西至五原，延袤二千余里，备置戍卫"[①]。

太平真君七年（446年）六月，太武帝拓跋焘又修筑了一道长城——"畿上塞围"：（六月）丙戌，发司、幽、定、冀四州十万人筑畿上塞围，起上谷，西至于河，广袤皆千里。"[②]这条长城的施工历时一年零九个月[③]。《说文解字》云："畿，天子千里地。以逮近言之则曰畿也。"也就是说，畿是指国都的远近郊区而言的，那么"畿上塞围"就是指保卫国都的"塞围"。《晋乘蒐略》云："……东至代郡。西及善无，南极阴馆，北尽参合，皆为畿内。"[④]"起于上谷"，说明长城的东端点在上谷。"《魏书·地形志》云，上谷郡，天平中置……后魏时上谷郡移治居庸县，《水经注·湿余水注》云，沧河又西经居庸县故城南，魏上谷郡治。后魏居庸县即今北京延庆县，则后魏时上谷郡治已东移。"[⑤]"西至于河"，说明长城向西到达黄河岸边。

居住于北方草原的柔然，一直是北魏王朝的心腹大患。虽然在泰常八年（423年）修筑阴山南麓长城，但此举并不能从根本上阻止柔然的南下侵扰。北魏统治者曾对柔然发动了几次重大的军事行动，虽然都是以柔然的失败而告终，但也使北魏统治者更加清醒地认识到泰常长城在整个北方防御体系中的作用，同时更加清楚地看到仅仅依靠这一道长城阻止柔然具有很大的被动性。因此，到了太和八年（484年），大臣高闾向孝文帝上表："……今故宜于六镇之北筑长城，以御北虏，虽有暂劳之勤，乃有

① （北齐）魏收：《魏书》卷三《太宗纪》，中华书局，1974年，第63页。

② （北齐）魏收：《魏书》卷四《世祖纪下》，中华书局，1974年，第101页。

③ （北齐）魏收：《魏书》卷四《世祖纪下》，中华书局，1974年，第102页。

④ （清）康基田、郭春梅、王灵善，等：《晋乘搜略》，山西古籍出版社，2006年，第831页。

⑤ 施和金：《北齐地理志》，中华书局，2008年，第136页。

永逸之益。即于要害，往往开门，造小城于其侧，因施却敌人。”[①]遂开始修筑六镇长城。

② 东魏长城

东魏统治者第一次修筑长城是在武定元年（543年）秋八月，由丞相高欢策划。《魏书》云：“（武定元年）秋八月……齐献武王（即高欢）召夫五万，于肆州北山筑长城，西自马陵戍，东至土隥。四十日罢。”[②]《资治通鉴》亦记载：“大同九年冬，十一月，甲午，东魏主狩于西山；乙巳，还宫。高澄启解侍中，东魏主以其弟并州刺史太原公洋代之。丞相欢筑长城于肆州北山，西自马陵，东至上墱，四十日罢。”[③]《北史·齐本纪》和《北齐书·神武纪》对肆州长城的修筑亦有相同的记载，说明东魏王朝确实修筑过该长城。

东魏王朝第二次修筑长城是在武定三年（545年）。是年，高欢又一次部署太行山一线的防务。《北齐书》：“武定三年……十月丁卯，神武上言，幽、安、定三州北接奚、蠕蠕，请于险要修立城戍以防之。躬自临履，莫不严固。”[④]由此可知，高欢是此次长城修筑的倡导者，并且亲临实地踏勘、检查，工程相当严谨。

忻州文管处的李隽认为这条“东起忻州，西至静乐县北，长75千米的一段长城，现已无迹可见”[⑤]。但2000年夏天，在国家文物局文物地图总编委的指导下，山西省文物局长城考察组对该段长城进行了实地勘察，首次搞清了其位置、走向和长度：东魏肆州长城分布于宁武县、原平市境内的6个乡内，大体呈东西走向，现存遗迹的实际长度约为60余千米[⑥]。2002年，为编写《中国文物地图集》，考古工作者再次对这道长城进行普查，最终得以确认[⑦]。

③ 北齐长城

北齐天保元年（550年）夏五月，高欢之子高洋称帝，废东魏主为中山王，定国号为齐，北齐建立。北齐建都邺城（今河北省临漳县），历六帝，共二十八年。

天保三年（552年）以后，齐文宣帝高洋北败库莫奚，东北逐契丹，西北破柔然，西平山胡（属匈奴族），北齐国力进入鼎盛时期。但是北齐王朝也有来自各个方面的

---

① （唐）李延寿：《北史》卷三十四《高闾传》，中华书局，1974年，第1257页。

② （北齐）魏收：《魏书》卷一二《孝静帝纪》，中华书局，1974年，第306页；（唐）李百药：《北齐书》卷二《神武帝纪下》，中华书局，1972年，第22页。

③ （宋）司马光：《资治通鉴》卷一三二《齐纪二》，中华书局，1956年，第154页。

④ （唐）李百药：《北齐书》卷二《神武帝纪下》，中华书局，1972年，第22页。

⑤ 李隽：《忻州长城小考》，《文物世界》1998年第1期。

⑥ 山西省文物局长城调查组：《东魏肆州长城》，《文物世界》2001年第3期。

⑦ 国家文物局：《中国文物地图集·山西分册》（上册），中国地图出版社，2006年。

威胁，蠕蠕（即柔然）寇其北，后周伺其西，一不小心便有国破家亡之患。处于这种环境，想要争霸中原，耀威华夏，不先巩固国防，断绝后忧，是不可能的，所以北齐不惜巨资，屡兴长城之役，北筑以拒胡，西筑以防周、山胡，先后兴工7次，修筑了5道长城。北齐长城纵横数千里，工程之大，在秦汉之后，明以前，可推为第一。同时高齐也是北朝时构建长城次数最多、调动人力最众、长城分布最复杂、修筑长度最长的王朝。

北齐长城可分为北齐西线长城、北齐外线西段长城、北齐内线长城、北齐南线长城、北齐外线东段长城等，分布于今山西、内蒙古、河北、北京等地。

（5）隋长城

581年，北周柱国大将军杨坚代周而立，建隋王朝，随后扫灭了中原割据势力，结束了南北朝对立的局面。当时北方仍然有一些势力强大的少数民族，如突厥、契丹、库莫奚、吐谷浑等，尤其是突厥，成为中原王朝的主要威胁。为了防御突厥等游牧民族的侵扰，隋王朝在其北部边境修建了长城。

隋长城主要由两部分组成，一是利用前朝长城；二是自己兴修长城。隋代长城整体分布在北部边境，向东达河北省山海关附近海滨，向西至宁夏灵武黄河东岸，总长度达数千里，但保存下来的遗迹却少之又少。由于隋朝延续时间很短，当时的长城亦非唯一的边防设施，所以相关的记载与研究也不多。今宁夏盐池、灵武和鄂尔多斯高原西南部鄂托克前旗均留存有隋长城遗迹。

（6）辽边壕

916年，契丹族在中国北部建立政权，947年，改国号为辽，与中原的宋王朝形成南北对峙的态势。辽王朝存在的200多年间，统治者不断征战以扩大自己的国土范围，鼎盛时期周边的高丽、北宋、西夏等政权均以缴纳“岁币”或称藩受封的形式臣服于辽。根据文献记载和考古调查资料，为维护帝国的统治，防御渤海国、女真和乌古敌烈等部，辽王朝曾在今辽宁、吉林、黑龙江及呼伦贝尔草原建立大规模防御工事，即辽镇东海口长城、松花江的防御工事和辽漠北边壕。

（7）金界壕

金是女真族建立的政权，在今天中国东北地区。1115年，金太祖完颜旻称帝，国号金，都会宁府（今黑龙江省哈尔滨市阿城区）。1125年金灭辽，次年灭北宋，后迁都至中都（今北京），再迁至汴京（今河南开封）。天兴三年（1234年），金被蒙古与南宋联合攻灭，共历10位帝王。金朝是当时中国华北地区的一个强大政权，全盛时期统治范围东北到日本海、黑龙江流域一带，西北到河套地区，西边接壤西夏，南边以秦岭—淮河一线与南宋交界。当时北方及西北方与金共存的民族有蒙古、党项及并未与金接壤的西辽；南方及西南有大理和吐蕃诸部。金界壕是金王朝统治者在南迁之后，为防御北方民族侵袭边境而修建的防御性工事，主要是防御北方及西北方蒙古族的入侵。金界壕主要分布在今黑龙江、吉林、内蒙古、河北地区，以及蒙古国部分地区，在吉林修筑的部分界壕或沿用了辽界壕。

（8）明边墙

明长城（边墙）是明代为防御北方的蒙古游牧部族侵扰而修建的军事防御工事，东起鸭绿江畔虎山，西至祁连山东麓甘肃嘉峪关，从东向西行经今辽宁、河北、天津、北京、山西、内蒙古、陕西、宁夏、甘肃、青海共10个省（自治区、直辖市）的156个县域（图1-22）。

图1-22　北京八达岭明长城

具体来说，明长城的走向为东起辽宁省丹东市鸭绿江岸边的虎山，向北逶迤于长白山之中，到达辽河上游之后折向南行，沿辽河西岸至盘锦市向北延伸，越过辽河抵达医巫闾山东麓折向西南，经过整个辽西走廊抵燕山山脉，并在辽西走廊南端修建山海关对走廊进行封堵；长城沿燕山山脉南麓向西延伸，直至太行山；长城在太行山沿山脉东麓向南延伸，至河北省武安县数道岩关；长城在太行山上另有一道，沿太行支脉恒山山脉向西延伸，直至吕梁山并抵达黄河岸边；另在慕田峪，向西北分出一支，在群山中继续向西，沿阴山山脉大马群山南麓直至山西省右玉县杀虎口；从杀虎口向西南进入吕梁山区，沿吕梁山西麓，向西南延伸，在丫角山与从恒山山脉延伸出的长城相遇合并；长城沿黄河东南岸向西至河曲县越过黄河进入鄂尔多斯高原毛乌素沙漠，沿毛乌素沙漠南边缘分布，在宁夏灵武县抵达黄河东岸；沿黄河东岸折向北，至石嘴山市惠农区镇远关越过黄河，经宁夏平原北段边缘向西抵达贺兰山东麓；长城在贺兰山东麓一直向南延伸至黄河北岸，沿黄河北岸穿过腾格里沙漠，在中卫越过黄河进入陇山西麓；沿黄河南岸延伸向西，在甘肃省景泰县越过黄河，抵达乌鞘岭，继续向西越过乌鞘岭，进入河西走廊；长城在河西走廊沿北侧的北山南麓分布，直至嘉峪关；长城在嘉峪关又折向南，一直伸至祁连山中，将河西走廊彻底封住。

明长城所处地域辽阔，东西跨度巨大，从沿海一直延伸至内陆。明代将北边长城分成不同的段落，由不同的军镇管辖，设置辽东、蓟镇、宣府、大同、山西、延绥、宁夏、固原、甘肃共9个军镇。后增置真保镇，又从蓟镇分出山海、昌平二镇，从固原分出临洮镇，先后总计设有13个军镇。其中辽东镇长城是由山海关以东直到虎山一段，围绕辽西走廊、辽河平原和辽东半岛，其西南端接蓟镇长城。蓟镇长城是从渤海岸边老龙头直到永定河岸边，分布在燕山之中；真保镇长城北起永定河南岸，上接蓟镇长城西端，分布在太行山上，向南直至数道岩口，该镇长城虽是为拱卫京师、守护右阙而设，但由于不直接临边，故不在“九边”之数。宣府镇长城东起延庆县四海镇，接蓟镇长城，西到山西省大同市天镇县晋冀交界处，控制阴山山脉与燕山山脉之间的空缺通道，尤以张家口为要，地处山区。大同镇长城东接宣府镇长城，沿阴山山脉南麓向西偏南至吕梁山区丫角山，西南接山西镇长城，处于群山之中，控制着北侧阴山山脉中的南北通道以及西侧的杀虎口。山西镇长城东端起于今山西省灵丘县西南，接真保镇长城，沿恒山山脉向西，直抵黄河岸边，地处群山之中，主要扼控西部三关（雁门、宁武、偏头）。延绥镇长城东端起于黄河岸边，接山西镇长城，向西沿鄂尔多斯高原南端毛乌素沙漠南缘，直至今宁陕交界，接宁夏镇长城，从地形上看该镇长城走出山地，进入沙漠地区。宁夏镇长城东端接延绥镇长城，向西至黄河岸边，越过黄河沿贺兰山东麓南下至黄河岸边，沿黄河南岸向西延伸至今甘宁交界处，下接固原镇长城。宁夏镇长城东段和延绥镇长城共同守卫河套地区，并在各较大的路口修筑一系列营堡。宁夏镇长城西段沿贺兰山修建，控制贺兰山上的三十六道山口，防御西部阿拉善地区蒙古部族入侵。宁夏镇长城南段防守贺兰山和乌鞘岭之间的缺口。固原镇长城东起于今陕甘宁交界处，西至洮州卫峪石口崖（今甘肃省临潭县新城镇），该镇长城是用来防御从贺兰山南部缺口及河西走廊进犯的蒙古部族，尤其是南半部分，后来被独立设置为临洮镇长城，以封堵河西走廊东端为目的。固原镇长城主要位于陇山西麓之上，以土质山体为主。甘肃镇长城东端起于黄河岸边今兰州市沙并峪村，接固原镇长城，向西沿河西走廊北侧山脉南麓延伸，直至嘉峪关，在嘉峪关又有封堵河西走廊的南北向长城，将整个河西走廊控制在长城以内，该地多是戈壁。

整个明长城在明朝政权所辖北侧分布，截断沿线各处通道，但在东端的辽西走廊和西端的河西走廊，却是通过修筑长城来保障通道的通畅，避免其遭受蒙古部族的侵扰，使明朝与东北少数民族和西域各国之间的交往能正常进行。明长城长度近两万里，是名副其实的“万里长城”，是我国古代建筑形式最多样、体系最完备的长城，达到了中国长城设计和建筑的最高峰。

2. 调查完成后的全国长城统计数据

2012年，国家文物局完成了长城资源认定工作并发布认定结论。认定工作基于各省（自治区、直辖市）长城资源调查成果和已有的研究基础，并根据相关专业机构和专家的意见，将春秋战国至明代修筑的长城墙体、敌台、壕堑、关堡以及烽火台等相关历史遗存认定为长城资源，将其他具备长城特征的文化遗产纳入《长城保护条例》的保护范畴。根据认定结论，我国各时代长城资源分布于北京、天津、河北、山西、内蒙古、辽宁、吉林、黑龙江、山东、河南、陕西、甘肃、青海、宁夏、新疆15个省（自治区、直辖市）404个县（市、旗、区）。认定数据如下：各类长城资源遗存总数为43721处（座/段），其中墙体10051段，壕堑/界壕1764段，单体建筑29510座，关、堡2211座，其他遗存185处，墙壕遗存总长度为21196.18千米。

（1）秦汉及早期长城资源概况

战国长城主要分布区域包括河北、山西、内蒙古、辽宁、山东、河南、陕西、甘肃、宁夏等省（自治区），现存墙壕1795段，单体建筑1367座，关、堡160座，相关遗存33处，长度3080.14千米，以土石或夯土构筑为主。秦代将燕、赵、秦三国的北部长城连为一体，“延袤万余里”。汉代长城东起辽东，西至甘肃玉门关，主要分布区域包括河北、山西、内蒙古、辽宁、甘肃、宁夏等省（自治区），总体呈东西走向。秦汉长城现存墙壕2143段，单体建筑2575座，关、堡271座，相关遗存10处，长度3680.26千米。玉门关以西至新疆维吾尔自治区阿克苏市，连绵分布有汉代烽火台遗迹。秦汉长城以土筑、石砌为主，甘肃西部等地较常见以芦苇、红柳、梭梭木夹砂构筑的方式，烽火台除黄土夯筑外，还有土坯或土块砌筑做法。

（2）明长城资源概况

明长城资源保存相对完整，形制类型丰富。东起辽宁虎山，西至甘肃嘉峪关，从东向西行经辽宁、河北、天津、北京、山西、内蒙古、陕西、宁夏、甘肃、青海10个省（自治区、直辖市）的156个县域，总长度为8851.8千米。其中，人工墙体的长度为6259.6千米，壕堑长度为359.7千米，单体建筑17449座，关、堡1272座，相关遗存142处。明长城东部地区以石砌包砖、黄土包砖或石砌为主，西部地区则多以夯土构筑。

（3）其他长城资源概况

历史上北魏、北齐、隋、唐、五代、宋、西夏、辽等均不同程度修筑过长城，或在局部地区新建了具备长城特征的防御体系，在选址、形制、建造技术等方面对后期长城的修筑产生了影响。现存墙壕1276段，单体建筑454座，关、堡119座。此外，金代在今黑龙江省甘南县，经河北至内蒙古自治区四子王旗一线，修筑了以壕沟为防御工程主体的界壕体系，称之为“金界壕”，现存墙壕1392段，单体建筑7665座，关、堡389座，长度4010.48千米。

（三）内蒙古自治区长城概况

在内蒙古辽阔的土地上，纵横着许多道起伏的长城，像巨龙一样穿过草原，翻过群山，横亘大地。据记载，历史上有20多个王朝和诸侯国修筑过长城，总长21196.18千米。在历代长城绵延所经的15个省、市和自治区中，内蒙古长城以约7570千米的长城遗迹占全国历代长城长度总和的30%，居全国之首。

内蒙古长城在全国长城中占有十分重要的地位，包括战国赵、战国燕、战国秦、秦代、西汉、东汉、北魏、隋代、北宋、西夏、金代、明代共12个朝代，分布于12个盟市的76个旗、县、区。战国赵、燕、秦长城在全区均有分布，全长约439千米；秦汉长城主要分布在中西部地区，秦长城（图1-23）约918千米，汉长城约1422千米；北魏长城主要分布在呼和浩特市、乌兰察布市、锡林郭勒盟，全长约476千米；金界壕是内蒙古境内最长的文物遗存，总长约2603千米；明长城主要分布在中、西部，全长约712千米；此外，在第三次全国文物普查中，调查人员在巴彦淖尔市、阿拉善盟额济纳旗

图1-23 包头市固阳秦长城

等地，发现有西夏长城遗址[①]。

1. 战国赵北长城

战国时期，“七雄”之一的赵国于赵武灵王在位时期（前325～前299年）锐意推行兵制改革，“胡服骑射”，北破林胡、楼烦，“筑长城，自代并阴山下，至高阙为塞，而置云中、雁门、代郡”[②]。有别于赵国以前于南部边境漳水和滏水之间修筑的赵南长城，这道长城一般被称为“赵北长城”。

赵北长城主要分布于阴山山脉的南麓，东端由河北省尚义县下马圈乡上白窑村西北1.34千米处进入内蒙古乌兰察布市兴和县，沿阴山南麓山脚地带自东向西分布于乌兰察布市、呼和浩特市、包头市、巴彦淖尔市共4个盟市的15个旗县，西端止于乌拉特前旗乌拉山镇张连喜店村北侧的乌拉山大沟（古高阙）沟口东侧。

内蒙古自治区境内的赵北长城墙体总长504千米，其中土墙长171千米，石墙长5千米，山险长6千米，消失段落长322千米。墙体沿线分布有烽火台112座、障城37座。

2. 战国燕北长城

战国燕昭王在位期间（前311～前279年），燕国的国力达到了极盛时期，大将秦开北逐东胡，东胡退却千余里。大约在前290年前后，燕国修筑了北拒匈奴的长城。相对于燕国此前沿易水北岸修筑的抵御齐、赵进犯的燕南长城，这道长城一般被称作“燕北长城”。

战国燕北长城主要分布于辽宁省、内蒙古赤峰市和河北省境内，总体呈东西走向。在赤峰市境内，燕北长城大致沿燕山山脉北麓的努鲁儿虎山和七老图山分布，东由辽宁省北票市进入，自东向西穿过敖汉旗，又出赤峰市进入辽宁省建平县，复入赤峰市元宝山区，后进入喀喇沁旗，西端在喀喇沁旗姜家湾村附近失去踪迹。

内蒙古自治区境内的燕北长城墙体总长132千米，其中土墙长11千米，石墙长34千米，山险长16千米，河险长1千米，消失段落长70千米。长城沿线分布有烽火台40座、障城13座。

3. 战国秦长城

战国秦昭王三十五年（前272年），宣太后诱杀义渠戎王于甘泉宫，随后秦国灭义渠戎，在陇西、北地、上郡一带修筑了“拒胡”的长城。这道长城大体呈西南—东北走向，先后经甘肃、宁夏、陕西等省区，由陕西省府谷县自南向北进入鄂尔多斯市伊

---

① 内蒙古自治区文物局：《内蒙古深入开展长城执法专项督察》，《内蒙古文物》2016年第5期。

② （汉）司马迁：《史记》卷一一〇《匈奴列传》，中华书局，1959年。

金霍洛旗，经由准格尔旗、达拉持旗，西止于东胜区。

内蒙古境内的战国秦长城墙体总长度为94千米，其中土墙长17千米，石墙长14千米，山险长39千米，消失段落长24千米。墙体沿线分布有烽火台19座、障城3座。

4. 秦汉长城

内蒙古自治区境内的秦汉长城属于秦汉长城的中间地段，东起通辽市库伦旗厚很河流域，向西横贯燕山山脉、阴山山脉、戈壁荒漠，至阿拉善盟额济纳旗额济纳河流域，在通辽市、赤峰市、乌兰察布市、呼和浩特市、包头市、鄂尔多斯市、乌海市、巴彦淖尔市、阿拉善盟共9个盟市均有分布。

内蒙古秦汉长城墙体总长度为1407千米，其中土墙长736千米，石墙长275千米，山险长49千米，河险长30千米，壕堑长12千米，消失段落长305千米。墙体沿线分布有烽火台1328座、障城208座、居住址11座。

5. 北魏长城

为了抵御柔然等北方民族的进犯，北魏王朝曾三次在北方边境修筑长城。经调查，北魏长城可分为六镇长城南线、六镇长城北线和太和长堑长城。六镇长城南线、北线均大致呈东西走向分布于乌兰察布草原，自东向西延伸于乌兰察布市商都县、察哈尔右翼后旗、察哈尔右翼中旗、四子王旗，包头市达尔罕茂明安联合旗，呼和浩特市武川县。太和长堑长城墙体自河北省沽源县小城子村北部进入内蒙古境内，主要分布于锡林郭勒盟正蓝旗、多伦县。北魏长城墙体总长度为493千米，其中土墙长487千米，石墙长6千米。长城墙体沿线分布有障城33座。

6. 隋长城

隋朝开皇五年（585年），隋文帝派遣司农少卿崔仲方“发丁三万，于朔方、灵武筑长城，东至黄河，西拒绥州，南至勃出岭，绵亘七百里”[①]。通过调查，在鄂尔多斯市鄂托克旗前旗南部发现了该道长城的遗迹，由东向西分布于上海庙镇特布德嘎查四十堡小队、宝日岱小队和十三里套小队，长城墙体长约12千米，东端进入宁夏境内。

7. 北宋丰州长城

北宋王朝在今鄂尔多斯市准格尔旗纳日松镇二长渠古城设立丰州建制，以丰州城为中心，构筑了一个以河险为依托，以砦址为护卫，以烽火台为延伸的综合性长城防

---

① （唐）魏徵等：《隋书·崔仲方传》，中华书局，1997年。

御体系。北宋丰州城及丰州长城是迄今内蒙古自治区境内唯一发现的一组北宋遗存，主要由沙梁川和清水川2道河险、23座烽火台、永安砦和保宁砦2座砦址等组成。

8. 西夏长城

西夏长城集中发现于阿拉善盟阿拉善左旗、阿拉善右旗和额济纳旗等三旗的北部地区，不见长城墙体，遗迹以烽火台、城障为主。在本次长城资源调查中，阿拉善盟共调查登记西夏时期烽火台32座、障城26座、居住址1座。

9. 金界壕

金界壕是金朝为了防御蒙古等北方部族而修筑的军事性防御工程，在我国长城发展史上占有重要地位。内蒙古境内的金界壕根据分布线路的不同，由北向南依次可分为岭北线、漠南线、岭南线和主线共4条线路，从东向西延伸于呼伦贝尔市、兴安盟、通辽市、赤峰市、锡林郭勒盟、乌兰察布市、呼和浩特市共7个盟市。内蒙古境内的界壕墙体总长度为4228千米，绝大部分为外侧挖土、内侧夯筑而成，界壕沿线分布有边堡、关址和马面等单体建筑和相关遗迹7520座。

10. 明长城

内蒙古自治区境内的明长城，东接河北省怀安县境内的明长城，由东向西分布于乌兰察布市、呼和浩特市、鄂尔多斯市、乌海市、阿拉善盟共5个盟市。内蒙古自治区境内的明长城墙体总长712千米，其中土墙长507千米，石墙长35千米，山险长4千米，河险长25千米，壕堑长8千米，消失段落长133千米，消失墙体约占明长城墙体总长的18.7%。墙体沿线分布有敌台670座、马面366座、烽火台391座、营堡24座①。

内蒙古长城是中国长城的重要组成部分，主要有以下特点：一是长度最长，位居全国第一，分布于全区12个盟市的76个旗县；二是修筑朝代最多，包括了战国赵、战国燕、战国秦、秦代、西汉、东汉、北魏、隋代、北宋、西夏、金代、明代共12个朝代；三是体系最健全，建筑形式丰富多彩，为中国“万里长城”的伟大工程提供了宝贵的实物见证。

内蒙古长城的分布有其独特的规律，即大部分呈东西向分布于北纬38°～44°线范围之间，形成了学术界所称的“内蒙古长城带”。该地带与“草原丝绸之路”、“万里茶道”和“走西口”的路线相重叠，既是古代北方草原游牧民族与中原王朝碰撞的战略要地，也是古代各民族友好交流、交往融合的前沿地带。

---

① 王大方：《内蒙古自治区的长城资源与长城保护的重点任务》，《内蒙古长城研讨会文集》，现代出版社，2017年。

（四）国外长城情况

全世界范围内，除中国拥有雄伟绵长的长城外，还有一些国家也构建有相对较短的线性长城，包括英国的哈德良长城、安敦宁长城和德国的日耳曼防线等。这三段国外长城的修筑年代相当于中国的东汉、三国时期。

英国哈德良长城是一条由石头和泥土构成的横贯大不列颠岛的防御工事，由罗马帝国君主哈德良兴建，修筑年代相当于中国的东汉安帝时期。122年，哈德良为防御北部皮克特人反攻，保护已控制的不列颠岛的人民安全，开始在今英格兰北面的边界修筑一系列防御工事，后人称之为“哈德良长城”。哈德良长城的建立，标志着罗马帝国扩张的最北界。该段长城十分重要的一段至今尚存，并且可以沿着英国国家步道领略它的风采，是英格兰北部最受欢迎的景区，1987年被联合国教科文组织列为世界文化遗产。城墙的南北两侧挖有壕沟，深约3米，宽9米。其中南壕沟离城墙较远，两侧各有一道高土屯，高土屯与城墙之间有一条军用道路；北壕沟离城墙较近，可能更深更宽一些，两侧无高土屯。长城每隔一罗马里（约1481米）建有一座里堡，每座里堡大概能容纳60人。两座里堡之间有两座塔楼作为哨所，如果有敌情，守卫者能很快地以火光为信号并沿长城传递，如同中国长城的狼烟烽火。哈德良长城防范的主要是现在的苏格兰人。从英国地图上看，哈德良长城（图1-24）就像是一条“楚河汉界”，把英格兰和苏格兰分隔开来，而这一隔就让两地民众的感情淡漠了数百年。

图1-24 英国哈德良长城

在英国苏格兰境内也有一段与哈德良长城差不多同时期建造起来的“短长城”——安敦宁长城。该长城在罗马帝国君主安敦宁·毕尤在位时兴建，始建于142

年，建成于154年。它西起克莱德河河口，东至福斯湾，全长63千米，高约3米，宽5米，将当时南部属古罗马管辖的不列颠尼亚和北部的喀里多尼亚（今苏格兰）隔开，并通过其北方的深沟来协助保证安全。这段长城建成八年后，因罗马军团向南退到哈德良长城而被放弃，随着时间的推移，一些操着布立吞亚支语言的人在这里定居，后来这里被称为“古老的北方之地”。197年，经过一系列的攻击后，罗马帝国皇帝赛维鲁到达喀里多尼亚前线，并且修复了安敦宁长城。虽然重新收复安敦宁长城的时间仅仅持续了几年，但是安敦宁长城并没有独立出现在世界文化遗产目录中，而是和已经在目录里的哈德良长城合并成世界文化遗产“罗马帝国的边境”。

同时合并进世界文化遗产“罗马帝国的边境”的还有一段“德国长城”，通常被称为“日耳曼防线”。100～260年，约两万名古罗马士兵在多瑙河以北、莱茵河以东筑起了一道约550千米的防御工程。据考证，这条略呈“Z”形的“长城”起自莱茵布洛尔，经科布伦茨、美因茨、海德堡，最后到雷根斯堡，途经60多个主要城镇。该长城由土墙、石墙、壕沟、栅栏及900座简易瞭望塔、120多个大大小小的军营组合而成。起初，简易瞭望塔都是用木头建造而成，后来一些瞭望塔主体结构用石砖建成，但顶部依然是木质结构。2世纪晚期，来自日耳曼人的压力越来越大，罗马军团屡战屡败，在250年左右被迫放弃了莱茵河以东、多瑙河以北的所有领土，“日耳曼防线”也随之失去了作用[①]。

---

① 摘自《艺术星球artplanet》。

第二章　战国秦长城

战国秦长城主要分布在甘肃、宁夏、陕西、内蒙古等省（自治区），西起甘肃省临洮县新添镇三十墩南坪村望儿嘴，向东经渭源县、陇西县折向东北，经通渭县、静宁县，进入宁夏回族自治区西吉县境内，向东经固原县（现固原市原州区）、彭阳县复入甘肃，又东北经镇原县、环县、华池县，进入陕西省境内，经吴旗县、靖边县、榆林市[①]，于府谷县北窟野河一侧进入内蒙古自治区鄂尔多斯市境内，共经过约20多个县域，总长度约2000千米。

一、鄂尔多斯战国秦长城

鄂尔多斯战国秦长城，从陕西省榆林市府谷县向北进入鄂尔多斯市伊金霍洛旗，在准格尔旗向东北经达拉特旗后，再向西止于东胜区。

鄂尔多斯市境内的战国秦长城墙体总长度为94077米，其中土筑墙体17023米，石筑墙体12364米，山险38684米，已经消失段墙体长26006米。依据国家文物局长城资源调查的相关规程，在调查中将墙体划分为158段，共调查墙体沿线烽燧19座、障城3座。

鄂尔多斯各旗区战国秦长城的具体分布情况如下表（表2-1）所示。

表 2-1　鄂尔多斯战国秦长城数据统计表

旗（区）	墙体分段数	墙体长度（米）	烽燧（座）	障城（座）
伊金霍洛旗	70	41319	7	1
准格尔旗	74	42618	12	2
达拉特旗	6	4411	0	0
东胜区	8	5729	0	0
合计	158	94077	19	3

（一）伊金霍洛旗战国秦长城

伊金霍洛旗战国秦长城总长41319米，均在纳林陶亥镇境内。战国秦长城从陕西省

① 张九和：《内蒙古通史（第一卷）·远古至唐代的内蒙古地区（二）》，人民出版社，2011年。

榆林市府谷县进入伊金霍洛旗纳林陶亥镇，沿牸牛川西岸向北，经过三界塔村、曼赖壕村、新庙村、母花沟村，在小柳塔村进入束会川西岸，后向北经过道劳岱村、武家坡村、罗家梁村、布尔洞塔村、乌兰敖包村、纳林塔村、李家村、白家梁村、兰家塔村、曹家塔村，最后向北进入准格尔旗境内（图2-1）。

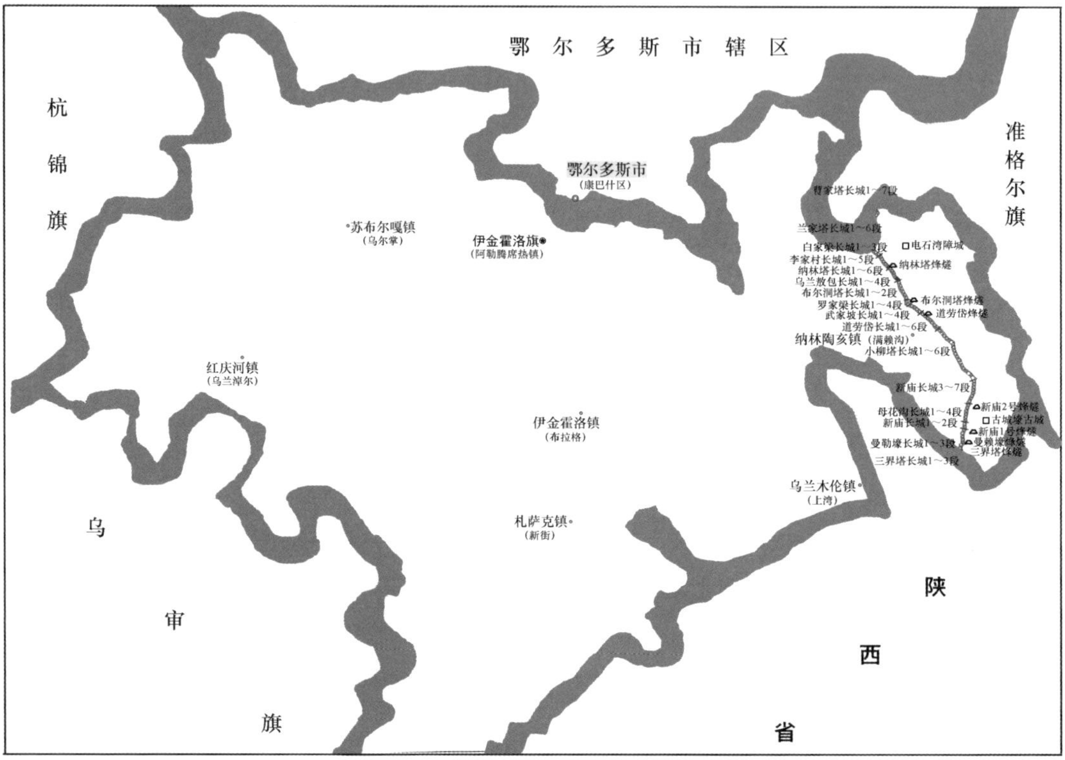

图2-1　伊金霍洛旗长城分布示意图（鄂尔多斯博物馆张煦敏绘）

1. 长城墙体分布与走向

伊金霍洛旗纳林陶亥镇三界塔村为伊金霍洛旗战国秦长城的南端起点，也是鄂尔多斯战国秦长城的南端起点。贾家畔煤矿以北山坡上发现的长城墙体，为堆筑石墙，个别段落用大块片石垒砌而成，墙体上分布有烽燧，沿牸牛川西岸一直向北进入曼赖壕村。

进入新庙村后，在耕地边缘出现了石墙垒砌的痕迹，后向北延伸至牸牛川西岸母花沟村的山梁上，或在梁上以堆积、垒砌的石墙出现，或应用山梁中间的沟壑作为山险，或在树林中穿行。

在小柳塔村进入束会川西岸后，长城以夯筑土墙的形式出现，或穿行于树林中，或隐没于沙土中。向西北进入道劳岱村后，在平坦的山梁上以堆筑石墙的形式存在。

其间，有一小段墙体保存较好，夯层清晰可见，墙体上分布有烽燧。后向西北，在武家坡村以堆积石墙或夯筑土墙的方式穿行于沙土中，继续向西北延伸。

在罗家梁村的山梁上，墙体先是以河卵石堆积而成，或穿过草丛，或穿行于田地中，后以大型石块垒砌而成。进入布尔洞塔村后，垒砌石墙逐渐变宽变高，墙体附近分布有石砌烽燧。

进入乌兰敖包村后，地势变得险峻，沟壑较深，在山梁上的垒砌石墙尤为高峻，底宽10余米，高3米，沟壑被充分利用作为山险，部分用片石垒砌的墙体段落非常规整，一些片石被居民用来盖房。

再向西北进入纳林塔村，墙体从山脚延伸至山梁，至沟壑处形成山险。纳林塔段长城是伊金霍洛旗乃至鄂尔多斯市保存最完整、最为高大、最具观赏性的战国秦长城段落。该段长城墙体均为大型石块垒砌而成，墙体最宽处8米，最高处4米，垒砌得相当规整，石缝中添加三合土，墙体上建有现代敖包或长有灌木，在沟壑墙体断面处可清楚看到垒砌石墙的剖面。墙体上有障墙，附近分布烽燧。墙体西侧有1996年树立的水泥包砖保护标志碑和2001年树立的石质保护碑各一块。

墙体向西北进入李家村后，仍为以较大的石块垒砌而成，垒砌规整，石缝填充三合土，墙体呈东南—西北走向，较宽大，底宽5米，高1.5米。墙体在山梁间自然沟壑处消失，在断崖处可以清楚看到墙体剖面。

进入白家梁村后，由于村里分布有大片房屋、田地、道路、树木，长城墙体大多不见踪影，只在村西山梁上发现有垒砌石墙的痕迹。向北进入兰家塔村后，墙体由河卵石垒砌而成的石墙变为夯筑土墙，后又变为下部为夯筑土墙、上部为垒砌石墙的混筑墙体，疑为西汉初年沿用“故塞”长城的增筑痕迹。土墙夯层明显，红土夯筑和黄土夯筑的界线明显。

再向北进入战国秦长城在伊金霍洛旗分布的最后一个村庄曹家塔村，墙体分布于田地边缘，由片石垒砌而成，墙体低矮，很多墙体上的片石被村民用于盖房。在沟壑断崖处，用片石夹杂三合土垒砌的墙体非常规整，疑为西汉初年沿用战国秦长城的“故塞”长城补筑痕迹。

2. 长城墙体与单体建筑保存现状

在调查中，将伊金霍洛旗境内的战国秦长城划分为70段，包括土墙8段、石墙31段、山险16段、消失段15段。墙体总长41319米，其中土墙3628米，石墙6178米，山险段落18475米，消失段落13038米。土墙中，保存较好部分长126米，保存较差部分长2471米，保存差部分长1031米。石墙中，保存较好部分长1434米，保存一般部分长2199米，保存较差部分长960米，保存差部分长816米，消失部分长769米。长城沿线分布有烽燧7座，保存状况均一般。

3. 典型长城墙体、单体建筑

三界塔长城1段：墙体位于牸牛川西面的台地上南与陕西省战国秦长城在榆林市府谷县贾家畔村相接，大体呈南北走向，本段墙体的起点即为鄂尔多斯战国秦长城的南端起点（图2-2），墙体为在自然基础上堆筑而成的石墙，以黄沙土夹杂片石堆筑为主，部分地段见垒砌痕迹。墙体石块疏松，表面杂草丛生。现存墙体底宽1～4.4米，顶宽0.5～1.3米，残高0.2～0.6米。墙体全长286米，其中保存较好部分长191米，保存差部分长49米，消失部分长46米。

图2-2　三界塔长城1段起点处（由西向东）

三界塔烽燧：位于三界塔长城1段墙体上，为骑墙而建。实心烽燧，整体呈圆锥形，四周用石块垒砌，中间填以黄沙土，有补筑痕迹（图2-3）。保存一般，底部直径20米；顶部南北长5米，东西宽2.4米；残高11米。该烽燧实际上起到了后世敌台的作用。

母花沟长城1段：大体呈西南—东北走向。墙体长261米，在自然基础上以石块垒砌而成，石缝中间填三合土（图2-4）。整体保存较差，现存墙体底宽3.5米，顶宽1米，残高0.8米。墙体东侧为牸牛川。

道劳岱长城5段：大体呈东南—西北走向。墙体为在自然基础上以土石混筑而成的堆积石墙。部分墙体四周为夯土，中间填沙石，可见13层夯层，夯层厚约0.15米。现存墙体剖面呈梯形，底宽4.4～5.8米，顶宽2～3.3米，残高3～3.6米。墙体长134米，其中

图2-3　三界塔烽燧南壁（由南向北）

图2-4　母花沟长城1段垒砌较规整的一段墙体（由东向西）

保存较好部分长46米，保存一般部分长64米，消失部分长24米。有一小段墙体保存较好，夯层和垛口墙清晰可见，垛口宽0.4米，高0.6米，间距为0.8米，这是鄂尔多斯战国秦长城中发现的唯一一段垛口墙（图2-5）。墙体位于束会川西岸的沙梁上，周边呈沙丘地貌。

图2-5　道劳岱长城5段垛口墙（由东向西）

罗家梁长城3段：大体呈南北走向。墙体长166米，在自然基础上用较大石块垒砌而成。底宽顶窄，剖面呈三角形。整体保存一般，现存墙体宽2米，残高1米。

乌兰敖包长城1段：墙体位于山坡上，大体呈东南—西北走向。墙体为在自然基础上垒砌而成的石墙，底宽顶窄，剖面呈弧形。现存墙体高峻，基本保持了原貌，底宽7～13米，顶宽3～5米，残高1.5～2.5米。墙体长974米，其中保存较好部分长115米（图2-6），保存一般部分长770米，消失部分长89米。墙体两边是深沟，东侧为束会川。

图2-6　乌兰敖包长城1段保存较好的段落（由北向南）

纳林塔长城1段：大体呈东西走向。墙体长283米，为在自然基础上垒砌而成的石墙，底宽顶窄，剖面呈梯形，南壁垒砌的痕迹较明显（图2-7）。基本保存原貌，墙体上以沙土填缝，缝中长有野草。整体保存较好，现存墙体底宽6.8～8米，顶宽4.3～5米，残高2.6～4米。墙体东侧为東会川，墙体西侧立水泥包砖保护标志一块，为1996年伊金霍洛旗人民政府所立，内容为“纳林塔战国秦长城”。

图2-7　纳林塔长城1段（由西向东）

纳林塔长城2段：大体呈东南—西北走向。墙体长260米，为在自然基础上垒砌而成的石墙。底宽顶窄，剖面呈梯形，南壁垒砌的痕迹较明显，石块间填充三合土。整体保存较好，现存墙体底宽4.5～5米，顶宽1.5～1.7米，残高1～1.5米。墙体上建有一组敖包，主敖包1座，直径4.8米，高1.7米；守卫敖包共18座，直径1米，高0.5米，间距1.7米（图2-8）。墙体西北侧立石质保护标志一块，为伊金霍洛旗人民政府于2001年11月18日所立。

李家村长城3段：墙体位于脑木图沟北面台地的顶部，大体呈东南—西北走向。墙体为在自然基础上垒砌而成的石墙，石缝中间填充三合土，底宽顶窄，剖面呈梯形（图2-9）。现存墙体底宽2～4.5米，顶宽1.5～4米，残高0.6～1.6米。墙体长219米，其中保存较好部分长113米，保存一般部分长37米，消失部分长69米。

图2-8　纳林塔长城2段墙体（由南向北）

图2-9　李家村长城3段墙体（由东南向西北）

白家梁长城2段：大体呈东南—西北走向。墙体长140米，为在自然基础上垒砌而成的石墙，底宽顶窄，剖面呈梯形（图2-10）。整体保存一般，现存墙体底宽4米，顶宽2.5米，残高1.7米。墙体附近可采集到绳纹陶片、卷云纹瓦当等遗物。墙体东侧为朿会川。

图2-10　白家梁长城2段墙体（由东南向西北）

兰家塔长城3段：大体呈南北走向。墙体长63米，为在自然基础上夯筑而成的土墙，一部分为红土和沙石土交错夯筑而成，另一部分为黄土和沙石土交错夯筑而成，红土夯筑和黄土夯筑的界线明显，形象地反映了当时两支队伍从不同地方分别取回红土和黄土，并夯筑成墙，最终在此交会的情景。夯层清晰可见，共17层，每层厚0.12米。墙体高峻，整体保存较好，剖面呈梯形，现存墙体底宽4米，顶宽2米，残高0.6～2.3米。墙体东侧为朿会川。

兰家塔长城6段：大体呈南北走向。墙体为在自然基础上垒砌而成的石墙，底宽顶窄，剖面呈梯形。部分墙体段落下部为夯筑土墙，上部为垒砌石墙，反映了修缮和增筑的痕迹（图2-11）。现存墙体底宽2～3.3米，顶宽1～2.2米，残高0.3～0.5米。墙体长603米，其中保存一般部分长428米，消失部分长175米。

曹家塔长城6段：大体呈南北走向。墙体长170米，为在自然基础上用石块垒砌而成的石墙，石缝中间填三合土。墙体高峻、宽大，剖面呈梯形，整体保存较好，现存

图2-11　兰家塔长城6段土墙与石墙叠压部分墙体（由南向北）

墙体底宽5米，顶宽3.4米，残高1～2米。部分墙体底部有夯层，可见夯层有9层，厚0.2～0.3米。部分墙体段落有明显增筑痕迹。墙体东侧为束会川。

（二）准格尔旗战国秦长城

准格尔旗战国秦长城总长42618米，共经准格尔召镇、暖水镇两个镇。战国秦长城从伊金霍洛旗纳林陶亥镇曹家塔村，由西南向东北跨过哈喇沁川，进入准格尔旗准格尔召镇李家坡村，后向北进入碾房塔村，然后向东北经黄天棉图村、公沟村延伸至牸牛川西南的山梁上，后向东经铧尖村到达暖水镇暖水村，此后向西北折向榆树壕村，最后进入达拉特旗白泥井镇敖包梁村（图2-12）。

1. 长城墙体分布与走向

准格尔旗准格尔召镇李家坡村为准格尔旗战国秦长城的南端起点。哈喇沁川东面李家坡村山梁上的长城墙体由大型石块垒砌而成，墙基宽达4米，在山脊上向东北绵延，部分墙体两侧和下部由片石垒砌而成，中间填充土石，垒砌规整，片石间填塞三合土，一定程度上保存了原貌。墙体在沟壑处消失，形成天然山险。

碾房塔村段长城的多数墙体位于近山顶的山肩处，少数墙体位于山顶平台上，墙体随地势起伏而升降，西面为哈喇沁川。墙体由石块垒砌而成，较为低矮，部分隐没于黄土或草丛中，在沟壑断面处可见清晰的大石块垒砌剖面。

黄天棉图村一部分墙体由黄土夯筑而成，较不明显，田地中被乡村土路推出的墙

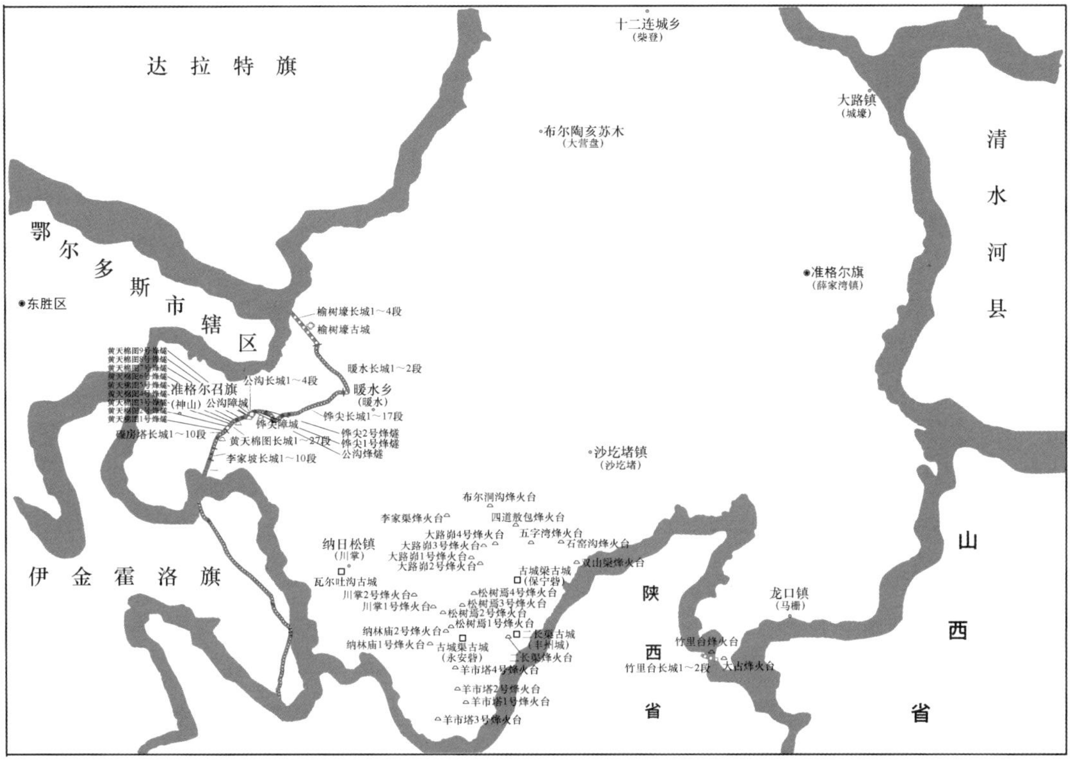

图2-12　准格尔旗长城分布示意图（鄂尔多斯博物馆张煦敏绘）

体剖面上可见清晰夯层，夯层中夹杂料礓石。另一部分墙体为石块垒砌，呈土垅状穿行于农田中，进入露天煤矿区后，沿运煤公路路基向东北绵延，在沟壑处消失，形成自然山险。山险东北的高地上分布有石块堆积墙体，墙基较宽，最后进入山梁顶部，为石块垒砌墙体，长有灌木和野草。主墙体又分出两段副墙，与主墙平行。沿线分布有9座烽燧，多数石块垒砌而成，少数为黄土堆筑或石块堆积而成。

公沟村段长城在高原面上，墙体下部为黄土堆筑，上部为石块垒砌，非常规整，石块间填充三合土，应为墙体初始原貌。墙体依地势起伏，向北在沟壑处消失，后沿高地边缘向东北延伸。沿线分布有烽燧和障城各1座。

锋尖村段长城在特牛川西南的山梁上自西向东断断续续绵延，一部分为大型石块垒砌墙体，部分段落由大型片石垒砌，其中一段墙体垒砌得非常规整，底宽5.6米，顶宽4.5米，残高1.6米，采集有石杵1件，为夯筑土墙的工具。另一部分墙体为土垅状堆积石墙与垒砌石墙交错出现，部分石墙下有剖面呈梯形的夯土层，垒砌规整。还有一部分在沟壑处消失，形成自然山险。沿线分布有烽燧2座、障城1座，烽燧为均石块垒砌而成，整体呈圆柱形或方柱形。

暖水村段长城墙体处于暖水川西丘陵顶部，为夯筑土墙，夯层明显，剖面呈梯形，墙体上长满野草，周围为农田。墙体北面由群山形成山险。

榆树壕村段长城处于地势平坦的树林和农田中，为黄土夹杂料礓石夯筑而成，呈平顶土垅状，部分墙体上长满柠条。墙体东侧分布有榆树壕古城。

2. 长城墙体与单体建筑保存现状

在调查中，将准格尔旗境内的战国秦长城划分为74段，包括土墙8段、石墙34段、山险7段、消失段25段。墙体总长42618米，其中土墙8540米，石墙7357米，山险段落20209米，消失段落6512米。土墙中保存较好部分长186米，保存一般部分长258米，保存较差部分长2770米，保存差部分长5177米，消失部分长149米。石墙中保存较好部分长613米，保存一般部分长2796米，保存较差部分长2254米，保存差部分长1292米，消失部分长402米。沿线分布有烽燧12座、障城2座。

3. 典型长城墙体、单体建筑

李家坡长城1段：大体呈南北走向。墙体长104米，为垒砌石墙，自然基础，两侧墙体是纵向垒砌，中间墙体是横向垒砌，垒砌规整，一定程度上呈现了原貌，也形象地揭示了当时长城的修筑方式（图2-13）。墙体剖面呈梯形，整体保存较好，现存墙体基宽4.8米，顶宽4米，残高1.58米。墙体西侧为哈喇沁川。

图2-13　李家坡长城1段墙体（由南向北）

碾房塔长城7段：大体呈西南—东北走向。墙体长221米，为垒砌石墙，自然基础，底宽顶窄，剖面呈梯形。整体保存一般，大部分隐没于土层中（图2-14），现存墙体基宽3.4米，顶宽2.6米，残高0.8米。

图2-14 碾房塔长城7段（由东向西）

黄天棉图长城7段：大体呈西南—东北走向。墙体为夯筑土墙，底部是人工基础，上面是夯土层，由料礓石、沙土混合夯筑而成，夯层厚0.15～0.2米，底宽顶窄，剖面呈梯形（图2-15）。现存墙体底宽2.8～3.2米，顶宽1.8～2.6米，残高0.6～1.2米。墙体长225米，其中保存较好部分长82米，保存一般部分长91米，消失部分长52米。

黄天棉图长城19段：大体呈西南—东北走向。墙体长300米，为垒砌石墙，人工基础，下部为黄土堆筑而成，上部为石块垒砌或堆积而成，底宽顶窄，剖面呈扁梯形。石块多风化成碎片，上面野草丛生，整体保存较差。现存墙体底宽2～3米，顶宽1米，残高0.5～1米。沿线采集有白瓷碗口沿、陶器口沿等遗物。

黄天棉图长城21段：大体呈西南—东北走向。墙体长141米，为垒砌石墙，人工基础，底宽顶窄。墙体断断续续分布，石块散落周围，整体保存较差（图2-16）。现存墙体底宽2～2.5米，顶宽0.5～1米，残高0.4～1米。

黄天棉图长城24段：大体呈东西走向。为垒砌石墙，人工基础，下部为黄土堆筑，上部为石块垒砌，底宽顶窄。墙体断断续续分布，周围石块散落，现存墙体底宽

图2-15　黄天棉图长城7段（由西南向东北）

图2-16　黄天棉图长城21段墙体顶部（由西向东）

1.5～4米，顶宽0.5～2米，残高0.4～1.5米。墙体长233米，其中保存较好部分长32米，保存较差部分长201米。

公沟长城1段：大体呈南北走向。墙体为垒砌石墙，在人工基础上以土石混筑而成，下部为黄土堆筑，上部为石块垒砌，垒砌得相当规整（图2-17），基本保持了原貌，剖面呈长方形。现存墙体底宽2.5～2.8米，顶宽1～1.5米，残高0.5～1米。墙体长89米，其中保存较好部分长22米，保存一般部分长67米。墙体东侧为敖包沟。2013年，鄂尔多斯市文物考古研究院曾在该段墙体石块的填土中取样，委托浙江大学文物与博物馆学系做土质和包含物分析，结果显示土样没有特殊添加物，也没有植物孢粉，应是就地取土，没有经过加工和添加其他成分，就在修筑长城时直接使用。

图2-17　公沟长城1段垒砌规整的墙体（由西北向东南）

铧尖长城1段：大体呈东西走向。墙体为垒砌石墙，自然基础，底宽顶窄，剖面呈梯形，墙体北侧石块垒砌痕迹较为明显。现存墙体底宽3.2～5米，顶宽2.1～3米，残高1.2～1.5米。墙体长407米，其中保存一般部分长304米，消失部分长103米。墙体附近为丘陵、沟壑地貌，东侧为特牛川。

铧尖长城4段：大体呈东西走向。石墙垒砌得非常规整，自然基础，底宽顶窄，剖面呈梯形（图2-18）。现存墙体底宽4～5.6米，顶宽1.5～4.5米，残高1～1.6米。墙体长218米，其中保存较好部分长192米，消失部分长26米。在墙体附近采集石杵1件，

图2-18　铧尖长城4段墙体（由南向北）

为修筑长城时夯筑墙体的工具（图2-19）。墙体附近为丘陵、沟壑地貌，东侧为牸牛川。

图2-19　铧尖长城4段墙体附近采集的石杵

铧尖长城8段：大体呈西北—东南走向，墙体长152米，为垒砌石墙，自然基础，建筑材料主要是片石，垒砌痕迹非常明显，底宽顶窄，剖面呈梯形，整体保存较好。现存墙体底宽2～5米，顶宽0.5～2.5米，残高0.8～3米。墙体附近为丘陵、沟壑地貌，东侧为特牛川。

锌尖长城10段：大体呈西北—东南走向。墙体长676米，为堆积石墙，在自然基础上以土石混筑而成。底宽顶窄，剖面呈梯形。整体保存较差，现存墙体底宽1.5～2.5米，顶宽1～2米，残高1～2米。

锌尖长城16段：大体呈西北—东南走向。墙体为堆积石墙，在自然基础上以土石混筑而成，底宽顶窄，剖面呈矮梯形（图2-20）。现存墙体底宽2～4米，顶宽1～2米，残高0.8～1米。

图2-20　锌尖长城16段墙体（由西向东）

暖水长城1段：大体呈东西走向。墙体长711米，为夯筑土墙，在自然基础上以黄土夯筑而成，底宽顶窄，剖面呈扁梯形。整体保存较差，表面野草丛生，现存墙体底宽3～5米，顶宽3米，残高1～1.5米（图2-21）。附近采集有绳纹陶片。墙体附近为丘陵、沟壑地貌，东临暖水川，西临霍鸡图沟。

榆树壕长城3段：大体呈东南—西北走向。墙体长1123米，在自然基础上用黄土夯筑而成，夯层不明显，底宽顶窄，剖面呈半圆形土垅状（图2-22）。整体保存较差，表面长满柠条，现存墙体底宽4～5米，顶宽2～3米，残高1.5～3米。

（三）达拉特旗战国秦长城

达拉特旗战国秦长城全长4411米，起自白泥井镇敖包梁村东南2.3千米处，止于东胜区塔拉壕镇辛家梁村东2.3千米处，主要分布于白泥井镇敖包梁村（图2-23）。

图2-21　暖水长城1段墙体（由西北向东南）

图2-22　榆树壕长城3段墙体（由东南向西北）

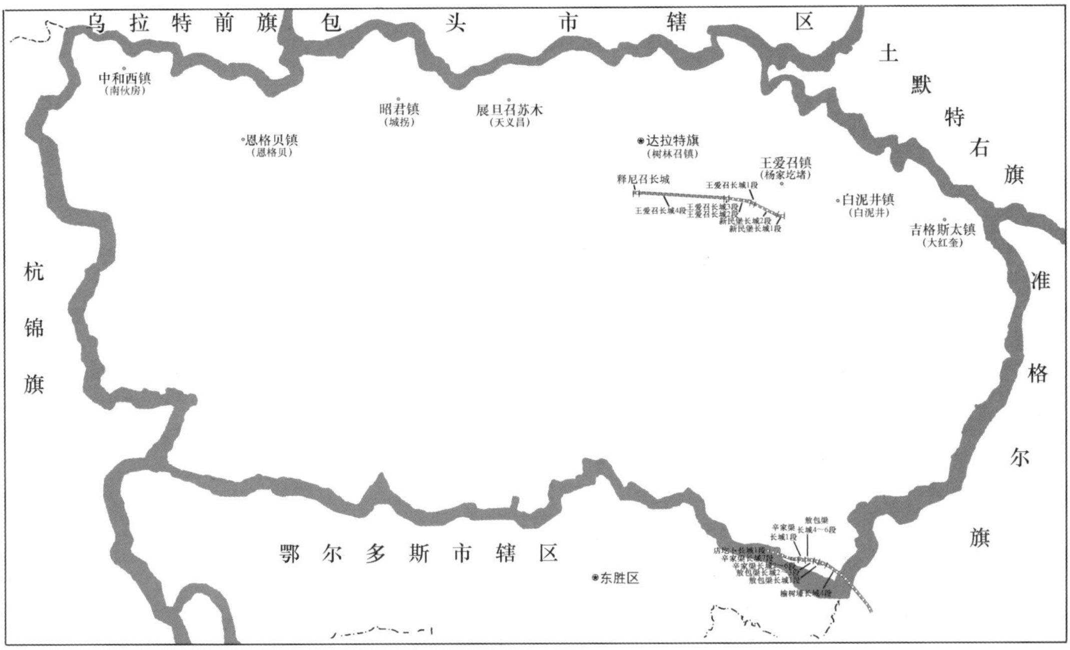

图2-23　达拉特旗长城分布示意图（鄂尔多斯博物馆张煦敏绘）

1. 长城墙体分布与走向

达拉特旗白泥井镇敖包梁村周边一带地势平坦，战国秦长城墙体北邻109国道，穿行于村庄农田中，为黄土夯筑而成，多呈土垅状。由于水塔、电线杆和网围栏等设施的建设，以及沟壑冲刷，墙体破坏严重，已失去原貌。

2. 长城墙体保存现状

在调查中，将达拉特旗境内的战国秦长城划分为6段，包括土墙3段，消失段3段。墙体总长4411米，其中土墙3172米，消失段落长1239米。土墙中保存一般部分长417米，保存较差部分长849米，保存差部分长1854米，消失部分长52米。

3. 典型长城墙体

敖包梁长城3段：大体呈东南—西北走向。墙体长584米，为夯筑土墙，自然基础，呈土垅状，由黄土、小石块夯筑而成，底宽上窄，剖面呈梯形（图2-24）。现存墙体底宽4米，顶宽1米，残高0.8～1.5米。

（四）东胜区战国秦长城

东胜区战国秦长城总长5729米，起自塔拉壕镇辛家梁村东2.3千米处，止于塔拉壕镇店圪卜村西南0.49千米处（图2-25）。

图2-24　敖包梁长城3段墙体（由西向东）

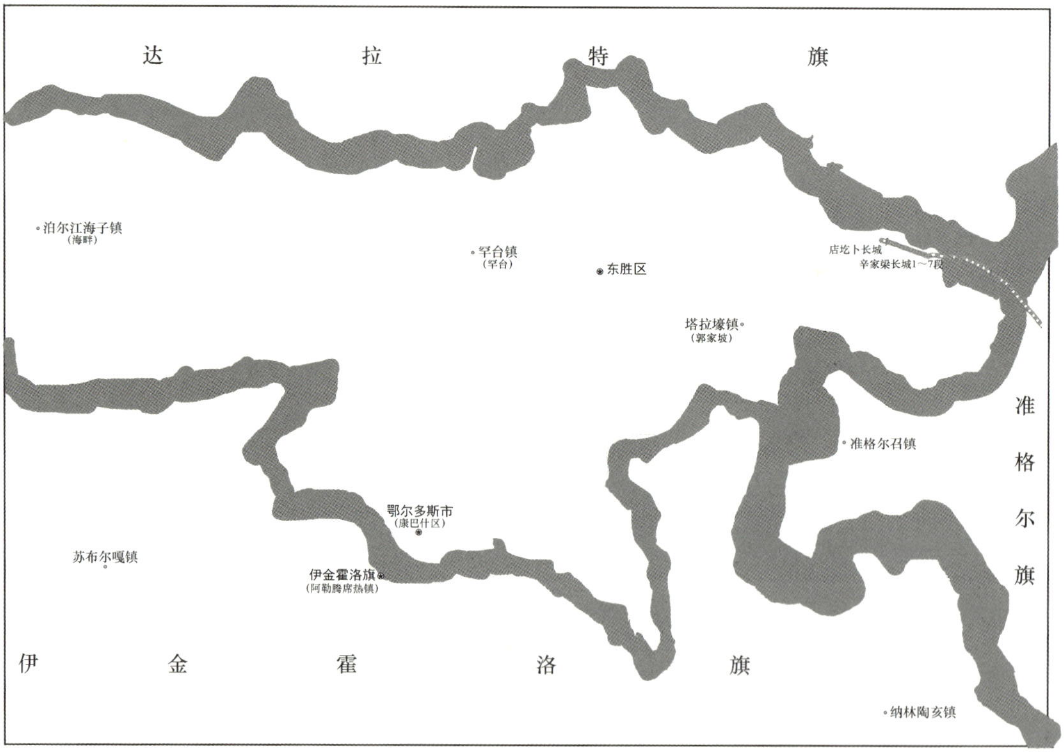

图2-25　东胜区长城分布示意图（鄂尔多斯博物馆张煦敏绘）

1. 长城墙体分布与走向

塔拉壕镇辛家梁村处于丘陵沟壑区，长城或穿行于松林中、耕地边，或位于两侧为深沟的山梁脊上，由黄土夯筑而成，多呈土垅状。部分段落被村子里辟为打谷场，109国道通过地段的墙体消失。

店圪卜村段长城的墙体用黄土夯筑而成，呈土垅状，从田地边缘延伸至山坡下，鄂尔多斯战国秦长城的北端止于此处。

2. 长城墙体保存现状

在调查中，将东胜区境内的战国秦长城划分为8段，包括土墙5段、消失段3段。墙体总长5729米，其中土墙1895米，消失段落长3834米。土墙中，保存一般部分长312米，保存较差部分长1572米，消失部分长11米。

3. 典型长城墙体

辛家梁长城4段：大体呈东西走向。墙体长705米，为黄土夯筑而成的土墙，自然基础，剖面呈半圆形。由于雨水冲刷，只留下两边为沟壑的山梁凸起部分（图2-26）。整体保存较差，部分段落被村子里辟为打谷场。现存墙体底宽6～10米，顶宽2～4米，残高0.5～4米。

图2-26　辛家梁长城4段墙体（由东向西）

店圪卜长城：大体呈东南—西北走向。该段墙体为鄂尔多斯战国秦长城的西北端止点。墙体长312米，自然基础，黄土夯筑而成，剖面呈梯形，整体呈土垅状（图2-27）。保存一般，墙体上长满蒿草或沙柳，现存墙体底宽8～10米，顶宽5～6米，残高0.7～3米。墙体附近采集有陶片和瓦片。

图2-27　店圪卜长城墙体（由南向北）

二、鄂尔多斯战国秦长城特点分析

（一）总体认识

战国秦长城为什么会在鄂尔多斯东胜区塔拉壕镇店圪卜村终止，笔者认为有三点原因：一是这里在战国时期是秦国与赵国互相争夺的战略地带；二是这里以北是茫茫库布其沙漠，不再具备修筑长城的地理和原材料条件；三是这里是鄂尔多斯高原东西走向的“脊梁”，四十里梁—东胜—点素敖包东西一线为南北分水岭，其北为平坦的库布其沙漠地带，南为高低不平的丘陵沟壑地带，只有在该线以南的丘陵地带才适合修筑长城，长城也才能发挥其作用。

鄂尔多斯战国秦长城除了具有界线的作用外，还有两个主要的军事作用：一是预警，二是挡马墙。烽燧具有点火报警功能，而低矮的墙体则起到了挡马墙的作用，比起明长城动辄5～6米的高大墙体，战国秦长城多数高1～2米的墙体不算很高，在实战中主要用于防御骑兵。

鄂尔多斯战国秦长城多数分布在山体一侧的半坡上。从具体走向与分布来看，战国秦长城进入鄂尔多斯后，在伊金霍洛旗犇牛川西岸山体的山坡上一直向北，经束会川西岸山体的山坡上进入准格尔旗哈喇沁川东岸山体的山坡上，再向北进入犇牛川西岸的山坡上。这符合战国秦汉时期的战争方式：作为防御方的农业民族军队以步兵为主，而进攻方的游牧民族队伍则以骑兵为主，长城作为守方的防御体，最佳的防御效果莫过于利用长城墙体和弓箭等将对方的骑兵有效地阻挡在山前地带。

（二）长城墙体

1. 就地取材

鄂尔多斯分布的战国秦长城墙体主要有石墙、土墙和山险三大类，多为就地取材：附近有石块，就用石块堆积；附近有规整的石片，就用石片垒砌；附近有黏合性较好的黄土或红土，就用黄土或红土夯筑；附近没有黏合性较好的土壤，也没有石料，就用沙土堆筑。兰家塔长城3段墙体一边为红色夯土墙，一边为黄色夯土墙，形象地反映了当时两支队伍从不远的两个地方分别取回红土和黄土并夯筑成墙，最终在此交会的情景（图2-28）。

图2-28　兰家塔长城3段墙体（由西南向东北）

2. 山险多

鄂尔多斯战国秦长城所在的伊金霍洛旗东部、准格尔旗、东胜区南部等地均呈现丘陵沟壑地貌，在这样的地方修筑御敌用的长城，既不用开山，也无须填沟，而是可以以山为险、以沟为险，不仅能够节约大量人力、物力，还能因险筑城，取得更好的防御效果，鄂尔多斯战国秦长城就有许多这样的山险。

3. 修筑相对简单省力

战国秦长城除少数地段采用垒砌石墙和夯筑土墙等相对复杂和费力的修筑方式外，多数地段采用堆积石墙、堆积土墙、山险等简单省力的修筑方式，体现了当时秦国想节省人力物力的意愿。与秦汉长城和明长城相比，战国秦长城具有路线短、墙体矮、建筑形式简单等特点，一些地段甚至只是具有界线的意义，仅用于宣示主权而已。

4. 多个地段出现修缮和新建的痕迹

鄂尔多斯战国秦长城多个地段有修缮和增筑的痕迹，特别是在山险附近，出现多段垒砌石墙，有的已经坍塌，有的垒砌非常规整，而这些垒砌石墙旁边是截然不同的堆筑石墙或土墙。还有一种情况，就是在夯筑土墙的基础上堆积石墙，鉴于第一次修筑长城时应该不会使用两种修筑方式及材质，这些垒砌石墙应为后期修缮或新建而成，与史料记载的战国秦长城为秦代早期、晚期、西汉早期所沿用、修缮或新建的情况相符合（图2-29）。

图2-29　曹家塔长城6段墙体东壁（由东向西）

5. 有垒砌和堆积两种石墙类型

具体来看，石墙建筑方式可分为垒砌和堆积两类，以堆积为主。垒砌石墙的石块都经过挑选甚至加工，较为规整，垒砌方式讲究，一般将石片平放垒砌。个别地段墙体内、外均为垒砌，多数地段只垒砌外部，墙体内填充沙土或土石。石块垒砌的墙体，一部分为毛石干垒，一部分在石片间填充沙土或普通黄土。

6. 有夯筑和堆积两种土墙类型

土墙建筑方式可分为夯筑和堆积两类。多数土墙为堆积而成，经过两千多年的风雨侵蚀，现呈土垅状，有的近乎消失。少数土墙为夯筑而成，夯层厚薄不一，土质土色也不一样，其中多数地段只是简单地夯筑一下，个别地段夯筑得非常结实。有的墙体段落，下部为夯筑土墙，上部为堆积石墙。

（三）单体建筑和汉代古城

战国秦长城沿线调查发现的烽燧、障城均较少，与自然侵蚀和人为破坏有关。调查共发现烽燧19座，其中12座为倚墙而建，有11座为石块垒砌而成，其他8座则采用了石块堆筑、土石混筑、沙土堆积等建筑方式。从整体形制来看，有8座烽燧呈土丘状，另有馒头状、圆柱体、长方体和不规则形等。存留的2座障城均规模较小，墙体以石块垒砌而成。

榆树壕古城，分布于战国秦长城北端东侧，处于鄂尔多斯高原四十里梁—东胜—点素敖包一线的南侧。地表散布遗物较多，有汉代的绳纹陶片和砖瓦建筑构件，也有西夏时期的瓷片，表明古城沿用时间较长。该城的始建年代，应当为汉代，属于汉朝上郡或西河郡的一座县邑，军事作用显著（图2-30）。西汉初年沿用战国秦长城为“故塞”长城时，由于榆树壕古城地处战国秦长城北端的东北方，是汉朝与匈奴疆域前沿的交界地带，汉朝派军驻守的可能性非常小。但在汉武帝时期大将卫青占据河套地区以后，古城得到了大力开发和使用，田野考古调查结果中古城面积大、分内外城、城内汉代遗物丰富等信息充分印证了这一点。

图2-30　榆树壕古城北墙（由东向西）

三、战国时代古城与长城

在鄂尔多斯市伊金霍洛旗道劳岱战国秦长城东12千米处，有一座自战国沿用至秦汉的古城，名为勿尔图沟古城，据考证为广衍故城，该城与战国秦长城关系密切。

（一）战国、秦代、汉代的广衍县城

勿尔图沟古城位于准格尔旗纳日松镇勿尔图沟村西，勿尔图沟南岸的台地上（图2-31）。平面布局不清，残存东、北墙，东墙残长390米，北墙残长87米。墙体夯筑，底宽6.7米，残高1.6米，夯层厚0.1～0.15米。断崖上暴露有坩埚，铜、铁渣，泥、石范，铜器及陶片、瓦片等，采集有瓦当、半瓦当、石范、镞、铜带钩、铜带扣以及铜钱“半两”“五铢”“大泉五十”等遗物。

图2-31　广衍故城

勿尔图沟古城周围有许多同时期的墓葬，集中分布于勿尔图沟南北的八垧地梁、壕赖梁、杨家塔、上塔和斯白尔沟以南的古圪旦。1975年，内蒙古语文历史研究所崔璇等人在八垧地梁和壕赖梁清理试掘18座墓葬，均为长方形竖穴土坑墓，无墓道，墓口略大于墓底，墓口长3.3～4.8米，宽2.3～3.6米，深1.9～4米。发掘出土了一件陶壶，盘口，细长颈，鼓腹，小平底，上腹刻划“广衍”二字，素面，腹径19厘米，高23.5厘米。

崔璇等人在调查中，于上塔和古圪旦墓地征集到一些有明确出土地点的器物，其中一件铜戈通长22.6厘米，援长14.2厘米，胡长10厘米，内长8.4厘米，戈上有铭文，内的一面刻划“落都”两款，另一面刻划“十二年，上郡守寿造，漆垣工师□，工更长□”，胡的两面也有铭刻，一面可辨认有“广衍”二字；另有一件铜矛刺的横剖面呈菱形，銎体椭圆，中空直至锋端，两面对穿钉孔，銎上一面竖刻“广衍”二字，其下略偏右竖刻较小的“上武”二字。通长13.6厘米，刺长8.4厘米，銎口宽2.1～2.5厘米。

在这些墓地出土或征集到的器物中，陶壶、铜戈和铜矛均出现有“广衍”二字，因铜兵器戈和矛比较珍贵，有可能为它处流传的器物，陶壶却不然，无疑是当地制造的陶器。同时，这三件带有“广衍”刻划文字的器物，字体风格接近，出土于同一地点附近，足以证明勿尔图沟古城就是当时的广衍县城[①]。该古城是鄂尔多斯境内目前唯一一座已确定的战国、秦、汉三代古城址。

据城北墓地出土有“广衍”印文的陶壶及《汉书·地理志》记载，前328年，秦国打败魏国，“魏纳上郡十五县”于秦后，秦国在其北疆设置广衍县城。该县城一直使用至秦亡，西汉时仍然沿用，直至东汉末年废弃。

（二）伊金霍洛旗“上郡守寿”铜戈

在战国秦长城西60多千米的伊金霍洛旗红庆河出土了一件“上郡守寿”铜戈，其内的两侧刻有铭文，一侧刻铭清晰，为“十五年上郡守寿之造，漆垣工师乘、丞鬶、治工隶臣□”，另一侧铭文模糊不清，可识别的仅有“中阳”“西都”等（图2-32）。据该戈锐长援、中长胡、三穿的形制特点分析，其时代约相当于秦惠文王至秦昭襄王时期。据铭文，这件青铜戈是战国中晚期在秦上郡由名“寿”的监制官监制完成的，该官员应该就是《史记·秦本纪》“（秦昭襄王）十三年，向寿伐韩，取武始”记载中的大将向寿。秦国上郡是在征伐义渠戎后所设，郡治在今陕西榆林城东南，如今的鄂尔多斯东南部当时均属上郡所辖。“上郡守寿戈”是目前鄂尔多斯地区发现的铭文字数最多的战国兵器，其刻铭中的年号、监制官、主造工

图2-32 伊金霍洛旗“上郡守寿”铜戈

① 崔璿：《秦汉广衍故城及其附近的墓葬》，《文物》1977年第5期。

师、操作工匠、管理小吏、地名等，可补多处史料记载之不足，对于研究鄂尔多斯地区战国时期历史具有十分重要的价值[①]。

（三）广衍县故城与战国秦长城的关系

广衍县故城在战国时期就已经建成，虽然还不清楚是魏国还是秦国建成，但可以肯定的是，古城在战国时代已经使用，并且秦汉时期仍在沿用。

战国初期，秦国占据鄂尔多斯南部，义渠占据西部，魏国占据东部，赵国占据东北部，秦国与义渠、魏国不断发生战争，准格尔旗广衍县故城一带，准格尔旗、伊金霍洛旗战国秦长城地带均归属魏国。

前328年，秦国打败魏国，魏国上郡十五县归属秦国，广衍县故城一带、战国秦长城地带随之归属秦国。之后在这些地方以西，秦国与义渠发生了多次战争。前272年，秦宣太后诱杀义渠王于甘泉宫，秦国起兵灭亡义渠，设立北地郡和上郡，自此鄂尔多斯高原东、南部大片地区归属秦国，秦国在广衍县故城一带、战国秦长城地带均设有驻军。广衍县故城西距战国秦长城只有12千米，应该起到了战国秦长城障城、要塞的作用，是守护长城的士兵驻屯地、给养补充地。广衍县故城还是鄂尔多斯高原三条天然通道中东部伊旗—准旗—达旗通道的枢纽之一。该通道由牸牛川北上，进入伊金霍洛旗境内，经汉广衍县（勿尔图沟城址），向北在汉曼柏县（榆树壕城址）附近经过鄂尔多斯高原四十里梁—敖包梁—点素敖包分水岭，再向西北到达汉河阴县（城拐子城址），由昭君古渡口北渡黄河，通往（九原）五原郡[②]（图2-33）。

在广衍县故城以西72千米处的红庆河出土的“上郡守寿”铜戈，说明当时的伊金霍洛旗西部为秦国与义渠的交界地带，秦惠文王、昭襄王时期，秦国在这里驻过军队，或者与义渠发生过战争。

综上，战国秦长城在秦统一初年和末年、西汉初年都有沿用、修缮、新建，广衍县故城也是秦汉时期使用的古城址，结合当时鄂尔多斯高原北部、西部为匈奴占据的情况可知，广衍县故城和战国秦长城地带都在秦、汉王朝的统辖之下，设有驻军。广衍县故城在秦汉时期沿用战国秦长城的过程中，均起到了长城障城、要塞的作用，曾作为守护长城军民的士兵驻屯地、给养补充地和交通枢纽长期使用。

---

① 高毅、王志浩、杨泽蒙：《鄂尔多斯史海钩沉》，文物出版社，2008年。

② 甄自明：《试论鄂尔多斯青铜器的传播、交流与草原丝绸之路》，《中国北方及蒙古、贝加尔、西伯利亚地区古代文化》，科学出版社，2015年。

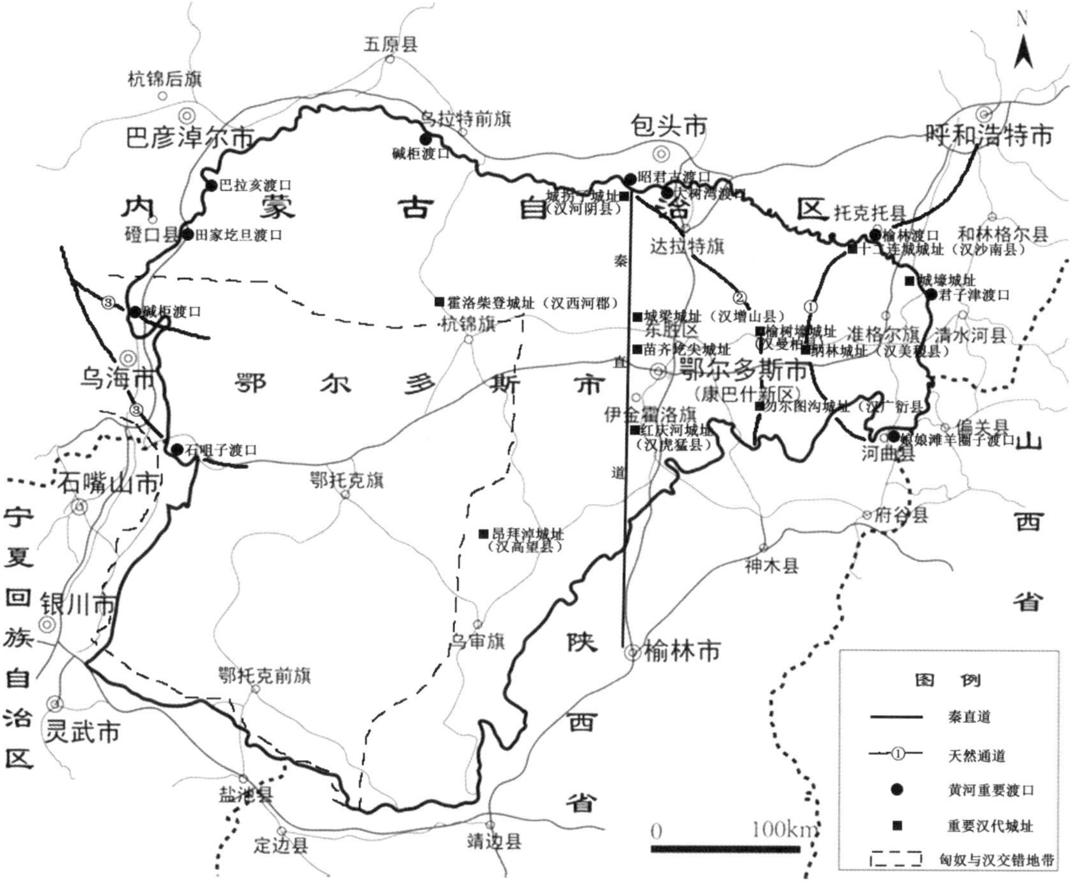

图2-33　鄂尔多斯地区青铜时代草原丝绸之路示意图（选自《草原文物》2015年第1期，第102页）

四、战国秦长城修筑的历史背景与人物

前475年，中国进入战国时代，鄂尔多斯高原成为赵、魏、秦、义渠、林胡、楼烦、匈奴争夺的肥沃牧场和战略要地。赵武灵王“胡服骑射”后收服林胡、楼烦，占据鄂尔多斯高原东北部（图2-34）；秦国打败魏国，收服义渠后，占据鄂尔多斯高原东南部；后来鄂尔多斯大部为匈奴占据，直到秦始皇统一六国派蒙恬大败匈奴后，河套地区才成为秦朝的疆域。

图2-34　赵武灵王
（鄂尔多斯博物馆张煦敏绘）

战国秦长城亦称作秦昭襄王长城。《史记·匈奴列传》记载：“秦昭王时，义渠戎

王与宣太后乱，有二子。宣太后诈而杀义渠戎王于甘泉，遂起兵伐残义渠。于是秦有陇西、北地、上郡，筑长城以拒胡。”《后汉书·西羌传》对此亦有记载：“至王赧四十三年（前272年），宣太后诱杀义渠王于甘泉宫，因起兵灭之，始置陇西、北地、上郡焉。”可见，战国秦长城是在前272年以后开始修筑的。

在秦昭襄王以前，秦国虽然对义渠进行多次征讨，但其势力始终很大。在秦昭襄王时期，义渠王利用朝拜秦国的机会，多次与秦昭襄王之母宣太后私通，后来宣太后计杀义渠王，秦国对义渠展开征讨。然而义渠虽然溃逃，其有生力量并没有被彻底消灭，为了防御义渠夺回失地，秦昭襄王采取了修筑长城的措施。

（一）义渠王与宣太后

义渠，或称义渠之戎，是我国西部羌戎民族的一个分支，原居宁夏固原和六盘山、陇山一带。商周时期居住在甘肃庆阳，周朝初年义渠君曾入朝周王。西周末年，犬戎叛乱，兵临都城镐京，周幽王被杀，义渠趁乱宣布脱离周王朝的统治，正式建立义渠国。春秋战国时期，义渠与秦、魏抗衡，并曾参与中原合纵连横的战争，成为当时雄踞北方的少数民族强国。前430年，义渠大举攻秦，从泾水以北直攻到渭河以南，迫使秦国退出渭河下游。此后的30年是义渠国最强大的时期，疆域东达陕北，北到河套，西到陇西，南达渭水，面积约20万平方千米。最后被秦国所灭，融入华夏民族。义渠民族从商代建立部落算起，至秦昭襄王时存在达800余年，其中在庆阳建立奴隶制郡国达500年之久。

前306年，秦昭襄王继位为国君，因其年幼，暂由母亲宣太后摄政。作为历史上第一位太后，宣太后大胆改变正面征讨的策略，采用怀柔、拉拢、腐蚀的政策，以堕戎王之志。她书请义渠王，让其长期居住于甘泉宫，并加以厚待。后来义渠王同宣太后淫乱，生有二子，完全丧失了对秦国的警惕。前272年，宣太后设计杀义渠王于甘泉宫，接着发兵攻打义渠，义渠灭亡，其领土并入秦国。义渠国灭亡后，其民众逐渐汉化，成为华夏民族的一部分。

（二）一代枭雄秦昭襄王

秦昭襄王，又称秦昭王，嬴姓，名稷，秦惠文王之子，秦始皇的曾祖父，战国时期秦国国君，前306～前251年在位，为中国历史上在位时间最长的国君之一（图2-35）。秦昭襄王初期，其母宣太后当权，外戚魏冉为宰相，魏冉推荐白起为将，大败韩、赵、魏、齐、楚等国。秦昭襄王后期，夺宣太后、魏冉之权，任用范雎为相，实施远交近攻战略，取得长平之战的大胜，同时灭掉周国，奠定了秦统一战争胜利的坚实基础。

图2-35　秦昭襄王
（鄂尔多斯博物馆张煦敏绘）

秦昭襄王是一位雄才大略的君主。秦昭襄王八年，秦昭襄王邀请楚怀王在武关会面结盟，途中用计劫持楚怀王到咸阳，自此，楚怀王到死也没有离开过秦国，给楚国以极大的打击。秦昭襄王二十四年（前283年），秦昭襄王嬴稷向赵国骗取和氏璧，声称用十五座城池交换；赵国派大臣蔺相如带着和氏璧到达秦国，见秦昭襄王毫无诚意，蔺相如不畏强秦、巧施小计，将和氏璧完整地送回了赵国，就是人们所熟知的“完璧归赵”的故事。

秦昭襄王四十七年（前260年），秦国派大将王龁攻打赵国，攻占了上党。赵国名将廉颇能征惯战，知道秦兵强悍，采用严密的防守相互对峙，等待机会进攻。秦国知道廉颇能干，使用离间计，扬言秦国不怕廉颇，只怕赵括。赵国果然中计，任命只会“纸上谈兵”的赵括代替廉颇。秦昭襄王听到这个消息，喜不自胜，秘密派名将白起代替了王龁。长平之战初期，秦军假装败走，赵军追击，反被秦军一分为二包围，赵军粮道断绝。秦昭襄王接到报告后，征召国内十五岁以上的男儿均赴长平出征赵国，最终射杀赵括，坑杀赵军达40万人。秦昭襄王取得了长平之战这场歼灭战的大胜，沉重打击了赵国，使赵国从此一蹶不振。

秦昭襄王在位期间，创造性地运用远交近攻和近交远攻策略，使秦国在东方六国的围攻下，不仅没有被消灭，反而不断壮大。他巩固了秦朝对巴蜀的统治，促进了秦以后的统一战争的胜利；他消灭义渠，不仅消除了秦的后顾之忧，还获得了义渠故地的骁勇士兵和众多牲畜，为秦灭六国提供了雄厚的军事资源；他造就了一支能征善战的强大军队，取得了一系列重大战役的胜利，其中长平之战堪称经典。在秦昭襄王晚年时，天下的二分之一都已归属秦国。

秦昭襄王在位56年，是秦国历代君王中时间最长的。他在政治军事诸方面都建立了卓越的功勋，为秦国的发展做出了不可替代的贡献，他在位期间是秦国发展史上最重要的决胜时代。著名历史学家翦伯赞曾给出论断，秦昭襄王末年，“秦对六国的斗争已取得决定性胜利”。在秦国发展史上，就重要性而言，秦昭襄王时代是和秦孝公时代（任用商鞅变法、秦国走向强盛的时期）、秦王政时代（秦始皇称帝前的时期）并驾齐驱的重要时代。

五、战国秦长城在秦代、汉代的沿用

依据历史记载和多位长城专家的论证，战国秦长城在秦代初年和末年、西汉初年都在沿用，故学界长期称谓的“秦昭襄王长城”，是战国秦、统一秦和西汉前期三个时代前后相继，经过沿用、修缮、新建等各种方式所存留下的长城①。

（一）战国秦长城在秦代的沿用

秦始皇统一六国之前，秦国的北方边界是秦昭襄王时期修筑的长城。秦代初年，秦朝沿用了战国秦长城以防御占据鄂尔多斯高原北部的匈奴。大将蒙恬长年驻扎上郡，指挥三十万大军守卫西面和北面的黄河防线②。

史载，始皇三十二年（前215年），“使将军蒙恬，发兵三十万人，北击胡，略取河南地……西北斥逐匈奴自榆中并河以东，属之阴山，以为三十四县，城河上为塞……徙谪，实之初县”③。在蒙恬大军北逐匈奴、占据河套，修阴山秦长城，筑秦直道后，战国秦长城失去了重要的军事战略价值，不再使用。

秦代末年，“蒙恬死，诸侯叛秦，中国扰乱，诸秦所徙谪戍边者皆复去。于是匈奴得宽，复稍度河南，与中国界于故塞”④。秦末陈胜、吴广揭竿而起之后，天下分崩离析，秦朝不得不调遣大将王离率原为蒙恬统领的北部边防兵进入内地镇压义军。这样，战国秦长城又成为秦国与匈奴的边境，秦军又一次在战国秦长城上驻守。

（二）战国秦长城在西汉的沿用

西汉初年，汉朝国力衰弱，匈奴势力强盛，高祖“白登之围”后，采取与匈奴和亲的政策。至文景之时，鄂尔多斯高原北部为匈奴占据，汉朝便沿用了战国秦长城，以便防御匈奴。史载孝文帝于后元二年（前162年）致匈奴书称：“先帝制：长城以北，引弓之国，受命单于；长城以内，冠带之室，朕亦制之，使万民耕织，射猎衣食，父子毋离，臣主相安，俱无暴虐。”⑤这里的“长城”指的就是战国秦长城。

汉武帝元朔二年（前127年），“卫青复出云中以西至陇西，击胡之楼烦、白羊王于河南……于是汉遂取河南地，筑朔方，复缮故秦时蒙恬所为塞，因河为固”。汉武帝派遣大将卫青取得河南战役的胜利后，夺取了河套地区，后将匈奴逐

---

① 段清波、于春雷：《陕西战国秦长城调查与研究》，《中国文物科学研究》2012年第3期。

② 辛德勇：《张家山汉简所示汉初西北隅边境解析——附论秦昭襄王长城北端走向与九原云中两郡战略地位》，《历史研究》2006年第1期。

③ （汉）司马迁：《史记》卷六《秦始皇本纪》，中华书局，1959年。

④ （汉）司马迁：《史记》卷一一〇《匈奴列传》，中华书局，1959年。

⑤ （汉）司马迁：《史记》卷一一〇《匈奴列传》，中华书局，1959年。

往漠北，占据阴山后，沿用阴山秦长城并大量修筑汉外长城，战国秦长城最终不再使用。

鄂尔多斯市伊金霍洛旗和准格尔旗境内的战国秦长城有多处地段存在修缮、新建的痕迹，如伊金霍洛旗兰家塔长城六段在夯筑土墙上又修筑了石墙，应为战国秦长城在汉代的修缮；曹家塔长城六段石片砌筑的墙体延伸到冲沟里，应为战国秦长城在汉代的修缮、增筑等。并且，在战国秦长城沿线采集到的标本中，多数为抹断绳纹灰陶片、绳纹筒瓦灰陶片、绳纹板瓦灰陶片等，其中抹断绳纹灰陶片应属战国时期，而绳纹筒瓦灰陶片、绳纹板瓦灰陶片应属汉代，从侧面证实了战国秦长城在汉代的沿用（图2-36）。

图2-36　店圪卜长城1段墙体附近采集标本

景爱先生在《中国长城史》中总结到："汉代既利用了前代的长城，又修筑了新的长城。……汉武帝即位以后决定对匈奴采取攻势……进一步利用战国和秦代长城防御匈奴的侵扰。……汉代沿用前代的长城是有原因的，一是战国和秦代的长城都是为防御北方匈奴而建，而汉代仍以匈奴为大敌；二是前代长城保存完好，稍加修缮即可以利用，要比修筑新长城省事，可以节省大量人力、物力。"[①]

辛德勇的《张家山汉简所示汉初西北隅边境解析——附论秦昭襄王长城北端走向与九原云中两郡战略地位》[②]一文在综合前人调查与研究成果的基础上认为，战国秦长城为秦代和西汉早期所沿用，是《史记·匈奴列传》所记载的西汉初年匈奴"与中国界于故塞"的"故塞"所在。"故河南塞"属于"故塞"的组成部分，将战国秦长城单称为"故河南塞"，也是有一定道理的。

六、有关鄂尔多斯先秦时期长城的种种误解

（一）战国秦长城北端止点辨析

以前的调查者认为战国秦长城的北部终点到达了准格尔旗的十二连城，这实际上

① 景爱：《中国长城史》，上海人民出版社，2006年。

② 辛德勇：《张家山汉简所示汉初西北隅边境解析——附论秦昭襄王长城北端走向与九原云中两郡战略地位》，《历史研究》2006年第1期。

只是一种推测，本书予以否定。根据田野考古调查结果，战国秦长城从陕西省府谷县进入鄂尔多斯市境内后，大体呈由南向北的方向分布于伊金霍洛旗、准格尔旗、达拉特旗和东胜区境内，其终点位于鄂尔多斯市东胜区塔拉壕镇店圪卜村西南0.49千米处。这个终点，恰好处于鄂尔多斯高原以北的黄河冲积平原与以南的黄土高原之间的过渡地带，亦为南北分水岭，即鄂尔多斯高原四十里梁—东胜—点素敖包东西一线，该线以北现今为平坦的库布其沙漠地带，以南为起伏的丘陵沟壑地带。这个过渡地带构成了一条天然分界线，亦成为战国时期秦国与赵国，以及与楼烦、林胡等胡人诸族的势力分界线。

鄂尔多斯市全国长城资源调查结果显示，从东胜区店圪卜，直到准格尔旗点素敖包，再到准格尔旗十二连城，实际上并无墙体相连，点素敖包只是存在一些夯层，应是古代单体建筑的遗迹，十二连城则存在夯筑的古城，为汉代沙南县、隋唐胜州榆林城，三者并没有由“墙体”组成的线连接起来，不能称为长城。景爱的《中国长城史》、辛德勇的《张家山汉简所示汉初西北隅边境解析——附论秦昭襄王长城北端走向与九原云中两郡战略地位》均持此观点，故鄂尔多斯高原店圪卜—点素敖包—十二连城之间不存在战国秦长城应成为定论。

（二）鄂尔多斯高原存在西周长城的误解

《诗经·小雅·出车》有“王命南仲，往城于方……天子命我，城彼朔方。赫赫南仲，玁狁于襄……赫赫南仲，薄伐西戎……”的诗句。有的文章根据这些诗句，认为“城彼朔方”就是周王在朔方（今鄂尔多斯）修筑的“列城”，而“列城”便是西周的长城或长城的初级形态。其实，这些都是误解，理由如下。

1. 南仲城的建筑年代为殷商时期

《诗经》是我国周代的诗歌总集，分《风》《雅》《颂》三部分，各诗所作年代是不同的。其中《雅》《颂》在西周初年已经出现，而《风》出现比较晚，多为春秋时期的作品。关于《诗经·小雅·出车》一诗的写作年代，有三种说法，分别为周襄王、周文王、周宣王时期。然而，周襄王时国势衰微、周宣王时屡战屡败，都没能打败玁狁、西戎，所以周襄王、周宣王时期都不会“玁狁于襄”，即铲除玁狁，也不会“赫赫南仲”，即胜利地筑南仲城而归。

《史记·周本纪》记载：“（纣）乃赦西伯，赐之弓矢斧钺，使西伯得征伐……明年，伐犬戎。明年，伐密须。明年，败耆国……明年，西伯崩，太子发立，是为武王。”由此可知，西伯周文王晚年受命征讨过犬戎、密须、耆等部族，其中最先征伐的犬戎，即包括玁狁在内。故而，《诗经·小雅·出车》一诗的写作年代，应为周文王时所作。不过当时殷未亡，周未立，应称为周人之诗或先周之诗，而南仲所筑之城，其时代也不能说是西周，而应是殷商末年。

2. 南仲城的位置可能在陕北黄土高原，也可能在鄂尔多斯高原

先秦时期，多将北方边远的部落称作方，如土方、鬼方等。秦代时，今鄂尔多斯地区被称作河南地。西汉时期，在今鄂尔多斯北部设立朔方郡，管辖地包括今鄂尔多斯市、巴彦淖尔市部分地区。清代，朔方范围有所扩大，有时将内蒙古、新疆、中亚、东欧都包括在朔方之内。

《诗经·小雅·出车》中的“朔方”，与汉代和清代的朔方都不同，指以渭河流域周国都丰镐为中心所言的北方。南仲征讨玁狁，也是在距渭河不远的地方，玁狁的居住地距渭河平原很近，不会超出陕北黄土高原乃至鄂尔多斯高原的范围，故而，南仲城的位置可能在陕北黄土高原，也可能在鄂尔多斯高原。有的学者甚至考证南仲城在鄂尔多斯高原北部杭锦旗一带，这也是有一定道理的。

3. 南仲城是列城而非长城

《诗经·小雅·出车》“王命南仲，往城于方……天子命我，城彼朔方”的意思很明确，即周文王命令南仲到朔方去筑城，以防御玁狁的侵扰。至于城的数量，分布位置等，都没有记载，很难考查。有的学者考证其在鄂尔多斯高原北部。城可能很多，有人称为“列城”，即“连续排列的城”，就像秦始皇派蒙恬大败匈奴后在河套地区“建城三十三”，这也有可能。但即使其为列城，也不是长城，更不是最早的长城，因为长城是连续分布、由墙体连接在一起绵延盘旋的军事防御工程，而这些城最有可能是指修筑了多座古城①。

（三）鄂尔多斯高原存在魏长城的误解

《内蒙古长城史话》《准格尔旗文物志》等都记述了在准格尔旗或达拉特旗存在魏长城的情况，但本书认为，从史料、历史地理和考古调查的角度来看，这些都是误解，鄂尔多斯市境内并不存在魏长城。

1. 战国魏长城概况

根据墙体分布情况，战国魏长城分为河西长城、河南长城和河北长城三部分。

魏河南长城指位于战国时期古黄河南岸的魏长城，该长城由北向南分布于今河

① 景爱：《中国长城史》，上海人民出版社，2006年。

南省原武县古黄河之滨，经原阳县和黄河，进入中牟县，然后以西南走向进入今新密市。从军事角度看，魏河南长城北起古黄河之滨，南止于外方山，充分考虑到了山河之险。同时，河南长城大体作南北走向，长城以西为韩国和秦国，长城以东为魏都大梁，表明其是为了保卫魏都大梁免遭韩国和秦国的攻击而建。

魏国在太行山东麓修筑有一道长城，以其在黄河以北，为叙述方便，姑称之为河北长城。该长城主要分布于河南省林县境内，林县在漳河南岸，战国时期属于魏国的地域。林县境内的长城作南北走向，长城以东是魏国境域，所要防御的对象，显然是长城以西的秦国。

2. 一般误解鄂尔多斯存在魏河西长城

《史记·秦本纪》："孝公元年……楚、魏与秦接界。魏筑长城，自郑滨洛以北，有上郡。"《史记·六国年表》："（魏惠王）十九年，诸侯围我襄陵。筑长城，塞固阳。"依《史记》之言，魏河西长城应是起始于郑，沿洛河北上，进入上郡，长城之旁有固阳城。之所以产生鄂尔多斯有魏长城的误解，是因为对《史记》记载中"上郡""固阳"的误解。

魏河西长城，顾名思义，就是战国时期魏国在黄河以西修筑的长城，其目的当然是保卫河西的领土不被秦国夺回去。据史载，魏长城应是秦孝公元年开始修筑，到秦孝公十年（即魏惠王十九年）结束，前后持续了10年之久。据《中国历史地图集》、史念海先生的《魏国河西长城图》，魏河西长城的南端起点为华山，由此向北，直达渭水之滨，后沿着洛水东岸、太峪河西岸北上，进入韩城县（今韩城市）向东，在城南村和城北村之间到达黄河西岸。可见，魏河西长城全部分布于陕西省境内，怎么能到鄂尔多斯呢？再者，从鄂尔多斯市全国长城普查田野考古调查的结果看，依据相关记载和论述也没有找到魏长城的丝毫踪迹。

唐代张守节《史记正义》称："《括地志》云：'稒阳县，汉旧县也，在银州银城县界。'按：魏筑长城，自郑滨洛，北达银州，至胜州固阳县为塞也。固阳有连山，东至黄河，西南至夏、会等州。稒音固矣。"《括地志》把魏国的固阳误作是汉代五原郡的稒阳县。张守节不但肯定了《括地志》的错误见解，而且明确地指出固阳在胜州，即今准格尔旗黄河南岸十二连城；这样一来，魏国所修筑的河西长城，便从渭河以南的郑县纵穿河套，一直到达鄂尔多斯东北部黄河岸边，但事实上河西长城最北只到达陕西省黄河西岸合阳县和韩城县（今韩城市），并没有进入鄂尔多斯高原①。清代著名历史地理学家杨守敬，竟把魏长城从华县以东一直画到黄河北岸的包头和固

① 景爱：《中国长城史》，上海人民出版社，2006年。

阳为止；《绥远通志稿》进一步论证包头大青山下的石砌长城就是战国魏河西长城，实际上，这段是包头固阳秦长城。史书上的这些错误均是将魏国固阳误认为是汉代稒阳，实际上这两地并不是一个地方；1936年张筱衡的《梁惠王西河长城考》指出，魏国之固阳即今合阳，并不是汉代稒阳，纠正了自唐代以来相沿已久的谬误。

（四）鄂尔多斯高原存在赵长城的误解

一般认为战国赵长城由三部分组成，即赵肃侯长城、赵北长城和赵武灵王长城。《史记·赵世家》记载："（赵肃侯）围魏黄，不克，筑长城……（赵武灵王）召楼缓谋曰'我先王因世之变，以长南藩之地，属阻漳、滏之险'立长城。"可见赵肃侯长城应是修建于漳水和滏水之间，充分利用了漳水和滏水的天险。该长城西起于太行山，在漳水和滏水之间向东延伸，最后应当停止于古黄河之滨。赵北长城则是唐代张守节、刘伯庄的一种推测而已，不足为据，事实上并不存在。

与鄂尔多斯有关系的是赵武灵王长城，有人认为鄂尔多斯存在赵武灵王长城，这是一种误解。《史记·匈奴列传》记载："赵武灵王亦变俗胡服，习骑射，北破林胡、楼烦。筑长城，自代并阴山下，至高阙为塞。而置云中、雁门、代郡。"由此可知，赵武灵王长城主要为防御北方的林胡、楼烦等部族，修筑在云中、雁门、代郡等地，而当时的鄂尔多斯属于上郡、朔方郡、河南地等管辖。如今经过实地调查，赵武灵王长城由东向西分布于河北省张家口市，内蒙古乌兰察布市、呼和浩特市、包头市、巴彦淖尔市等地，没有进入鄂尔多斯高原。另外，有的学者认为，达拉特旗新民堡长城属于赵长城，应属一种学术推测和讨论。

第三章　秦　长　城

秦长城，即秦始皇长城，《史记·蒙恬列传》记载："秦已并天下，乃使蒙恬将三十万众北逐戎狄，收河南。筑长城，因地形，用制险塞，起临洮，至辽东，延袤万余里。"秦长城西起临洮（今甘肃省临洮县），东到辽东（今辽宁省东部），分布于甘肃省、宁夏回族自治区、陕西省、内蒙古自治区、河北省、辽宁省等省区，全长一万多华里，是我国历史上的第一条"万里长城"，鄂尔多斯鄂托克旗和达拉特旗的秦长城为其一部分。

一、鄂尔多斯秦长城

鄂尔多斯秦长城，主要分布于达拉特旗和鄂托克旗，均位于黄河内侧，其中达拉特旗秦长城位于东流黄河南岸，鄂托克旗秦长城位于北流黄河东岸。

秦长城在鄂尔多斯市境内的墙体总长度为39405米，其中土墙1806米，石墙5618米，山险墙34米，山险5708米；在土墙和石墙中，已经消失的墙体总计长26239米。依据国家文物局长城资源调查的相关规程，在调查中将墙体划分为48段，于墙体沿线共调查烽燧3座、障城1座。

鄂尔多斯秦长城各旗区具体分布情况如下表（表3-1）所示。

表 3-1　鄂尔多斯秦长城数据统计表

旗	墙体分段数	墙体长度（米）	烽燧（座）	障城（座）
达拉特旗	7	22206	0	0
鄂托克旗	41	17199	3	1
合计	48	39405	3	1

（一）达拉特旗秦长城

分布于鄂尔多斯市达拉特旗境内的秦长城，墙体总长度为22206米，由东向西分布于王爱召镇的新民堡村、王爱召村和树林召镇的释尼召村。

1. 长城墙体分布与走向

达拉特旗秦代榆溪塞长城位于黄河南岸的冲积平原之上，属于库布其沙漠边缘地带，呈现丛草沙丘地貌，地势平坦，周围多村庄。长城墙体北距黄河20千米左右，大致呈东西走向，墙体均为黄土夯筑而成。

墙体东起王爱召镇的新民堡村西北495米处，由于地处村庄之中，部分墙体已接近于消失。后向西进入王爱召村，墙体或处于河滩之中，痕迹依稀可见，或处于树林中，呈土垅状。再向西到达树林召镇释尼召村西北468米处，这段墙体位于砖场和道路附近，墙体上长满树木和蒿草，部分地段接近于消失。长城北侧1000米左右，大致平行分布有连接准格尔旗十二连城乡与达拉特旗树林召镇之间的柏油路。

2. 长城墙体保存现状

在调查中，将达拉特旗秦代榆溪塞长城划分为7段，包括土墙4段、消失段3段，分别为新民堡长城1～2段、王爱召长城1～4段、释尼召长城。墙体总长22206米，其中土墙1806米，消失段落20400米。土墙中保存较差部分长1577米，保存差部分长229米。

3. 典型墙体

新民堡长城1段：墙体处于地势平坦的新民堡村附近，大致呈东南—西北走向。墙体长1471米，在自然基础上以黄土夯筑而成，夯层明显，底宽顶窄（图3-1）。整体保存较差，现存墙体底宽4～6米，顶宽3～4米，残高0.5～1米。地表采集有绳纹泥质灰陶片。由于黄土夯筑而成的长城墙体坚硬结实，位于村庄之中的墙体顶部多被用作道路，或秋收场地；也有的墙体被取土或因修路而被平整，接近于消失，需要尽快保护。

图3-1　新民堡长城1段墙体（由东向西）

王爱召长城3段：大致呈东西走向。墙体长109米，在自然基础上以黄土夯筑而成，底宽顶窄，呈土垅状，剖面上夯层清晰可见（图3-2）。整体保存差，现存墙体底宽2～6米，顶宽1.5～3米，残高0.5～2米。墙体所在地域地势平坦，呈现丛草沙丘地貌，南侧有大片树林。

图3-2　王爱召长城3段墙体（由西向东）

（二）鄂托克旗秦长城

分布于鄂尔多斯市鄂托克旗境内的秦长城，分南北向的凤凰岭秦长城、东西向的苏白音沟秦长城和呈半环状的巴音温都尔山秦长城三部分（图3-3）。

鄂托克旗秦长城墙体总长度为17199米，其中石墙11457米，山险墙34米，山险5708米。依据国家文物局长城资源调查的相关规程，在田野调查中将墙体划分为41段，于墙体沿线共调查烽燧3座、障城1座。

1. 凤凰岭秦长城

鄂托克旗凤凰岭秦长城总长7306米，沿桌子山山脉的西坡一带，由乌海市海勃湾区海北街道办事处东山北社区，向北进入鄂尔多斯市鄂托克旗蒙西镇巴音温都尔嘎查，后进入海勃湾区千里山镇千钢社区，最后向北止于巴音温都尔嘎查。该段秦长城墙体共行经鄂尔多斯市鄂托克旗1个旗，蒙西镇1个镇。

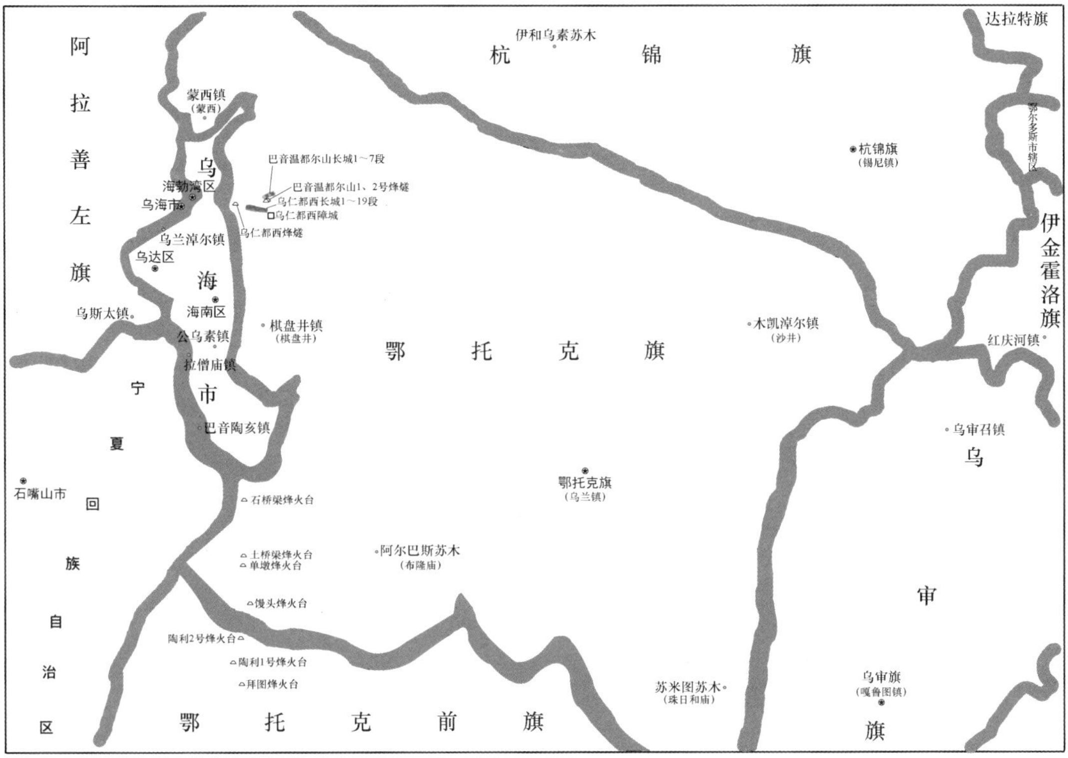

图3-3 鄂托克旗长城分布示意图（鄂尔多斯博物馆张煦敏绘）

（1）长城墙体分布与走向

鄂托克旗凤凰岭秦长城由乌海市海勃湾区海北街道办事处东山北社区向北，进入鄂托克旗蒙西镇巴音温都尔嘎查境内；该段墙体为石块垒砌而成，部分段落墙体较高，位于山谷中，破坏严重。墙体沿着千里山继续向北延伸，又进入乌海市海勃湾区千里山镇千钢社区，至千里沟下山后，向北再次进入鄂托克旗巴音温都尔嘎查；该段墙体为石块垒砌而成，依山势起伏，向东北穿越棋盘井—碱柜公路，沿公路向北蜿蜒数百米后消失不见，此点为鄂托克旗凤凰岭秦长城的北端止点。

（2）长城墙体与单体建筑保存现状

在调查中，将鄂尔多斯市鄂托克旗凤凰岭秦长城划分为15段，包括石墙8段、消失段7段，分别为乌海市海北街道办事处东山北社区以北的巴音温都尔长城1～12段，以及乌海市千里山镇千钢社区以北的巴音温都尔长城13～15段。墙体总长7306米，其中石墙1618米，消失段落5688米。石墙中保存较差部分长801米，保存差部分长666米，消失部分长151米。

（3）典型墙体

巴音温都尔长城13段：大体呈南北走向。墙体在自然基础上以石块垒砌而成，依山势起伏分布，底宽顶窄，剖面呈梯形，石块散落于墙体两侧（图3-4）。现存墙体底宽1.5～3.5米，顶宽0.8～1.1米，残高0.5～1.2米。墙体长239米，其中保存较差部分长33米，保存差部分长167米，消失部分长39米。墙体东面是连绵高山，西面是千里沟。

图3-4　巴音温都尔长城13段墙体（由南向北）

巴音温都尔长城15段：大体呈南北走向。该段为鄂托克旗凤凰岭秦长城的北端。墙体在自然基础上以较大石块垒砌而成，依山势起伏（图3-5）。现存墙体底宽1.5～3.5米，顶宽0.8～1.1米，残高0.5～1.2米。墙体长308米，其中保存较差部分长230米，消失部分长78米。

图3-5　巴音温都尔长城15段墙体（由北向南）

2. 苏白音沟秦长城

苏白音沟秦长城主要分布于鄂尔多斯市鄂托克旗棋盘井镇乌仁都西嘎查，从苏白音沟东口进入沟内，在沟底北侧以石墙与山险交替的方式由东向西延伸至苏白音沟西口，起于棋盘井镇乌仁都西嘎查西北8.8千米处，止于乌仁都西嘎查西北15.7千米。

（1）长城墙体分布与走向

苏白音沟位于鄂尔多斯市鄂托克旗西部与乌海市交界地带，属于阿尔巴斯山系桌子山山脉。苏白音沟全长约10千米，沟宽20～200米，大体呈东西走向，沟两侧山体陡立，相对高度10～100米。沟呈“S”形走向，东西不可透视。位于山顶的长城设施在山下往往看不到，有很好的隐蔽效果。沟底为季节性河床，修筑有从乌仁都西嘎查通往乌海市的砂石路。主沟两侧时有小岔沟向南或向北延伸。

苏白音沟秦始皇长城东起自苏白音沟东口，自东向西在沟底北侧绵延，墙体以石墙为主，遇山体则变为山险。石墙与山险交错出现，一直向西延伸至苏白音沟西口，再向西进入乌海市境内，距离桌子山西坡的凤凰岭秦长城约5千米。在这5千米的距离内，分布有2座烽燧，一座位于鄂托克旗境内，一座位于乌海市境内，苏白音沟秦始皇长城通过这2座烽燧的延伸与凤凰岭秦始皇长城连贯起来。

（2）长城墙体与单体建筑保存现状

在调查中，将鄂托克旗苏白音沟秦始皇长城划分为19段，其中包括石墙10段、山险9段，分别为乌仁都西长城1～19段。墙体总长8170米，其中石墙2546米，山险段落5624米。石墙中保存较好部分长1153米，保存一般部分长1393米。墙体沿线调查烽燧1座、障城1座。

（3）典型墙体和单体建筑

乌仁都西长城1段：位于苏白音沟北侧山脚下，呈西南—东北走向。墙体长546米，在自然基础上以石块垒砌而成，底宽顶窄，在地表呈石垅状（图3-6）。现存墙体保存一般，剖面呈扁平长方形，底宽0.7～2米，顶宽0.8～1米，残高0.5～1米。地表采集有泥质灰陶片等遗物。墙体起点东南956米处为乌仁都西障城。

乌仁都西障城：位于苏白音沟东端北侧一座独立的山丘之上，山顶距沟谷底部的相对高度在40米左右。从障城上可以观察到苏白音沟沟底状况，在沟底则不见障城。障城依山势而建，平面呈长方形，南北长45米，东西宽31.5米。石块垒砌墙体，保存较为完好，底宽10～11.5米，顶宽3～4.5米，残高4～5米，石块表面多附有苔藓（图3-7）。东墙墙体顶部设有可行走的台阶，宽1.4米，每一级台阶踏步宽0.4米，残高0.2米；墙体东北角向南13.3米处墙体内侧，设有一处登城台阶。城墙西北角设置有角台，平面大体呈圆形，底面直径8米，顶部直径4米，残高3米；角台东侧设有登城台阶，宽1.3米；登城台阶旁侧有一座石砌圆形台基，直径10米，残高1米。门址位于城墙东南角向西15.5

图3-6　乌仁都西长城1段（由西向东）

图3-7　乌仁都西障城航拍图

米处，门宽2米。障城中部有房址一座，平面呈长方形，南北长15.5米，东西宽12米；西南角开门，门宽2.5米；东北角有隔间，南北长7米，东西宽3.5米；均为石砌垣墙，宽0.5米，残高1米。

乌仁都西长城3段：呈东西走向。墙体长507米，在自然基础上以石块垒砌而成，剖面呈梯形，底宽顶窄，略有收分（图3-8）。整体保存较好，现存墙体底宽1～2.5米，顶宽0.8～1.1米，残高0.7～1.2米。

乌仁都西长城11段：呈东北—西南走向。墙体长417米，在自然基础上用石块垒砌而成，剖面呈梯形，底宽顶窄，略有收分。整体保存一般，现存墙体底宽0.7～2米，顶宽0.3～0.8米，残高0.6～0.8米。

乌仁都西长城13段：呈南北走向。墙体长221米，在自然基础上用石块垒砌而成，剖面呈梯形，底宽顶窄，略有收分（图3-9）。整体保存较好，现存墙体底宽0.7～1.5米，顶宽0.5～1米，残高0.6～1.2米。

图3-8　乌仁都西长城3段墙体（由东向西）

图3-9　乌仁都西长城13段垒砌较规整的墙体（由西向东）

乌仁都西长城15段：呈东北—西南走向。墙体长139米，在自然基础上用石块垒砌而成，剖面呈梯形，底宽顶窄，略有收分（图3-10）。石块有红、白、黑三种颜色，表面附着有苔藓。整体保存一般，现存墙体底宽2～3米，顶宽0.9～1米，残高0.7～0.9米。

图3-10　乌仁都西长城15段墙体（由西向东）

乌仁都西长城17段：呈东北—西南走向。墙体长129米，在自然基础上用石块垒砌而成，剖面呈梯形，底宽顶窄，略有收分。整体保存较好，现存墙体底宽1～1.5米，顶宽0.8～1米，残高0.5～1米。

乌仁都西长城19段：呈东南—西北走向。墙体长236米，在自然基础上用石块垒砌而成，剖面呈梯形，底宽顶窄，略有收分。墙体在近山体处拐一直角，从山顶冲刷下来的泥土将墙体填平，整体保存较好，现存墙体底宽1～2米，顶宽0.8～1米，残高0.5～1米。墙体末端处有一小山洞，宽0.8米，高0.4米。墙体北侧为陡峭的山体，为山险，这里是长城石筑墙体与山险相连的典型地点（图3-11）。墙体止点处西2千米处为乌仁都西烽燧，西2.7千米处为乌海市凤凰岭烽燧。

图3-11　乌仁都西长城19段墙体与山险连接段（由西向东）

乌仁都西烽燧：位于苏白音沟西沟口处的山顶之上。烽燧以石块堆砌而成，实心，整体呈馒头形，平面呈圆形（图3-12）。保存较好，较完整地保留了原貌，台体底部直径11米，顶部直径6.4米，高3米。顶部有石砌围墙，南北长2.5米，东西宽2米；墙体宽0.7米，高4米。该烽燧与凤凰岭烽燧均为苏白音沟秦始皇长城向西的延伸，起到与凤凰岭秦长城相联系的作用。

3. 巴音温都尔山秦长城

巴音温都尔山秦长城主要分布于蒙西镇巴音温都尔嘎查，从巴音温都尔山东山脚下向西盘旋而上，再向南延伸至山顶。

（1）长城墙体分布与走向

巴音温都尔山为桌子山山脉的一部分，山下东部为波状高原，山脚下为从棋盘井镇经阿尔巴斯苏木通往碱柜的南北向公路。高原与大山之间为已干涸的河沟，附近有许多小型煤矿。

图3-12 乌仁都西烽燧（由北向南）

墙体起自蒙西镇巴音温都尔嘎查西北10.3千米处，止于巴音温都尔嘎查西北10.7千米处。墙体以巴音温都尔山东面山脚下棋盘井镇经阿尔巴斯苏木通往碱柜镇的南北向公路西为起点，向西一直沿着山脊盘旋上升，然后向南延伸至山顶，至山顶南侧不见。墙体以垒砌石墙为主，偶见山险墙和山险。石块表面多附着苔藓。

（2）长城墙体与单体建筑保存现状

在调查中，将鄂托克旗巴音温都尔山秦始皇长城划分为7段，包括石墙5段、山险墙1段、山险1段，分别为乌仁都西长城1～7段。墙体总1723米，其中石墙1605米，山险墙34米，山险段落84米。石墙中保存较好部分长1189米，保存一般部分长388米，保存较差部分长28米。墙体沿线调查烽燧2座。

（3）典型墙体

巴音温都尔山长城3段：整体呈东西走向，在山脊上蜿蜒盘旋。墙体长853米，系就地取材，在自然基础上用石块垒砌而成，剖面呈梯形，底宽顶窄，略有收分（图3-13）。保存较好，现存墙体底宽0.8～0.9米，顶宽0.7～0.8米，残高0.7～1米。

巴音温都尔山长城4段：呈东北—西南走向。墙体长170米，系就地取材，在自然基础上以毛石干垒而成，片石垒砌得非常规整，剖面呈梯形，底宽顶窄，略有收分（图3-14）。整体保存较好，现存墙体底宽0.5～0.7米，顶宽0.4～0.5米，残高0.6～0.8米。沿线采集有泥质灰陶片等遗物。

巴音温都尔山长城5段：呈南北走向。墙体为山险墙，长34米，在山体低凹处有天然堆积的大石块，经过简单加工成为墙体，非常险峻，是鄂尔多斯境内唯一一段山险墙

图3-13　巴音温都尔山长城3段墙体

图3-14　巴音温都尔山长城4段墙体（由东南向西北）

（图3-15）。整体保存较好，可见墙体底宽1～1.5米，顶宽1.5～2米，残高1～1.2米。

巴音温都尔山长城6段：呈南北走向。墙体长89米，在自然基础上以片石垒砌而成，垒砌规整，剖面呈梯形，底宽顶窄，有收分。整体保存较好，现存墙体底宽0.6～0.8米，顶宽0.5～0.7米，残高0.4～0.8米。

巴音温都尔山长城7段：呈南北走向，为山险，起止点之间的直线长度长84米（图3-16）。

图3-15 巴音温都尔山长城5段山险墙（由南向北）

图3-16 巴音温都尔山长城7段山险（由南向北）

二、鄂尔多斯秦长城特点分析

本书认为，鄂尔多斯达拉特旗和鄂托克旗秦长城的主要作用是防御匈奴侵扰黄河古渡口和重要交通要道。

（一）达拉特旗秦长城特点分析

达拉特旗秦长城大致呈东西走向，墙体类型较为单一，为黄土夯筑而成，夯层厚达20厘米。墙体总长22206米，但保留下来的可见墙体仅有1806米。以前的调查资料显示，墙体沿线分布有烽燧等单体建筑，在本次调查中发现均已消失。墙体位于黄河以南的冲积平原之上，属于库布其沙漠边缘地带，地势平坦，周围多村庄。由于修路、耕地、建厂以及风沙侵蚀、河流冲刷，墙体面临着更快消失的危险。

长城北距黄河只有20千米左右，实际上该段黄河逐年北移，秦代时这段长城应该更加靠近黄河，防御匈奴的目的十分明显，因此，达拉特旗北部的这段古长城，也应是秦始皇时代修筑的长城，属于“临河上为塞”的一部分。同时这里是天然通道、秦代直道到达黄河古渡的必经之地：鄂尔多斯东部伊旗—准旗—达旗天然通道，由牸牛川北上，进入伊金霍洛旗境内，经过汉广衍县（勿尔图沟城址），向北在汉曼柏县（榆树壕城址）附近经过鄂尔多斯高原四十里梁—敖包梁—点素敖包分水岭，再向西北到达汉河阴县（城拐子城址），由昭君古渡口北渡黄河，通往汉五原郡（秦九原郡）。秦直道，由关中一带咸阳、长安等地向北，出汉上郡（今榆林）沿榆溪河北行，经汉虎猛县（今红庆河城址）、增山县（今城梁城址）、河阴县（今城拐子城址）、昭君古渡口，到达五原郡（秦九原郡，今包头）；该路线是秦汉时期由关中通往漠北的首选①。达拉特旗秦长城就横亘在天然通道、秦代直道通往昭君古渡口、九原郡的必经之路上，军事战略价值相当重大。

（二）鄂托克旗秦长城特点分析

鄂托克旗桌子山秦长城墙体，位于北流黄河东侧，与黄河河道的最近距离仅为5千米。这里存在一条鄂尔多斯西部鄂托克旗天然通道，是匈奴南下进入鄂尔多斯大草原的通道，匈奴骑兵从位于今巴彦淖尔市秦汉长城的高阙塞出发，沿秦汉长城外缘，向西南经过乌兰布和沙漠，到达鄂托克旗碱柜渡口或乌海市、宁夏石嘴山、鄂托克旗交界处的石咀子渡口，由这里东渡黄河，进入鄂托克旗，来到一马平川、水草丰美的鄂尔多斯西部大草原。这里有黄河古渡、山顶要塞和天然通道，在这里修筑长城具有重要的军事战略价值。

鄂托克旗秦长城的三个部分防守对象各有不同，南北向的凤凰岭长城防守黄河渡

---

① 甄自明：《试论鄂尔多斯青铜器的传播、交流与草原丝绸之路》，《中国北方及蒙古、贝加尔、西伯利亚地区古代文化》，科学出版社，2015年。

口，东西向的苏白音沟长城防守苏白音沟，呈半环状的巴音温都尔山长城据巴音温都尔山险要守卫。

长城墙体多数为垒砌石墙，就地取材，采用毛石干垒的方法筑墙，只有个别地段为堆积石墙。墙体多依山势修筑，在山顶、山脊、山腰上蜿蜒盘旋，遇到山体险峻之处，则直接利用山险。

长城墙体沿线共调查烽燧3座、障城1座。3座烽燧均建于山顶之上，便于瞭望和预警。烽燧台体的修筑方式均为石块堆筑，整体呈圆堆状。障城平面呈长方形，以石块垒砌而成。由于障城处于苏白音沟东端北侧一座独立的山丘之上，山顶距沟谷底部的相对高度在40米左右，从障城上可以观察到苏白音沟沟底状况，而在沟底则不见障城，选址精妙，便于隐蔽，易守难攻。黄河的阻隔、烽燧的预警、墙体的阻挡、障城的坚守，共同组成了一套完整的集预警、防卫、监视和守备功能于一体的多重长城军事防御体系。

三、秦直道与秦长城

秦始皇统一中国后，派大将蒙恬北逐匈奴，占领河南地后，就在包括鄂尔多斯高原在内的主要地区修筑秦长城和秦直道。直到秦始皇病死，这两项浩大的工程才宣告终止。

（一）秦直道

《史记·匈奴列传》记载：“秦灭六国，而始皇帝使蒙恬将十万之众北击胡，悉收河南地。因河为塞，筑四十四县城临河，徙谪戍以充之。而通直道，自九原至云阳，因边山险堑溪谷可缮者治之。起临洮至辽东万余里。又渡河据阳山北假中。”《史记·蒙恬传》记载：“始皇欲游天下，道九原，直抵甘泉。乃使蒙恬通道，自九原抵甘泉，堑山堙谷，千八百里。道未就。”前212年，秦始皇派大将蒙恬击败匈奴，占领鄂尔多斯高原后，想巡视天下，于是命令蒙恬修筑秦直道，从九原到甘泉，遇山开山，遇沟填沟，共修筑了一千八百里。

根据考古调查，“秦直道”从今陕西淳化县北的云阳县甘泉宫，直达今内蒙古包头市九原区的九原郡麻池古城，由南向北分布于陕西省的淳化县、旬邑县、黄陵县、富县、甘泉县、志丹县、安塞县、子长县、榆林县，内蒙古自治区鄂尔多斯市的乌审旗、伊金霍洛旗、东胜区、达拉特旗和包头市九原区，共穿越14个县（旗、区）（图3-17）。秦直道路面最宽处60米，平均宽20米，浩浩荡荡，全长700千米。特别是在甘泉县洛河上发现了秦直道过河的“圣马桥”引桥，引桥高出地面约20米，夯土层清晰，每层厚10～12厘米，应是用小圆木作夹板，每层土厚相当于小圆木的直径，引桥上面宽约30米，和山梁上直道路基的宽度相近。该桥是秦直道上残留的唯一一处桥梁遗迹[①]。

图3-17　“天下第一路”——秦直道

1. 鄂尔多斯秦直道

在鄂尔多斯市伊金霍洛旗、东胜区、达拉特旗都保存有“秦直道”的遗迹，全长约120千米，南起伊金霍洛旗的掌岗图四队，北至达拉特旗高头窑乡吴四圪堵村。其中在伊金霍洛旗境内长约75千米，分布于台格苏木、红庆河乡、台吉召乡、合同庙乡，该段多沙漠、浅滩，古道路遗迹不明显。位于东胜区境内的秦直道保存较为完整，全长约20千米，基本沿15°方向由南向北穿行，分布于漫赖乡二倾半村、海子湾村、柴登乡城梁村、张家渠村。道路多位于山梁上，其中二倾半村南的一段最为明显，遗迹两端断切下陷，残长百米左右，路面残宽22米，路基断面残高1～1.5米，为当地红砂岩土填筑。遗迹残断处北侧山岗上有4个遥对成一线的豁口，宽50余米，为人工开凿，直道旁有城梁障城址。在达拉特旗境内长约30千米，分布于青达门乡艾来五库沟东、豆家梁村、林家塔村、高头窑乡布尔思兔沟村、石山子沟、东麒麟沟村、应州渠至奎洞沟园圪嘴湾、昭君坟乡城拐子古城东昭君古渡口，路基宽约30米，采集有泥质灰陶卷沿直腹盆、弦断绳纹敛口罐残片。秦直道上分布有许多呈南北向一字排开的“豁口”，应为遇山开山的遗迹；保留下许多填充沙石的路基断面，应为遇沟填平的痕迹（图3-18）。

在鄂尔多斯境内，秦直道附近的城址，由南向北有伊金霍洛旗的红庆河古城，东胜区的苗齐圪尖古城、城梁古城和达拉特旗的城拐子古城。除苗齐圪尖古城较小外，其他均为体量较大的城址，说明在秦直道修好后的几百年里，红庆河古城（汉虎猛

① 王开：《秦直道新探》，《秦直道探索与研究》，内蒙古人民出版社，2006年。

图3-18　达拉特旗秦直道遗址豁口

县）、城梁古城（汉增山县）和城拐子古城（汉河阴县）一直是秦直道附近的重要城址。这些城址处于榆林和包头之间，是秦代咸阳通往九原郡，汉代上郡通往五原郡的中转站，是秦汉时期中原王朝通往边塞九原、五原的物资囤积地和官员、移民的中途休息地和给养补充地。

2. 秦直道的功用与价值

“道未就”，说明秦直道未全面完工，这是就秦直道的“质”而言；就“量”而言，从陕西淳化县至内蒙古达拉特旗均可发现直道遗迹，说明直道在秦代已基本建成，并且已经使用，秦始皇死后，赵高等人将始皇尸体放在其原来乘坐的辒辌车中，从河北井陉、内蒙古九原，经过直道回到咸阳。前人栽树，后人乘凉，汉代人才是秦直道的使用者、受益者。前177年，汉孝文帝从甘泉出巡到高奴，走的就是秦直道南段。前124年、前121年，西汉对匈奴进行的两次大战役的进军路线，基本上是取道于秦直道的。前110年，汉武帝巡边“行自云阳，北历上郡、西河、五原，出长城，北登单于台，至朔方”，往返均经过秦直道。史学家司马迁曾“适北边，自直道归”，感慨秦直道“固轻百姓力矣”①。西汉宣帝末年，呼韩邪单于归附汉朝，三次南下入朝汉天子走的都是秦直道。前33年，昭君出塞，也是在秦直道上踏出了漫漫北上的和亲之路。十六国时期，大夏国赫连勃勃曾借直道攻打长安。到南北朝时期，秦直道仍是中

① 鲍桐：《鄂尔多斯秦直道遗迹的考察与研究》，《秦直道探索与研究》，内蒙古人民出版社，2006年。

原与河套一带的交通枢纽，也是大大小小的民族政权必争的要道。唐代也曾借秦直道打过突厥。到元明时期，秦直道仍是漠北河套地区与中原地区的重要通道。清代，秦直道成为关中棉花向北运输的必经之路。

“秦直道”，虽名为为“始皇欲游天下”而筑，实则是防御和打击匈奴的军事专用交通线，也是秦汉时期重要的交通枢纽、贸易通道、移民路线和民族融合的大通道。就其长度和规模，秦直道在世界史上也是第一的，相当于意大利全境的长度，如此浩大的工程，在2000多年以前的秦代，仅用两年多的时间完成，这不能不说是我国古代劳动人民创造的又一伟大的历史奇迹，是中华民族文明史上的一个杰作，是可与长城相媲美的伟大工程（图3-19）。秦直道从秦朝的心脏地区，纵贯鄂尔多斯南北，直抵北方边塞，把京城守卫和边境防御结合起来。同时，直道一般都修在山脊上，坡度很小，急弯很少，能够将对匈奴作战的大批军队和战略物资快速运往前线，是当时连通中原和北方的一条主要交通干线，是世界历史上的“第一条高速公路”，堪称“天下第一路”。唐宋、明清时期，当沙漠“丝绸之路”的河西走廊因政治、军事原因受阻时，中西使者、商客就绕“直道”通过草原“丝绸之路”往返于西域与西安之间，因而，“直道”在某些时期起着“丝绸之路”支线的重要作用。

图3-19　秦直道修筑方式示意图

（二）秦直道与秦长城的关系

秦长城、秦直道都是在秦始皇时期由大将蒙恬指挥修筑，一横一纵交汇于鄂尔多斯高原，长城为弓，直道为箭，分别体现了防御和进攻的职能，二者之间存在内在的、必然的联系。

1. 均为秦代的重要边防工程

秦长城西起临洮，东到辽东，全长5000多千米，其征用民夫之多，工程量之大，不可胜数，在鄂尔多斯留下了《秦始皇跑马修长城》《孟姜女哭长城》等经典故事。作为秦、汉、明三代“万里长城”中最早的一个，秦长城是抵御匈奴的不可替代的军事工程，直至秦末陈胜吴广起义以前，匈奴再未踏入阴山以南、河套地区。

秦代修筑了多条通往六国都城的驰道，而直道仅此一条，南起甘泉，北至九原，全长700千米，工程量之大，不可估量，直到秦亡也未全部完工，是世界范围内交通工程建设的创举。直道初成后，秦朝能够将对匈奴作战的大批军队和战略物资快速运往前线，使匈奴不敢从附近南下关中。

秦长城、秦直道均为秦西北边防体系的主要组成部分。秦始皇派蒙恬率大军修筑秦长城、秦直道后“却匈奴七百余里。胡人不敢南下而牧马，士不敢弯弓而报怨”，“不敢南面而望十余年”，取得了对匈奴的决定性胜利，维持了长时间北方边境的安宁。

2. 均在鄂尔多斯高原有大量的分布

秦长城分布于鄂尔多斯黄河南岸达拉特旗，北流黄河东岸鄂托克旗，以及黄河北岸的阴山一带。秦直道纵贯鄂尔多斯南北一线的达拉特旗、东胜区、伊金霍洛旗以及陕北地区。鄂尔多斯之所以分布有大量秦长城和秦直道，是因为这里是水草丰美的宝地，又是交通枢纽的要地。

伴随着秦朝对匈奴的作战，秦代鄂尔多斯地区，最早进行了移民开发，是有名的“河南地”“新秦中”，是“水草肥美”的河套地区，足以养育匈奴的人口、牲畜，南下可以直接威胁秦朝的心脏地区，因此鄂尔多斯战略位置相当重要，是匈奴同中原王朝争夺的咽喉要地。

3. 一横一纵驻防北方边塞

位于黄河北岸的阴山秦长城和黄河南岸的达拉特旗秦长城，大致都呈东西走向，主要是防御北方匈奴的进攻以及匈奴渡过黄河古渡口进入鄂尔多斯高原。秦直道纵贯鄂尔多斯，大致呈南北走向，主要用于运输军队和粮草，兼有贸易、朝贡、交往的功能。长城是为了保卫阴山以南、河套地区的农业和人口，直道是为了强化这里的人员储备和物资运输，二者相互促进，互为补充；长城保证了直道的存留，直道促进了长城的维护。

4. 一阻一通促进贸易融合

长城的主要功能是军事防御，在于阻止游牧骑兵破坏农业区，掠夺农业人口，阻碍游牧民族与农耕民族的交往；直道的主要功能是交通交流，在于游牧民族同农业民族的交往、贸易和融合。事实上，除了短暂的交兵和大战期间，长城内外、直道两侧，都是人民迁徙、粮草运输、贸易交流、民族融合的大舞台。蒙恬大军浩浩荡荡的金戈铁马从这里跑过，西汉武帝雍容华贵的仪仗队伍从这里出巡，昭君张灯结彩的和亲车轿从这里远行，胡汉南来北往的商旅马驼在这里赶路，这些丰富曲折的故事都在长城内外、直道两侧精彩上演，并永载史册（图3-20）。

图3-20　《和亲》（张国强画）

四、秦长城修筑的历史背景与人物

前214年，秦始皇派大将蒙恬率三十万大军入驻“河南地”（鄂尔多斯地区）及榆中，“临河上为塞”，在河套地区沿黄河南岸修筑长城，之后筑城设县。后蒙恬大军占据阴山后，又在阴山北麓大举修筑长城，并将战国时期燕、赵等国的长城与秦长城连接起来，秦代万里长城终于建成。

（一）匈奴的兴起

关于匈奴的兴起，《史记·匈奴列传》记载："匈奴，其先祖夏后氏之苗裔也，曰淳维。"认为匈奴为夏后氏之苗裔，原先住在中原，后来北迁。比较有说服力的观点认为，匈奴诞生的历史摇篮应该在河套阴山一带[①]。据《史记·秦本纪》，"匈奴"一词最早出现于我国的史乘，是在前318年，"韩、赵、魏、燕、齐帅匈奴共攻秦"，这里的"匈奴"其实是义渠。"匈奴"一词第二次出现于我国的史乘，是在前312年，"匈奴驱驰楼烦之下"，说明匈奴已经非常强大了，此时楼烦已由赵北延及鄂尔多斯地区，因此位于河套之北的匈奴才能长驱直入，驰骋于楼烦之下（图3-21）。

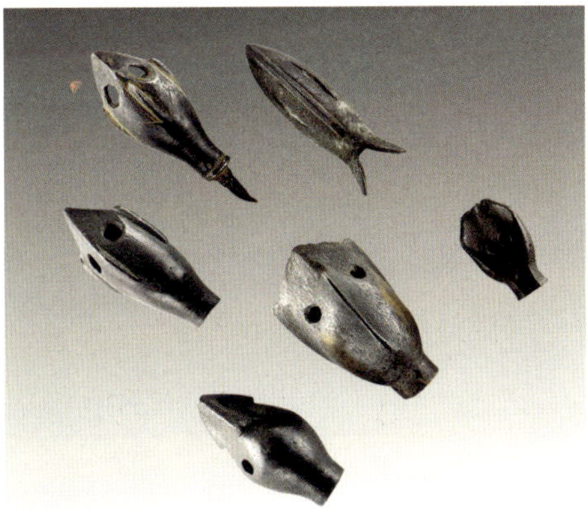

图3-21 匈奴人发明的青铜鸣镝

战国时期，匈奴与燕、赵、秦三国交界，边界线最长的要数赵国。据"赵武灵王亦变俗胡服，习骑射，北破林胡、楼烦。筑长城，自代并阴山下，至高阙为塞。而置云中、雁门、代郡"的记载可知，赵武灵王胡服骑射后，赵国变得强盛，击败林胡、楼烦，筑赵长城，自代并阴山下，至高阙为塞，置云中、雁门、代等郡，而匈奴则居阴山至高阙以北。后来，为防备匈奴，赵派北边良将赵牧常驻代、雁门，"其后赵将李牧时，匈奴不敢入赵边"。这时，匈奴的军事实力已从赵武灵王时的高阙以北向南延伸到今山西左云、右玉至河北蔚县的西北地区。

据《史记·匈奴列传》，秦灭六国后，秦始皇派大将蒙恬率三十万众北击匈奴。蒙恬大军首先收服了河南地（黄河南的河套地区），说明河南地在蒙恬抵达之前是属于匈奴的。蒙恬北击匈奴时，高阙、阳山（今狼山）一带为匈奴的主要活动地区，而这正是阴山河套地区。头曼单于时期，头曼单于的政治、经济、活动中心在阴山下的头曼城。在秦朝强大的军事压力下，"头曼不胜秦"，接连失去黄河以南和以北的河套、前套地区，被迫向北迁徙，但并未离开阴山地区。秦始皇一死，蒙恬被害，"诸侯畔秦，中国扰乱"，匈奴又乘虚越过长城，再次占据蒙恬所夺匈奴的河套地区。

头曼单于死后，冒顿单于继位，正值楚汉相争时期，匈奴"控弦之士三十余

① 舒顺林：《"匈奴故地"初探》，《内蒙古社会科学》（汉文版）1983年第1期。

图3-22 《冒顿大单于》（左国顺画）

万”，国力达到全盛时期，东破东胡，西击月氏，南并楼烦、白羊河南王，在北方建立起强大的奴隶制政权，势力范围由头曼单于时的河套、阴山扩大到北至贝加尔湖、叶尼塞河流域，西至天山南北，东至辽东平原，南至黄河以南的广大地区，但其政治、经济、活动中心仍在漠南河套阴山的单于庭（图3-22）。

伊稚斜单于时期，汉武帝派大将卫青、霍去病大败匈奴，取得了河南战役、河西战役、漠北战役的大胜，匈奴失去了阴山河套地区和河西走廊一带，从漠南转移到漠北，乃作歌曰：“失我祁连山，使我六畜不蕃息；失我焉支山，使我嫁妇无颜色。”匈奴故地阴山河套地区的失去，对匈奴来说是切肤之痛，“过之未尝不哭也”。汉元帝时期，匈奴五单于争立，前51年，呼韩邪单于认为“事汉则安存，不事则危亡”，于是归附西汉。呼韩邪单于多次往返于大漠与长安之间，鄂尔多斯秦直道是其必经之地，呼韩邪归汉，汉匈和好，结束了汉匈之间长期的对峙状态，促成了塞北与中原的融合。前33年，昭君出塞，经由现在的陕北、鄂尔多斯、秦直道，渡黄河北行进入大漠，呼韩邪单于封其为“宁胡阏氏”。从此，汉匈之间结束了一百多年的战争局面，代之以友好交往和经济文化交流，鄂尔多斯地区获得了数十年“边城晏闭，牛马布野，三世亡（无）犬吠之警，黎庶无干戈之役”的平安局面。48年，匈奴分裂为南北两部，南匈奴归附于东汉，其部众四五万人入居塞内河套地区，单于庭帐就设在鄂尔多斯地区准格尔旗的西河郡美稷县，即纳林古城，鄂尔多斯地区成为南匈奴的政治、经济中心（图3-23）。后来，北匈奴西迁，先进入河西走廊，后又西迁进入中亚、欧洲，击败罗马帝国，从此淡出了中国历史；南匈奴则逐渐融入汉族、鲜卑族之中，其后裔建立了前赵、北凉、夏等国，后代的突厥、契丹、蒙古等民族都有其后裔。

（二）秦始皇经略鄂尔多斯

秦自商鞅变法以来，逐渐形成了“席卷天下，包举宇内，囊括四海之意，并吞八荒之心”。战国末年，秦王嬴政“奋六世之余烈，振长策而御宇内”，灭掉诸侯，南取百越，北却匈奴，开拓疆域，于前221年统一六国，成为第一个统一全国的封建皇帝，史称“秦始皇”（图3-24）。秦始皇设立由丞相、太尉和御史大夫等三公九卿组

图3-23　纳林古城夯土墙体

成的封建朝廷，颁布通行全国的秦律，“车同轨，书同文”，统一度量衡和货币，开创了我国多民族、多元一体国家的第一次大统一时代。

图3-24　秦始皇
（鄂尔多斯博物馆张煦敏绘）

1. 设置郡县

秦始皇采用李斯的建议，废除分封制，实行郡县制，郡是秦代地方最高一级行政建制，其行政长官为郡守。郡之下设县，县万户以上置县令，不满万户的置县长。在秦朝建立初年，分天下为三十六郡，以后，随着边远地区的开拓和郡辖范围的调整、增置，终秦一代，前后可能置过四十八郡。

秦朝在今鄂尔多斯地区设置有四郡，其中北地郡管辖鄂尔多斯西南部，云中郡管辖鄂尔多斯东北部，九原郡管辖鄂尔多斯北部，上郡管辖鄂尔多斯东南部。在这四郡所辖的范围内，约设有三四十县。

2. 北击匈奴

由于战国末期六国诸侯之间的战争，赵、燕北边的防御力量削弱，头曼单于带领匈奴乘机占据了阴山至河南地的大片地区，并继续南下侵扰，这对刚刚建立的秦王朝来说是严重的威胁。为了安定北边，维护国家统一，秦始皇于前215年命蒙恬发兵三十万，大举出击。蒙恬采用集中兵力、群追猛打、速战速决的作战原则，很快就收复了河南地以及榆中一带的广大地区。前214年，蒙恬率军渡过黄河，乘胜追击，夺取地势险峻的高阙，收复了阳山和北假，占据阴山一带的广大地区。秦王朝反击匈奴的胜利，使今河套内外、大河南北的广大地区，在相当长时间内摆脱了兵祸灾难，促进了边远地区经济文化的发展[①]。

3. 修筑长城

击败匈奴后，为了巩固战场上取得的胜利成果，秦始皇命蒙恬主持修筑万里长城。秦长城始筑于前214年，蒙恬夺得河南地及榆中后，“临河上为塞”，在渡河取高阙、阳山、北假后，又“筑亭障”。此后，长城修筑工程逐渐扩大，当时在“焚书坑儒”时因不烧书而被黥面判为城旦的刑徒，主要用于“输边筑长城”。同年，又“谪治狱吏不直者筑长城”。前212年，秦始皇派长子扶苏“北监蒙恬于上郡”，主要也是“与蒙恬筑长城”。

蒙恬所筑长城分布在今鄂尔多斯市达拉特旗和鄂托克旗境内的，为“城河上为塞”长城；分布在今巴彦淖尔市、包头市、呼和浩特市境内的为“阳山、高阙”长城。包括蒙恬所筑长城在内的秦始皇长城将原战国时期秦、赵、燕三国长城连接起来，形成西起临洮、东到辽东的“万里长城”，形成防御匈奴南下的一道屏障，保护了阴山、河套地区的百姓安全和农业发展。

4. 开发河套

秦始皇派蒙恬收复河套和阴山地区后，在这里设三十四（一作四十四）县，重建九原郡，统辖北达阴山、南至河南地北、西过黄河、东邻云中的大片边地。同时，迁徙大批刑徒，“实之初县”，并鼓励一般民众移居边地。仅前211年一次就从内地移民三万家至北河、榆中定居，主要迁徙到今鄂尔多斯地区，凡是移民者均“拜爵一级”。这些迁去的民众与刑徒，一面屯垦，一面戍边，在开发边疆、充实武备过程中发挥了重要作用。

与农业发达的中原相比，鄂尔多斯高原等边塞地区，多是单一、脆弱的游牧区或荒漠地带，几乎没有发展较为精耕的农业。这种经济发展的不平衡性在秦统一后就逐渐显现出来。解决的途径就是利用统一的形势，着力对边疆地区进行经济开发，主要是农业开发，农业是整个古代社会经济结构的核心。秦占据鄂尔多斯河套地区后，

① 白寿彝总主编：《中国通史·中古时代·秦汉时期》，上海人民出版社、江西教育出版社，2013年。

所实行的一项重要战略措施，就是通过移民垦殖的办法，把关中农业区的范围逐步向包括鄂尔多斯地区在内的西北延伸。秦朝在鄂尔多斯地区实行的移民和重农政策，取得了较好的效果。秦代称鄂尔多斯高原为河南地，随着农业经济的开发，鄂尔多斯地区又被称为“新秦中”，所谓“秦中”是指秦国长期所在的农业发达的关中地区，以“新秦中”命名，正说明了鄂尔多斯地区在当时的经济地位。

5. 修通直道

秦王朝建立的第二年，即前220年，秦始皇“治驰道”，以国都咸阳为中心，东达今山东、河北和辽宁，南抵今湖北、湖南，东南至今安徽、江苏和浙江。驰道路面极为宽阔，路基高厚，又用铁锤夯筑，坚实平稳，并在道旁栽种了树木。工程浩大，质量高超，还能兼顾绿化，实在令人惊叹。

秦始皇在位期间不但修筑了多条驰道，而且在前212年开始修筑“直道”，“自九原抵甘泉，堑山堙谷，千八百里”。至今秦直道仍然纵贯鄂尔多斯，地表遗迹分布于伊金霍洛旗、东胜区和达拉特旗。秦直道的修筑，对于防御匈奴的南下侵扰，密切鄂尔多斯高原与关中平原、北边与内地的经济文化交流与政治联系，有着重要的战略价值。

秦王朝在鄂尔多斯实行的这一系列措施，为鄂尔多斯地区的开发和经济发展提供了有利的条件。这一时期，是鄂尔多斯地区历史发展的一个重要转折，鄂尔多斯成为多民族国家的重要组成部分[①]。此次开发堪称鄂尔多斯地区历史上第一次“经济大开发”。

五、鄂尔多斯秦长城辨析与研究

（一）达拉特旗秦长城辨析

关于达拉特旗新民堡秦长城的具体性质，一直争议较多，除本书确定其为秦长城的观点外，还有认为是战国赵长城或战国魏长城者。关于战国赵长城的说法，主要见于辛德勇《张家山汉简所示汉初西北隅边境解析——附论秦昭襄王长城北端走向与九原云中两郡战略地位》一文[②]，该观点推测成分居多，缺乏史料记载和实地调查成果的支撑。在长城调查中，可见长城墙体旁侧树立书写有“战国魏长城”字样的保护

① 陈育宁：《鄂尔多斯史论集》，宁夏人民出版社，2002年。

② 辛德勇：《张家山汉简所示汉初西北隅边境解析——附论秦昭襄王长城北端走向与九原云中两郡战略地位》，《秦汉政区与边界地理研究》，中华书局，2009年。

标志，相关论述多出自于一些文物考古爱好者的作品之中。在本次长城资源调查工作中，陕西长城调查队确认了魏长城的具体分布走向，许多新闻媒体作了报道，魏长城分布于今陕西省延安市、铜川市、渭南市境内，东起黄河之滨，向西沿黄龙山南麓、西麓，越洛河至子午岭，为魏国防御秦国的一条不连续的防线。

认为魏长城到达今准格尔旗的主要证据，来源于《史记·魏世家》关于魏长城的一条记载："（魏惠王）十九年，诸侯围我襄陵。筑长城，塞固阳。"有人认为这里的固阳，即是后来的汉代五原郡稒阳县（今包头市九原区古城湾古城）。实则此"固阳"非彼"稒阳"也，战国魏的疆域一直未能进入今鄂尔多斯市、包头市境内，五原郡稒阳县初建于西汉时期。在本次长城调查中，针对有人认为的魏长城在准格尔旗黄河西岸亦有分布的记载进行了实地踏勘，未能发现长城墙体遗迹。还有人认为，分布于清水河县老牛湾黄河对岸的准格尔旗龙口镇和尚窑子村东北的一段石墙体属于魏长城，经调查认定为一座近代以来的堡寨。

以前调查者认为，达拉特旗秦长城是战国秦长城的延伸，但是经过调查，这条长城和战国秦长城的北部终点相距甚远，没有任何可以连接起来的迹象，走向也不同，应是一条沿黄河内侧修筑的独立防御体系。该条长城沿线遗物较少，零星发现抹断绳纹灰陶片等，内蒙古文物考古研究所张文平先生结合相关史料记载，初步推断其始筑于秦始皇派大将蒙恬经营河南地初期，为秦代榆溪塞长城，这一观点是很有见地的。《史记·卫将军骠骑列传》记载："令车骑将军青度西河至高阙，获首虏二千三百级，车辎畜产毕收为卤，已封为列侯。遂西定河南地，按榆溪旧塞，绝梓领，梁北河，讨蒲泥，破符离，斩轻锐之卒，捕伏听者三千七十一级，执讯获丑，驱马牛羊百有余万，全甲兵而还，益封青三千户。"这段记载出自西汉元朔二年（前119年）卫青率兵占领河南地之后汉武帝褒奖他的诏书之中。其中提到的"榆溪旧塞"，当为秦朝蒙恬的"树榆为塞"。《汉书·韩安国传》载："蒙恬为秦侵胡，辟数千里，以河为竟，累石为城，树榆为塞。""树榆为塞"与临河的三十四（一作四十四）座县城共同构成了秦朝黄河内侧的一条防御体系。到西汉初年，这条长城仍然能够发挥其防御功能，尤其是对于阻止可以在冬天踏冰过黄河的匈奴来说，这道在黄河南侧设置的长城防线是非常重要的。

（二）鄂托克旗秦长城为西夏所沿用

在深入进行历史考证、考古调查、地理地望对比后发现，2009年在鄂尔多斯市鄂托克旗新发现的巴音温都尔山长城、苏白音沟长城、乌仁都西障城等秦汉时期的长城设施，在西夏时期得到沿用。综合分析相关专家学者的相关论述后，笔者认为鄂托克旗的苏白音沟可能就是西夏克夷门所在地，乌仁都西石城可能就是西夏右厢朝顺监军司驻地。

1. 乌仁都西石城及其附近长城在西夏时期得到沿用

乌仁都西石城，因其位于长城附近，起到城堡的作用，故而又名乌仁都西障城。从乌仁都西石城中采集的标本来看，除秦汉时期典型的绳纹陶片、布纹瓦片、灰陶片外，也有很多西夏时期的酱釉瓷片、黑釉瓷片，这与巴音温都尔山长城、苏白音沟长城附近采集的标本情况相同（图3-25）。

图3-25 乌仁都西石城内采集的标本

加之，这座石城位于桌子山山脉和苏白音沟的东端，扼守黄河天险通往鄂尔多斯草原的战略要冲。据记载，秦汉时期这里有一条匈奴南下进入鄂尔多斯大草原的通道，匈奴骑兵从今巴彦淖尔市秦汉长城的高阙塞出发，沿秦汉长城外缘，向西南经过乌兰布和沙漠，到达鄂托克旗碱柜渡口或乌海市、鄂托克旗与宁夏石嘴山交界处的石咀子渡口，东渡黄河，经苏白音沟进入鄂托克旗，从而进入了一马平川、水草丰美的鄂尔多斯西部大草原[①]。

像黄河天险、桌子山山脉、苏白音沟这样重要的战略要地，秦汉王朝都极其重视，西夏王朝自然也会非常重视，这里离西夏都城中兴府如此之近，控制了这里不仅可控制黄河天险和桌子山脉，占据黄河两岸富饶的农田和发达的水利条件，还能拥有像苏白音沟这样进可突入鄂尔多斯草原，退可顺利撤回贺兰山和中兴府的军事战略要地。故而，

① 田广金、郭素新：《西沟畔匈奴墓反映的诸问题》，《文物》1980年第7期。

笔者认为，乌仁都西石城及其附近的长城在西夏时期仍然使用，并且关键的长城段落、重要的烽燧和枢要的城池，都得到了补筑、增筑，其防御和坚守功能得到加强。

2. 西夏克夷门可能在今苏白音沟

苏白音沟位于鄂托克旗西部与乌海市交界地带，属于阿尔巴斯山系桌子山山脉。苏白音沟全长约10千米，沟宽20～200米，大体呈东西走向。沟两侧山体陡立，相对高度达10～100米，有的可以攀登至山顶，有的陡峭不可攀爬。沟蜿蜒曲折，呈“S”形走向，东西不可透视。位于山顶上的长城设施在山下往往看不到，具有很好的隐蔽效果（图3-26）。沟底为季节性河床，修筑有从乌仁都西嘎查通往乌海市的砂石路。主沟两侧时有小岔沟向南或向北延伸。

图3-26　苏白音沟以及长城墙体（由东向西）

苏白音沟和巴音温都尔山长城均位于北流黄河东侧，长城墙体与黄河河道的最近距离仅为5千米。长城修筑的主要作用，在于利用黄河天险加强防御，防守黄河渡口。

（1）史料记载

1205～1227年的23年中，成吉思汗共对西夏发动了六次大规模的进攻（图3-27）。1205年，成吉思汗以“西夏纳其仇人桑昆”为借口，第一次征西夏，破力吉里寨（今甘肃西部），蹂躏瓜州（今敦煌）、沙洲（今安西）等州，因大暑将至，不敢久留，经落思城，大掠西夏人口及牲畜而去。西夏主纯祐不敢抗拒，后大赦境内，改都城兴庆府为中兴府，以示西夏中兴。

1207年秋，成吉思汗获悉西夏安全废主自立，于是第二次出兵征西夏，攻取斡罗孩城（今阿拉善右旗西南），四处攻掠，因见西夏兵盛，过五月后以粮尽自动退兵。

图3-27　成吉思汗

1210年，因金朝投降蒙古叛臣劝蒙古伐金。成吉思汗为免后顾之忧，决意先攻西夏，于是第三次征西夏。据《元史·太祖本纪》[①]，成吉思汗率兵由黑水城北入侵西夏腹地，虽有夏兵五万抵抗，终大败。四月，蒙古军攻占兀剌海城（今杭锦后旗），太傅西壁氏率兵巷战被俘，蒙古军遂进攻西夏都城中兴府的外围克夷门。西夏皇帝派遣嵬名令公率兵五万抵抗，相持两月，蒙古军设伏以游兵引诱嵬名令公，将其擒获，遂破克夷门，进围中兴府。九月，蒙古军引黄河水灌城，西夏皇帝安全亲督将士登城守御。时降大雨，河水暴涨，遏水灌城，居民死者无数。十二月，河水久灌，城将坍塌，然而河堤决口，水势四溃，蒙古军也不能支，中兴府将解围，蒙古军派人招降。西夏皇帝安全登城，隔水与成吉思汗相见，约定和好，请成吉思汗纳女，称臣。蒙古军始退，西夏从此一蹶不振[②]。1227年，蒙古军队进占中兴府，灭亡西夏。

（2）克夷门在何处

清朝学者吴广成在《西夏书事》中说：“克夷门为中兴府外卫，两山对峙，中通一径，悬绝不可登。”[③]“夷门”有三个含义，首先是东门之意；其二是平地之门的意思；其三，夷为敌人、周边各民族之意。克夷门，有克敌制胜之意。刘利华认为：“在中兴府东北，今内蒙古乌海市乌达区五虎山和黄河最窄处，只有十五华里左右，形成一道‘山河关’。若是在山与河中间修筑一道长城，有关门进出，正符合克夷门为平地之门的含意。同时‘乌达区’的‘乌达’二字，尽管在蒙语中有其他解释，但它也有‘门’的意思。”[④]

① （明）宋濂等：《元史》，中华书局，1976年。

② 白寿彝总主编：《中国通史·中古时代·五代辽宋夏金时期》，上海人民出版社、江西教育出版社，2013年。

③ 吴广成著，龚世俊等校：《西夏书事校证》，甘肃文化出版社，1995年。

④ 刘利华：《克夷门考》，《西夏研究》2014年第1期。

笔者认同刘利华老师克夷门在乌海市乌达区附近的观点。事实上，苏白音沟就在乌达区与鄂托克旗交界地带，位于桌子山中，沟底有沙土堆积，较为平坦，可容纳大量人员、马匹、辎重通行，经由此沟，可以东西贯通黄河东岸与西鄂尔多斯草原，正合西夏"东门""平地"之门的意思。并且西夏曾同北宋、辽国、蒙古在鄂尔多斯草原上对峙和大战，暗合了"克夷"之意。同时苏白音沟底本身分布有长城，苏白音沟东沟口又坐落着乌仁都西石城，以及桌子山脉巴音温都尔山的长城，正是刘利华老师所提出的"关门"所在。此外，苏白音沟蜿蜒曲折、地势险要、易守难攻，全长10千米，两旁山上可藏雄兵数万，中间沟底一览无余，非常适宜打埋伏战和口袋战，可谓"一夫当关，万夫莫开"。综上，笔者认为西夏克夷门可能即今苏白音沟一带。

（3）克夷门之战

克夷门首战西夏告胜，名将嵬名令公指挥五万兵力提前占据山坡高地，待敌军一出现，便从山坡冲下，击溃了劳师远来的蒙古兵。后来成吉思汗意识到，在有利于防御的地理条件下，蒙古军的优势无法发挥，取胜的希望在于将西夏人诱出克夷门的驻垒地。他派出小股兵力挑战敌人，诱使其出击。如其所料，在胜利和长期对峙中变得怠惰轻敌的西夏军果然上当，嵬名令公亲自上阵，带领军队冲出营垒，战斗在蒙古人预设的伏击地域发生，西夏损失惨重，主帅嵬名令公被擒获。形势自此急转直下，铜墙铁壁的克夷门在坚守2个月之后被轻易突破，蒙古人随之高歌猛进地包围了中兴府。

3. 西夏右厢朝顺监军司驻地可能在今乌仁都西石城

西夏行政区划基本格局较为清晰，共有三府二州、十七监军司、五军、二郡、九县以及三十五座城、堡、寨。其中三府二州为高级政区单位①，十七监军司为仅次于府州的次高级政区单位。

西夏监军司，是元昊建国以后推行的一项极为重要的制度。为便于对周边宋、辽、回鹘、吐蕃、蒙古等进行军事进攻和防守，西夏将全境分为若干军事区，名为监军司。元昊时期，西夏所建监军司之数有十二至十八之异，到西夏后期，为十二监军司，包括左厢神勇、石州祥祐、宥州嘉宁、韦州静塞、西寿保泰、桌啰和南、右厢朝顺、甘州甘肃、瓜州西平、黑水镇燕、白马强镇、黑山威福②。

右厢朝顺军司，又称右厢监军司，《西夏纪》卷二十六记载："克夷为中兴府外卫，两山对峙，中通一径，悬绝不可登。曩霄时，尝设右厢朝顺监军司兵七万守之。"

① 王天顺：《西夏地理研究》，甘肃文化出版社，2002年。

② （元）脱脱等：《宋史·夏国传》，中华书局，1985年。

其驻地有四种说法：①《西夏书事》称在夏州弥陀洞；②《西夏纪》称在中兴府（今银川）的克夷门；③《东轩笔录》称在天都山；④《地形图》称在凉州[①]。

据谭其骧《中国历史地图集》的标绘[②]，右厢朝顺监军司（克夷门）位于乌海市南的黄河旁边，恰在苏白音沟、乌仁都西石城的位置附近。杨蕤认为“啰庞岭可能为右厢朝顺军司，应位于今内蒙古阿左旗的某个地方”[③]。而阿拉善左旗在乌海市乌达区以及鄂托克旗苏白音沟附近，故笔者认为啰庞岭可能就是今桌子山脉，右厢朝顺军司驻地可能就在今乌仁都西石城。白寿彝先生《中国通史》一书也认为“右厢朝顺即今乌海市西南”[④]。

据相关资料记载，阿拉善盟阿拉善左旗的希勒图城址位于山顶，平面呈长方形，长60米，宽40米，城中设望台1个，高2米，推测可能为白马强镇监军司驻地。西夏黑水镇燕监军司故城，平面呈方形，边长约238米，墙上设有角台[⑤]。而乌仁都西石城建于山顶，平面形制呈长方形，南北长45米，东西宽31.5米，西北角设置有角台。对比分析这些内蒙古境内的古城，发现这几座古城在体量、形制和建筑设施方面都有共通或相似之处，表明从形制和体量上乌仁都西石城是可以担当西夏监军司驻地的。在前文中笔者论述了今苏白音沟可能为西夏克夷门，依据《西夏纪》记载，右厢朝顺监军司在中兴府（银川）的克夷门，那么右厢朝顺监军司极有可能位于今苏白音沟一带，其驻地可能就在今乌仁都西石城。

---

① 汤开建：《西夏监军司驻所辨析》，《历史地理》（第六辑），上海人民出版社，1988年。

② 谭其骧：《中国历史地图集》，中国地图出版社，1982年。

③ 杨蕤：《西夏地理研究》，人民出版社，2008年。

④ 白寿彝总主编：《中国通史·中古时代》，上海人民出版社、江西教育出版社，2013年。

⑤ 国家文物局主编：《中国文物地图集·内蒙古自治区分册》（上、下），西安地图出版社，2003年。

第四章　隋　长　城

隋长城主要由两部分组成，一是被利用的前朝长城，二是本朝新修的长城。隋长城东段基本沿用北齐长城并进行修缮，西段北线长城和西段南线长城的东段是沿用秦长城，只有夏州至灵州段，即史籍中所记的司农少卿崔仲方发丁三万，于朔方、灵武所筑的长城，才完全是隋朝新修的长城，也是目前唯一发现有长城遗迹的地段①。崔仲方所筑长城在朔方，即今鄂尔多斯南部地区，该长城西起北流黄河东岸的灵武（今宁夏灵武市），东到南流黄河西岸的绥州（今陕西绥德县），南出勃出岭（今陕西白于山），自西向东横亘河套南部，长约300千米②。鄂尔多斯鄂托克前旗隋长城即归属于这一段。

一、鄂尔多斯隋长城

鄂尔多斯隋长城分布于鄂托克前旗东南部，大致呈东西走向，东起上海庙镇特布德嘎查四十堡小队东南3.1千米处，经四十堡小队、宝日岱小队和十三里套小队，西止于特布德嘎查十三里套小队西1.4千米处，南距明长城二道边与头道边50～300米。

（一）长城墙体分布与走向

隋长城处于毛乌素沙地的南缘，西北为宁夏河东沙地，地形平坦，整体呈丛草沙丘地貌。墙体北面为内蒙古鄂托克前旗牧区，地广人稀；墙体南面为宁夏灵武市农区，村落较为密集（图4-1）。

长城墙体东由宁夏回族自治区吴忠市盐池县进入鄂托克前旗境内，在鄂托克前旗以上海庙镇特布德嘎查四十堡小队为东端起点，南1千米处为明长城二道边和头道边。在四十堡小队一带，墙体或为黄沙土夹杂小石粒堆筑，或为灰白色泥土堆筑，呈泛白

---

① 段清波、徐卫民：《中国历代长城发现与研究》，科学出版社，2014年。

② 景爱：《中国长城史》，上海人民出版社，2006年。

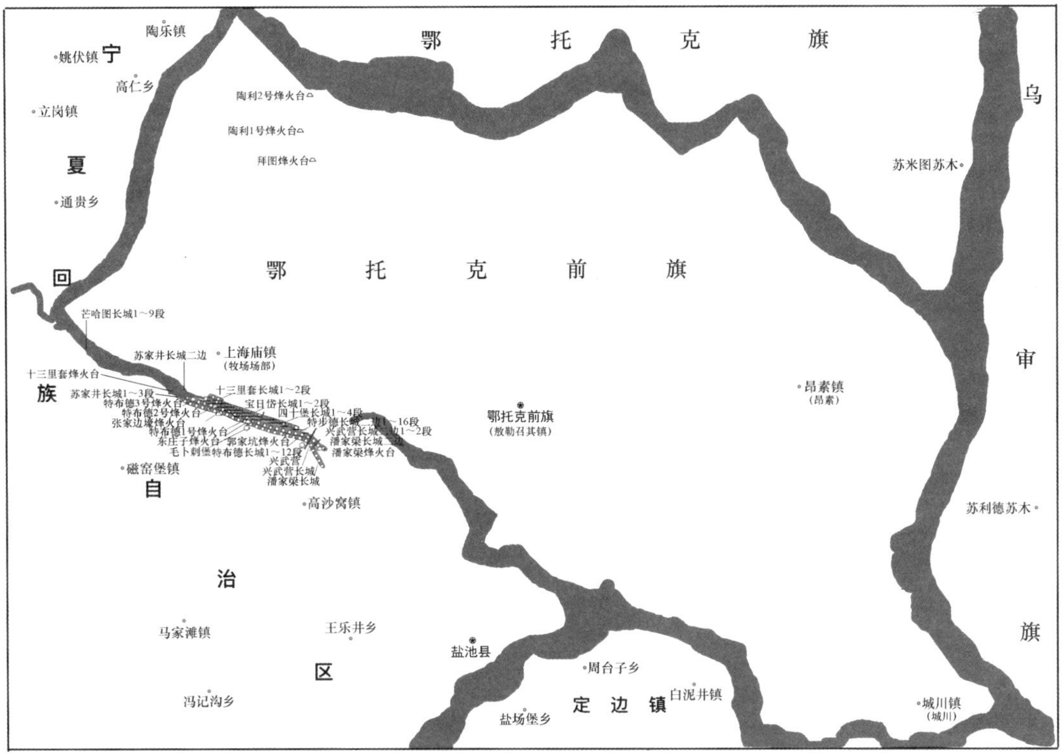

图4-1　鄂托克前旗长城分布示意图（鄂尔多斯博物馆张煦敏绘）

色或泛红色的土垅状，遗迹不明显。部分墙体上长满杂草；有的墙体两侧野草茂盛，而墙体上不长草，呈泛白色的鱼脊状凸起。

向西北进入宝日岱小队，墙体呈土垅状，几乎与地面持平，以黄沙土夹杂小砂石堆筑而成。墙体上的野草较墙体两侧稀疏。

再向西进入十三里套小队，墙体大部分呈土垅状，以泛红色沙土夹杂小砂石堆筑而成。部分段落墙体较高，最高可达3米。墙体北侧支出一段副墙，与主墙平行排列，西段最远处与主墙南北相距可达200米。再向西，主墙和副墙均消失。

（二）长城墙体保存现状

在调查中，将鄂托克前旗隋长城划分为8段，包括土墙5段，消失段3段；在5段土墙中，有主墙4段，副墙1段。墙体总长12288米，其中土墙7003米，消失段落长5285米。土墙中有主墙5552米，副墙1451米，其中，保存一般部分长1451米，保存较差部分长3416米，保存差部分长2109米，消失部分长27米。

图4-2　四十堡长城1段墙体断面（由西向东）

（三）典型墙体

四十堡长城1段：大致呈东西走向。墙体在自然基础上以黄沙土夹杂小石粒堆筑而成，呈不明显的土垅状，整体保存较差（图4-2）。现存墙体底宽顶窄，底宽4～8米，顶宽1.5～5米，残高0.5～2米。墙体全长3079米，其中保存较差部分长1558米，保存差部分长1521米。附近为丛草沙丘地貌，墙体上长满杂草，远望呈泛白色。

四十堡长城3段：大致呈东西走向。墙体在自然基础上以灰白色泥土堆筑而成，呈土垅状，整体保存较差（图4-3）。现存墙体底宽顶窄，底宽3～6米，顶宽1～3米，残高0.5～2米。墙体全长349米，其中保存较差部分长213米，保存差部分长115米，消失部分长21米。

图4-3　四十堡长城3段墙体（由东向西）

宝日岱长城1段：呈东西走向。墙体在自然基础上以黄、白色沙土夹杂小砂石堆筑而成，泛白色，呈土垅状，整体保存较差（图4-4）。现存墙体剖面呈弧形，底宽4～5米，顶宽1.5～2.5米，残高0.5～1米。墙体全长973米，其中保存较差部分长494米，保存差部分长473米，消失部分长6米。墙体周围为丛草沙丘地貌。墙体沿线采集有少量灰陶片。

十三里套长城1段：呈东西走向。墙体在自然基础上以黄沙土夹杂小砂石堆筑而成，泛红色，呈土垅状，整体保存较差（图4-5）。现存墙体剖面呈弧形，底宽5～9米，顶宽2～5米，长1151米，残高1～2米。墙体沿线采集有少量灰陶片。

图4-4 宝日岱长城1段墙体（由东向西）

图4-5 十三里套长城1段墙体（由西向东）

十三里套长城2段：呈东西走向。墙体在自然基础上以黄沙土夹杂小砂石堆筑而成，泛红色，呈土垅状，墙体较高、较宽，整体保存一般（图4-6）。现存墙体剖面呈弧形，底宽6～12米，顶宽2～6米，长1451米，残高2.5～3米。周围呈现丛草沙丘地貌。

图4-6 十三里套长城2段墙体（中）与明长城二道边（右）（由西向东）

（四）鄂尔多斯隋长城特点分析

鄂尔多斯隋长城墙体类型单一，均为堆筑土墙，泛白色或泛红色，呈土垅状或鱼脊状凸起。这与文献记载的修筑草率，未见夯打痕迹，似乎只经过人踩马踏等情况相符。隋长城南面不远处为明长城二道边和头道边，两者走向一致，隋长城时而单独出现，时而与明长城重叠一处。墙体底宽3～12米，顶宽1～6米，残高0.5～3米，总长12288米，是内蒙古自治区唯一一段留存至今的隋代长城。

二、隋长城的发现与相关研究

史念海、景爱、艾冲等学者都认为鄂尔多斯高原南部的隋长城是存在的。2007年，根据内蒙古自治区文物局、内蒙古自治区文物考古研究所和鄂尔多斯市文化局的部署，鄂尔多斯长城调查队在调查明长城的时候有幸发现了这段隋长城，从考古学的角度，用考古调查的方法证实了鄂尔多斯南部鄂托克前旗隋长城的存在。

（一）鄂托克前旗隋长城的发现和确认

隋朝在短短的三十七年间，先后七次大规模地修筑长城，以防突厥侵扰。但这些建筑工事多见于史料记载，却少见地面遗存。原因有三方面：一是补筑的多，新筑的少，而且又多是在秦汉长城的基础上进行修补。因此，在人们的印象之中它仍是秦汉长城。二是建筑工期短，修造质量差，多数地段未见到夯打痕迹，似乎只经过人踩马踏草率修成，经过常年的风雨侵蚀变成土垅状甚至荡然无存。三是被明长城叠压覆盖，不见当年分布痕迹。这次能在全国长城资源调查期间发现鄂托克前旗隋长城，得益于内蒙古测绘局航片数据和测绘技术在长城调查中的运用。

经鄂尔多斯长城调查队田野考古调查得知，鄂托克前旗隋长城自东向西分布于上海庙镇特布德嘎查四十堡小队、宝日岱小队和十三里套小队，墙体均为堆筑土墙，泛白色或泛红色，呈土垅状或鱼脊状凸起。由于隋长城修筑草率，有时地面很难发现和确认，更多的是在航空照片和卫星照片上看到的。从航片和卫片上观察，鄂托克前旗隋长城位于明长城头道边和二道边以北或以南，距明长城50～300米，墙体笔直，它和明长城的走向一致，时而单独出现，时而与明长城重叠一处，呈东西向贯穿整个鄂托克前旗南端（图4-7）。现代航空摄影考古与传统田野考古两种方法技术的结合和应用，促成了隋长城的发现。笔者查阅了史念海、景爱、艾冲等专家对鄂尔多斯高原南端崔仲方所筑长城分布地点和范围的描述，对比宁夏考古专家们对隋长城的调查和认定，发现鄂托克前旗隋长城与宁夏隋长城极其相似，且分布路线是由宁夏盐池县、灵武县延伸至鄂托克前旗境内，最终确认了该段隋长城。

图4-7　卫星图片上的隋长城

（由南向北四条东西向线条分别为明长城头道边、二道边、隋长城、地图线）

（二）关于隋长城的相关研究

《隋书·长孙晟传》记载："高祖新立，由是大惧，修筑长城，发兵屯北境，命阴寿镇幽州，虞庆则镇并州，屯兵数万人以为之备。"自隋文帝开国以来，隋朝一直受到北方突厥的巨大威胁，故以修筑长城来抵御和应对。

1. 内蒙古隋长城

隋朝多次修筑长城，多数地段利用了前段长城，部分墙体现在已无迹可寻。据《隋书》记载，位于今内蒙古自治区境内的长城有两条：一是开皇五年（585年），隋主"令（崔仲方）发丁三万，于朔方、灵武筑长城，东（应为西）至黄河，西（应为东）拒绥州，南至勃出岭，绵亘七百里"。二是大业三年（607年）秋七月，"发丁男百余万筑长城，西距榆林，东至紫河，一旬而罢，死者十五六"。其中朔方、灵武隋长城位于今鄂尔多斯高原南端，紫河隋长城位于今呼和浩特一带。

《元和郡县图志》记载："隋开皇七年置榆林县，地北近榆林，即汉之榆溪塞，因名，属云州，二十年改属胜州。"隋代的榆林县，即后来的胜州，其故址为鄂尔多斯市准格尔旗十二连城。紫河又名浑河，源于山西右玉县杀虎口附近，上游称苍头河，先北流，后向西南流，经内蒙古和林格尔县、清水河县，注入黄河。隋炀帝大业三年所筑东抵紫河、西至榆林的长城呈东西向，分布于今呼和浩特市清水河县、和林格尔县和鄂尔多斯市准格尔旗十二连城，但是至今没有发现地面遗迹，或许由于工程粗疏，早已湮没无形了。

2. 鄂托克前旗隋长城

隋朝共修筑长城七次，其中鄂托克前旗隋长城属于第二次修筑。《隋书·崔仲方传》[①]记载隋文帝“令（崔仲方）发丁三万，于朔方、灵武筑长城，东（应为西）至黄河，西（应为东）拒绥州，南至勃出岭，绵亘七百里。明年，上复令仲方发丁十五万，于朔方已缘边险要筑数十城，以遏胡寇”。多位学者据《隋书·崔仲方传》《元和郡县图志》[②]《太平寰宇记》[③]等古籍记载考证，《隋书》中记载方位有误，“东至黄河，西拒绥州”应为“西至黄河，东拒绥州”，这一论点在多篇简报、论文中都有论述，笔者也赞同这种观点，在此不再赘述。

景爱先生在《中国长城史》中考证：“从隋文帝受禅即召崔仲方议事，命其筑长城来审视，可知应在开皇初年……崔仲方所筑长城在朔方，即今鄂尔多斯南部地区。该长城西起北流黄河东岸的灵武（今宁夏灵武市），东到南流黄河西岸的绥州（今陕西绥德县），南出勃出岭（今陕西白于山），自西向东横亘河套南部。”[④]论证了位于鄂托克前旗东南缘、从灵武至绥州、修筑方式和保存现状完全不同于明长城的隋长城是真实存在的。

3. 宁夏隋长城的调查与研究

宁夏文物考古研究所对境内隋长城做了许多考古调查和研究工作。《宁夏盐池县古长城调查与试掘》[⑤]一文中是这样描述盐池县隋长城的：“明内长城发掘地点以北250米左右有一条（隋长城）与明内长城走向基本平行的堤状人工堆积。这条堆积从盐池县王乐乡东牛毛井自然村东1.5千米处与明内长城分开，东南至城郊乡八堡村以北700米处与其重合……再次分开……再度与明内长城重合……此段长城的堆积主要是红色含砂土、红色含砂黏土和部分紫红色粉砂岩团粒及含砂黄土，因而大部分墙体外表呈紫红色或红色。墙体残高多在1～2.8米之间，残宽5～13米……此段长城的构筑方法特点如下：堆筑法。长城表面呈弧状形的土层堆筑，其土层表面是用大平面重物拍打，没有夯实，虽层次清楚但不见夯迹……除了与明内长城分体的25千米以外，这条长城

---

① （唐）魏徵等：《隋书》卷六十《崔仲方传》，中华书局，1973年。

② （唐）李吉甫著，贺次君校：《元和郡县图志》卷四《灵州》，中华书局，2008年。

③ （宋）乐史著，王文楚校：《太平寰宇记》卷三十三、卷三十六、卷三十八，中华书局，2007年。

④ 景爱：《中国长城史》，上海人民出版社，2006年。

⑤ 宁夏文物考古研究所、盐池县博物馆：《宁夏盐池县古长城调查与试掘》，《考古与文物》2000年第3期。

的其余部分明显被明内长城所叠压。这段25千米的长城损毁情况也远比明长城严重，无疑构筑时代要早于明长城。”

《宁夏灵武市古长城调查与试掘》[①]一文中，对灵武市隋长城有如下描述：“此次在灵武市临河镇横山村北、敖银公路穿过明长城缺口处发掘的城墙，从其剖面看到有明显的早晚叠压关系，最早筑成的墙体为浅红砂黏土质。在其东西两侧以远的长城地段，自然倒塌形成的断面中，同样看到墙体内均有基宽3.5、高3米多的浅红色砂黏土的墙垣。叠压在明长城之内的长城垣体，其垣基内外两侧，有较厚的雨水冲刷所形成的淤积层，其构筑时代无疑要早于明长城。而且其土色又与保存在今盐池县城北、明内外长城之间的长城垣体的红色含沙黏土相一致。据此推测，明内外长城间的这两小段城墙与发掘点的明墙体内的早期墙垣应属同一时期，很可能就是史料中所记载的在灵武修筑的隋长城。”

鄂托克前旗隋长城上海庙镇特布德嘎查四十堡小队、宝日岱小队段位于明长城以北，南距明长城二道边与头道边50～300米，向西南被明长城二道边和头道边叠压，再向西南进入宁夏灵武市宝塔村，出现在明长城头道边南侧，呈东西向分布，向西被毛卜剌堡叠压，过毛卜剌堡复现，仍位于明长城头道边南侧，后向西北被二道边和头道边叠压，再向西北进入十三里套小队，除主墙外，向西南支出一段副墙，主墙、副墙均东西向分布，在东端相接，与南侧的明长城二道边与头道边平行。墙体或为泛红色沙土夹杂小石粒堆筑，或为灰白色泥土堆筑；呈泛白色的鱼脊状凸起或泛红色的土垅状。墙体底宽3～12米，顶宽1～6米，残高0.5～3米。

从鄂托克前旗隋长城同宁夏盐池县和灵武市隋长城的对比可以看出，无论是长城墙体的走向、分布，与明长城的叠压和位置关系，还是构筑方式、土质土色以及尺寸等，都基本类似。从而证实了西起内蒙古鄂尔多斯市鄂托克前旗，经过宁夏灵武市，东至宁夏盐池县的隋长城，便是隋文帝命崔仲方于朔方、灵武所筑的长城。

三、隋长城修筑的历史背景与人物

（一）突厥的兴起

突厥可汗自称与“九姓回纥”同族，而回纥族出自铁勒，则突厥应源自铁勒。突厥的最初活动地在准格尔盆地之北，约在今叶尼塞河上游，后来迁移到高昌的山北。5

① 宁夏文物考古研究所、内蒙古鄂托克前旗文化局、灵武市文物管理所：《宁夏灵武市古长城调查与试掘》，《考古与文物》2006年第2期。

世纪中叶，柔然攻占高昌，突厥沦为柔然的种族奴隶，被迁徙到金山（今阿尔泰山）南麓，因善于锻铁，世为柔然“锻奴”。“金山形似兜鍪（即战盔），其俗谓兜鍪为‘突厥’”，因而这支定居于金山之南的铁勒部落，遂以突厥为族号。546年，突厥首领阿史那土门收服铁勒五千余户，部落强大，为中原王朝刮目相看，西魏文帝遂许配长乐公主为其妻，后土门大败柔然，自称伊利可汗，建突厥汗国于漠北地区。伊利可汗的儿子木杆可汗在位时，灭柔然，破滑国，走契丹，并契骨，威震塞外，“东自辽海以西，西至西海（今咸海）万里，南自沙漠以北，北至北海（今贝加尔湖）五六千里皆属焉”[①]。

567年，伊利可汗的弟弟阿史那室点密灭亡滑国，击败波斯，其下“有十大首领”，且“有兵十万众”，自立为西面可汗，号其部为“十姓部落”。室点密的儿子达头可汗，因“兵强而位下”，与东面沙钵略可汗争战，加之当时隋朝对突厥东、西可汗实行“远交而近攻，离强而合弱”的反间政策，更加深了突厥内部的裂痕。583年，即隋文帝开皇三年，突厥一分为二，作为突厥正统的沙钵略可汗为东突厥，达头可汗联合阿波可汗、贪汗可汗等离心沙钵略可汗的势力称为西突厥，西突厥占有今新疆和中亚大部地区。

585年，隋文帝为了防御突厥，曾在鄂尔多斯南缘筑起一道西起灵武，东至黄河的长城。由此可见，鄂托克前旗隋长城以南应为隋朝疆域，而隋长城以北应为突厥控制地带。597年，东突厥沙钵略可汗的儿子启民可汗为西突厥所迫归降隋朝，隋文帝封他为“意利珍豆启民可汗”，并以义成公主配他为妻，将他们安置在水草丰美的白道川（今呼和浩特平原）。599年，隋文帝命孙晟在朔州筑大利城，即今呼和浩特市清水河县，以安置启民及其民众。不久，因归顺启民可汗的部众越来越多，隋文帝采纳孙晟的意见，“于夏、胜二州之间（今鄂尔多斯高原），东西至黄河，南北四百里，掘为横堑，令处其内，使得任情畜牧”。此后，突厥自漠北“或南入长城”“或住白道（今呼和浩特市）”，降隋者数十万众。于是鄂尔多斯的一部分地区就成为以启民可汗为首的突厥人的牧场。609年，启民可汗之子始毕可汗，乘隋炀帝时期中原大乱，摆脱了隋朝的统治，曾率领数十万骑兵围攻隋炀帝于雁门（今山西代县），将东突厥推向极盛时期，“东自契丹、室韦，西尽吐谷浑、高昌诸国，皆臣属焉，控弦百余万，北狄之盛，未之有也”。611年，西突厥泥橛处罗可汗归顺隋朝，隋炀帝安置其于今甘肃靖远、山西静乐等地，并赐号“曷萨那可汗”。

唐高祖时期，东突厥颉利可汗自恃强大，几乎年年南侵唐朝。629年，唐太宗乘东突厥内外交困和多年灾荒，派兵一举灭其国，生擒颉利可汗，突厥降唐者十余万口。东突厥大批降唐后，唐太宗将其安置在东自今北京，西到今宁夏灵武，包括北京、内

① 白寿彝总主编：《中国通史·中古时代·隋唐时期》，上海人民出版社、江西教育出版社，2013年。

蒙古、陕西、宁夏的广大地区。639年，因发生突厥降将刺杀唐太宗未遂事件，唐朝令突厥和胡人渡河回归漠南故地，后突厥人请求被安置于“胜、夏之间”，即东北至准格尔旗十二连城，西南至乌审旗南部白城子之间的鄂尔多斯高原腹地。650年，唐高宗擒获在金山之北建立牙帐的东突厥别部酋长车鼻可汗，至此，东突厥“尽为封疆之臣”。657年，唐高宗经数次派兵征讨，彻底平定了西突厥叛乱，“尽收其所居之地，西域悉平”。

679年，唐高宗在今鄂尔多斯南部设置了夏、宥、盐、灵、丰、胜等州，还设立了总管府、都督府和节度使，对归附入居的少数民族实行羁縻府州政策[①]。“六胡州”是唐朝为安置突厥降户，主要是昭武九姓的粟特人，在灵州、夏州之间设置的鲁州、丽州、含州、塞州、依州、契州等的总称。一般认为，“六胡州”中鲁州、丽州、塞州的治城分别为今鄂托克前旗的查干巴拉古城、巴郎庙古城、呼和淖尔古城，含州、依州、契州的治城分别为今鄂托克旗的哈达图古城、敖伦淖尔古城及今乌审旗呼和淖尔古城（图4-8）。兰池都督府治城为鄂托克前旗敖勒召其镇的巴格陶利古城。“六胡州”属于羁縻府州的性质，粟特人在这里保持了较为巩固的部落组织，并未完成部落民向唐之编民的转变。“六胡州”之乱后，“六胡州”的部落组织开始逐渐被打破，加之不久“安史之乱”爆发，部落中的粟特人分散迁徙，“六胡州”的粟特部落也最终消失。“六胡州”所在之地属半农半牧地带，既是多民族错居杂处而交融频繁地域，又是唐朝的边疆战略要地。

图4-8 巴朗庙古城南墙夯层

① 王乃昂、何彤慧、黄银洲，等：《六胡州古城址的发现及其环境意义》，《中国历史地理论丛》2006 年第21卷第3辑。

682年，颉利可汗故地的突厥贵族骨咄禄利用突厥人民的反唐情绪，建立了后突厥汗国。708年，唐中宗派遣张仁愿趁默啜可汗向西突厥进攻之机，夺取了漠南地区，于阴山之南、黄河之北、沿河套外围的边防地带险要处，修筑了三座军事城堡，分别称东、中、西三座“受降城”。东“受降城”在今呼和浩特市托克托县，中“受降城”在今包头市，原来是突厥人渡河南侵时兵马聚集的要塞，西“受降城”在今巴彦淖尔市临河区，三城相距“各四百里”，并置“烽候千八百所”，从而控制了阴山以南包括河套在内的广大地区，断绝了突厥的南下侵扰之路。从此，“突厥不得度山放牧，朔方无复寇掠”。745年，被唐玄宗册封的回纥怀仁可汗攻杀了后突厥最后一个君主白眉可汗，立国半个世纪的后突厥最终灭亡。其部众或依附回纥被同化，或南迁降唐，或西迁中亚，其在中国境内基本上不再作为一个独立民族存在。后突厥在散亡中，走依吐蕃、突骑施、中亚诸国者也为数不少。西迁中亚、西亚的突厥人，其后裔曾在阿富汗、土耳其等地建立过政权。

（二）隋文帝修长城

581年，杨坚废掉北周9岁小皇帝自立为皇帝，建立了隋朝，并在9年后统一了中国，结束了西晋末年以来近300年多民族纷扰争霸的分裂局面。

图4-9　隋文帝

（鄂尔多斯博物馆张煦敏绘）

隋文帝（图4-9）建立隋朝以来，改革政治制度，设立了尚书、门下、内史三省，并在尚书省下设吏部、礼部、兵部、刑部、民部、工部六部，创立了“三省六部制”。同时对选举制度做出重大改革，废除九品中正制，创立了通过考试选用官员的科举制度。在位期间，颁行《开皇律》。

隋文帝杨坚废北周建立隋朝的初期，北面夺得突厥汗位的沙钵略可汗在其妻北周宗女千金公主的请求下，借口为周复仇不断侵入长城侵扰边地，攻占临渝镇（今山海关），武威、天水、上郡、延安等地遭到严重抄掠，弄得“六畜咸尽”。隋朝统治者在反击突厥入侵的同时，开始不断修筑长城和沿边城堡。关于隋文帝筑长城史书共有五次记载，其中《隋书》记载四次，开皇元年（581年）四月，“发稽胡修长城，二旬而罢”；开皇五年（585年），隋主“令发丁三万，于朔方、灵武筑长城，东至黄河，西拒绥州，南至勃出岭，绵亘七百里”；开皇六年（586年）二月，“丁亥，发丁男十一万修筑长城，二旬而罢”；开皇七年（587年）二月，“是月，发丁男十万余修筑长城，二旬而罢”。《元和郡县图志》记载一次，“隋长城，起县北四十里，东经幽州，延袤千余里，开皇十六年（596年）因古迹修筑”。

根据这些记载，隋文帝共修筑长城五次，在辽宁、山西、陕西、内蒙古、宁夏都修筑过长城。鄂尔多斯南部鄂托克前旗隋长城属于隋朝第二次修筑的长城。585年，隋文帝派遣司农少卿崔仲方领兵三万，到朔方、灵武筑长城。崔仲方所筑长城在今鄂尔多斯南部及周围地区，该长城西起北流黄河东岸的灵武（今宁夏灵武市），东到南流黄河的绥州（今陕西绥德县），自西向东横亘河套南部，全长约300千米①。隋长城存世较少，由西向东穿过今鄂托克前旗东南部、宁夏回族自治区灵武县和盐池县。

隋文帝采取孙晟“远交而近攻，离强而合弱”的建议，利用东突厥沙钵略可汗与西突厥达头可汗、阿波可汗、贪汗可汗的矛盾进行离间，使他们互相攻击，促使突厥分为东西两部分。东突厥沙钵略可汗在西突厥和契丹东西两面威胁下，于开皇四年（584年）向隋文帝称臣，愿意“永为藩附”，保持了边境的和平。开皇五年（585年），沙钵略可汗率部迁至漠南，寄居于白道川（今呼和浩特），接受隋朝的管辖。597年，突利可汗投奔隋朝，被隋文帝封为“意利珍豆启民可汗”，并以义成公主嫁他为妻，将他们安置在水草丰美的白道川。599年，隋文帝又将启民的部众“徙五原，以河为固，于胜、夏两州之间，东西至河，南北四百里，掘为横堑，令处其内，任情放牧”。于是，鄂尔多斯的大部分地区就成为以启民为首的突厥人的牧场，有五原郡、榆林郡、朔方郡等。

隋文帝对周边各族采取了军事上的防御和政治上的招抚政策，有效地处理了民族矛盾，使各族人民赢得了“二十年间，天下无事，区宇之内晏如也”的安定环境，为隋代发展经济提供了有利条件。

（三）隋炀帝巡幸十二连城

隋炀帝杨广当政之后，长城的修筑也未停止。史料记载，隋朝共修筑长城七次，其中隋炀帝曾两次下令修筑长城。隋炀帝为安抚突厥、加强边境管理，曾巡幸至榆林郡，即今准格尔旗十二连城，会见启民可汗，此时长城内外皆为一家，河套南北皆属隋朝，隋长城就失去了往日的军事战略防御作用。

1. 隋炀帝往事

隋炀帝（图4-10）好大喜功，继位后大兴土木，营建东都洛阳。之后，又兴建南

① 宁夏文物考古研究所、盐池县博物馆：《宁夏盐池县古长城调查与试掘》，《考古与文物》2000年第3期。

北大运河，在短短六年中，以洛阳为中心，北起涿郡、南至余杭，长达四千八百多里的大运河就开通了。隋炀帝爱巡游，在位期间，曾北巡榆林、五原、长城、河西、江都、高丽、江都等。

图4-10　隋炀帝
（鄂尔多斯博物馆张煦敏绘）

《隋书》记载，隋炀帝共筑长城两次，第一次是大业三年（607年）秋七月，“发丁男百余万筑长城，西拒榆林，东至紫河，一旬而罢，死者十五六”；第二次是大业四年（608年），“秋七月辛巳，发丁男二十余万筑长城，自榆林谷而东”。隋炀帝大业三年所筑紫河长城，在今内蒙古南部，紫河即浑河，该段长城呈东西向，由东向西分布于今呼和浩特市清水河县、和林格尔县和鄂尔多斯市准格尔旗十二连城，但是至今没有发现地面遗迹。

隋炀帝改州为郡，到609年，全国有郡190个，县1255个。其中与鄂尔多斯地区有关的郡5个，县13个，包括鄂尔多斯高原南部的朔方郡，北部的五原郡，东北部的榆林郡，西部沿河的灵武郡以及西南部的盐川郡。当时鄂尔多斯地区的汉族固定居民户数近二万，人口约十万，尚不包括进入的数万突厥人[①]。

隋炀帝自恃国富兵强，“慨然慕秦皇、汉武之事”，605年继位不久即派遣突厥兵进击契丹。607年春天，启民可汗到长安朝见隋炀帝；秋天，隋炀帝北巡榆林，耀武扬威，启民可汗前来觐见。609年，启民可汗之子始毕可汗，乘隋炀帝时期中原大乱，摆脱了隋朝的统治，曾率领数十万骑兵围攻隋炀帝于雁门（今山西代县），将东突厥推向极盛时期。隋炀帝初年，西突厥泥橛处罗可汗因“抚御无道”，致“其国多叛”，又“大为铁勒所败”。隋朝因处罗可汗生母向氏留居京师，遂以向氏之命招降处罗可汗，后隋炀帝又派兵大败处罗可汗。611年，处罗可汗归顺隋朝，隋炀帝安置其于今甘肃靖远、山西静乐等地，并赐号“曷萨那可汗”。西突厥的归附，有利于隋朝对西域诸国的贸易往来[②]。

隋炀帝还曾多次通使流求（即今天的台湾），当地人见到隋朝舰船，“以为商旅，往往诣军中贸易”。隋炀帝的一些军事、外交活动，对开拓边疆、保障边境安全、促进中外文化交流有一定的积极意义。但是，从612年到614年，隋炀帝三次征伐高丽，动用军队达百万，使用人力三四百万，徭役频繁，激化了国内阶级矛盾，直接导致了隋末农民大起义。

① 陈育宁：《鄂尔多斯史论集》，宁夏人民出版社，2002年。

② 白寿彝总主编：《中国通史·中古时代·隋唐时期》，上海人民出版社、江西教育出版社，2013年。

2. 隋唐胜州榆林城

位于准格尔旗十二连城乡脑包湾村黄河南岸的台地上。当地传说，这里共有九座古城，距此东南7千米的城坡村还有三座古城，故合称为十二连城（图4-11）。目前城垣轮廓比较清楚的只有五座城址，它们相互毗连，略呈方形，分别编号为1、2、3、4、5。五座城址的分布情况为：1号城址位于西南面，与其东边的5号城址相连接，这两座城东西并列，中间仅隔一墙。2号、3号城址也是东西并列，位于1号城址的西南角。4号城址位于1号城址内，在2号、3号城址的南边。1号城址面积最大，约占全部城址面积的三分之二，南北长1039米，东西宽857米。从这五座城址的关系看，2号、3号城址的城墙筑有马面，原系砖城，城砖较大，并打破了1号城址的西北角，从城砖看，像是明代所建，城内所见遗物也大都属元、明时期。

图4-11 十二连城东墙及夯土层

十二连城内南部地区的文化层堆积较厚，一般为2米左右，北部地区因水土流失，文化层堆积较薄，为1.5米左右。城址内所见遗物，除少数新石器时代的石斧、陶钵、篮纹陶片外，大部分属于汉、唐至元、明时代，其中以隋唐时期遗物最为丰富。1号、5号城址内所见遗物有绳纹、布纹和素面板瓦，布纹、绳纹筒瓦和琉璃瓦，云纹、莲花纹和兽面纹瓦当，另有釉陶质残菩萨像、双耳扁壶、陶砚各1件和铜镞、铁镞、铁斧、铁锤等。4号城址内所见遗物有莲花纹瓦当和兽面纹瓦当，以及绿釉陶质小狗和白釉瓷质小山羊各1件。2号、3号城址内所见遗物大部分属于元、明时代，有忍冬纹、薄花纹砖，草花纹滴水，兽面纹瓦当等，瓷片较多，有龙泉窑瓷片、酱釉剔花瓷片、白釉缸绘黑花瓷片和数量较多的钧窑瓷片、青花瓷片等。

（1）十二连城的相关研究

城址南有姜义贞墓，是一座小型单室砖券墓，墓志用两块长方形砖写成，砖长22厘米，宽16.5厘米，厚5厘米，先将砖的一面磨平，然后用墨笔写上楷书铭文。一块砖上写着墓主人的姓名及身份，作为墓志盖，共1行7个字："故人品子姜义贞。"另一块砖上书写墓志铭文，共5行66个字："胜州榆林县归宁乡普静里故」人品子姜义贞年卅五开元十九」年岁次辛未二月庚辰朔三日」壬午故其月十一日辛卯殡在州城」南一里东西道北五十步祖在其前铭。"

姜义贞墓埋葬在1号、5号城外南边约450米处，按唐尺折合，相当于唐代一里，与姜义贞墓志所述"殡在州城南一里"的记载相符，从而可以确定十二连城城址中的1号、5号城，即隋唐时期的胜州榆林城故址①。

榆林城最早建于隋文帝开皇七年（587年），当时属云州管辖，至开皇二十年（600年），割云州之榆林、富昌、金河三县，另置胜州，治所设在榆林。隋炀帝大业五年（609年），胜州改为榆林郡，仍辖榆林、河滨二县。唐开元时期，此地人口比隋时增加了将近一倍，达4095户。至唐贞观三年（629年），仍在此置胜州，管辖榆林。五代梁贞明二年（916年），契丹耶律阿保机破振武军，胜州之民皆趋河东，胜州遂废。

胜州榆林城在隋唐时期是我国北方的政治、军事重镇。按《元和郡县志》记载，这里"本汉沙南县地，属云中郡"，表明十二连城城址曾是西汉云中郡沙南县。2号、3号城址是明代砖城，而明洪武四年（1371年），曾置东胜左、右卫，其中左卫在今托克托县，右卫在黄河右岸，则2号、3号城可能为明东胜右卫故址。

（2）隋炀帝与启民可汗会盟于榆林郡

启民可汗与隋朝的关系非常密切。大业三年（607年）春正月，启民可汗入长安朝见隋炀帝。同年夏四月，隋炀帝北巡，到达榆林郡，启民可汗及义成公主同至行宫觐见。为了向突厥示威，隋炀帝出动大批军队，"甲士五十余万，马十万匹，旌旗辎重，千里不绝"，并命工部尚书宇文恺制造大帐和观风行殿，行殿能容侍卫数百人，可分可合，下施轮轴，移动便捷。隋炀帝在大帐中备仪卫，建旌旗，大宴启民可汗及其部落三千五百人，表演"百戏"为乐。这样盛大的军容和奇巧的制作，使突厥人"惊以为神。每望御营，十里之外，屈膝稽颡，无敢乘马"。启民可汗亲执佩刀，为隋炀帝芟除牙帐中的秽草。隋炀帝得意地写诗道："呼韩顿颡至，屠耆接踵来。何如汉天子，空上单于台！"启民可汗前后献马三千匹，炀帝回赠帛布一万三千段，并命

① 李作智：《隋唐胜州榆林城的发现》，《文物》1976年第2期。

启民位列诸侯王之上（图4-12）。这次大会，除启民可汗所率突厥贵族头领外，契丹、奚等部族的酋长也来参加，呈现出各民族欢聚一堂的盛况。

图4-12　启民可汗
（鄂尔多斯博物馆张煦敏绘）

（四）隋长城南北的烽火与交往融合

隋朝建国之初，突厥强盛，为防御突厥，隋文帝五次修筑长城，其中开皇五年（585年）派崔仲方修筑的朔方、灵武长城便分布于鄂尔多斯高原鄂托克前旗南端。这时，隋朝与突厥的关系以战争为主，鄂托克前旗隋长城南北为双方军事对立的前沿阵地，鄂尔多斯高原也为突厥所有。后来隋文帝采用离间计，促使突厥分裂为东突厥和西突厥。后来东突厥沙钵略可汗、突利可汗、启民可汗纷纷归顺隋朝，此时，鄂尔多斯的广大地区已成为隋朝地盘。隋文帝将他们安置在水草丰美的白道川和鄂尔多斯高原，于是，鄂尔多斯的大部分地区就成为以启民为首的突厥人的牧场。隋炀帝时期，北巡榆林郡，突厥启民可汗前来行宫觐见。此时鄂托克前旗隋长城失去了往日的军事战略防御作用。

609年，始毕可汗趁隋炀帝时期中原大乱，摆脱了隋朝的统治，曾率领数十万骑兵围攻隋炀帝于雁门。隋朝末年，农民大起义，纷争四起，突厥强盛，又占据了鄂尔多斯地区。

综上，隋长城和隋榆林郡，在隋朝与突厥战争时期，是边境界线和前沿阵地，是双方斗争的战场。突厥归顺隋朝时期，这里又成为各民族交往贸易和融合的美好舞台。长城就是一条纽带，连接着中原汉族与北方游牧民族。长城又具备两面性，和平时期，是民族交往贸易的热闹场所；战争时期，是敌我双方激烈较量的战场。长城边上发生了许多悲伤与欢乐的曲折故事，寄托着人民期盼和平、发展生产的美好愿望。长城是一本书，长城是一首歌，有讲不完的经典故事，有奏不完的美妙乐曲，厚重而奇妙。

第五章　宋　长　城

我国宋长城分布非常少，公之于众者凤毛麟角。鄂尔多斯宋长城作为内蒙古自治区唯一一段宋代军事防御设施，在全国范围内也属罕见。

一、鄂尔多斯宋长城

鄂尔多斯宋长城，即准格尔旗北宋丰州长城，也称准格尔旗北宋烽燧线，主要由沙梁川和清水川2道河险，23座烽火台，永安砦和保宁砦2座砦址等组成。

（一）沙梁川与清水川河险长城

沙梁川与清水川属于鄂尔多斯市东部丘陵沟壑区外流水系，均为西北—东南流向，位于准格尔旗东南部纳日松镇境内，由纳日松镇东部发源，经准格尔旗进入陕西省境内。沙梁川在南，清水川在北，两川相距15千米左右。

沙梁川发源于纳日松镇川掌村川掌沟北山，上游称川掌沟，中游称羊市塔沟，下游称沙梁川。流经区域为山区、半山区地貌，准格尔旗境内河道总长25.1千米，流域面积达293平方千米。

清水川发源于纳日松镇西营子村淡家坡北山顶，向东南流至哈拉寨入陕西省府谷县境内。该河上游称大路峁沟，中下游称清水川，流经区域为丘陵沟壑区，准格尔旗境内主河道长33.1千米，流域面积为355平方千米（图5-1）。

沙梁川与清水川是准格尔旗南部的大川，地势险要、易守难攻，战略位置相当重要，是北宋丰州长城防御西夏的第一道自然天险军事防线。

（二）北宋烽燧线

在沙梁川与清水川两侧以及二者之间，共调查出烽火台23座，由南向北分布于纳日松镇的羊市塔村、纳林庙村、松树墕村、川掌村、大路峁村、李家渠村、布尔洞沟村、四道敖包村、五字湾村、石窑沟村和双山梁村（图5-2）。烽火台大多数为黄土夯筑而成，底部直径8～40米，残高4～16米，夯层厚0.08～0.2米。

图5-1 清水川（由西南向东北）

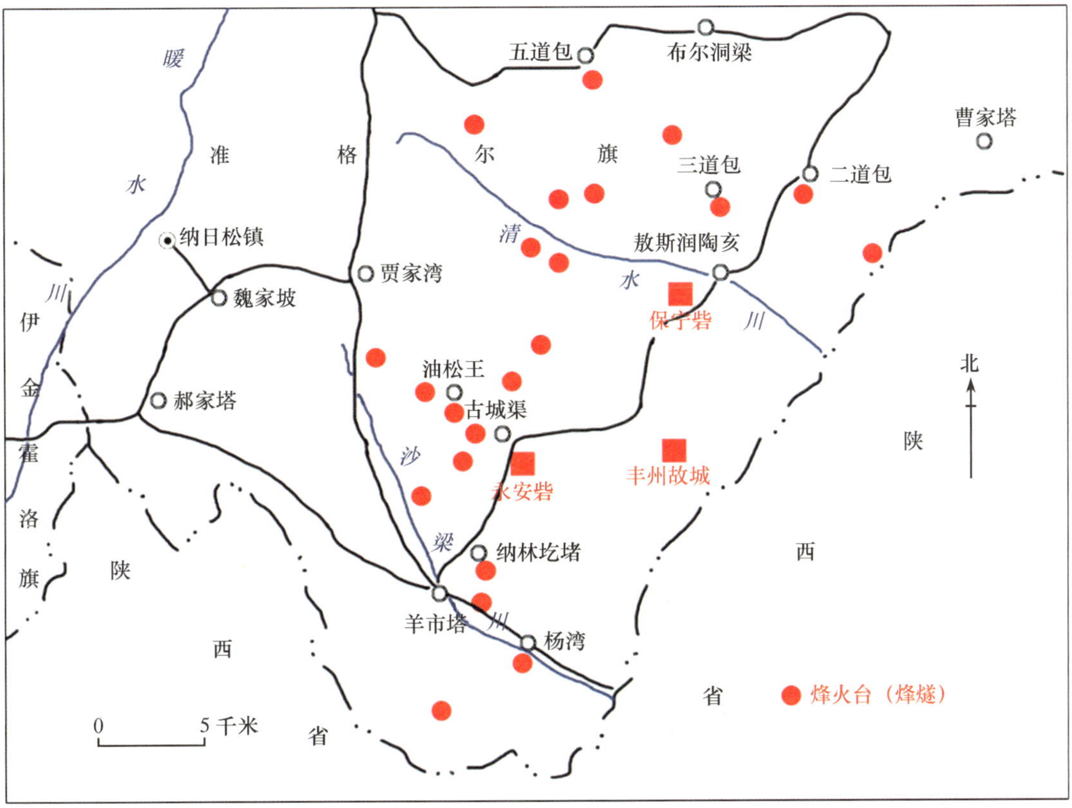

图5-2 准格尔旗宋代烽燧线和城址分布图（选自《草原文物》2018年第2期，第103页）

烽火台主要在地势高亢处修筑，相互之间的间距为2.5 ~ 5.5千米，登上一座方能望见下一座，绵延相连，分布于500平方千米的区域内。这些烽火台的总体分布形势，大致可分为相互联系的“两横一纵”三部分。南部“一横”是以沙梁川为依托、以永安砦为防御中心的沙梁川两侧烽火台，共10座，分别为羊市塔1 ~ 4号烽火台，纳林庙1号、2号烽火台，松树墕1号、2号烽火台，川掌1号、2号烽火台。北部“一横”是以清水川为依托、以保宁砦为防御中心的清水川两侧烽火台，共10座，分别为大路峁1 ~ 4号烽火台、双山梁烽火台、石窑沟烽火台、五字湾烽火台、四道敖包烽火台、李家渠烽火台、布尔洞沟烽火台。中部“一纵”是以东南面丰州城为防御中心、连接上述两横的南北向烽火台，共3座，分别为松树墕3号烽火台、松树墕4号烽火台和二长渠烽火台，其中二长渠烽火台东800多米处就是丰州城。

准格尔旗北宋丰州长城沿线的23座烽火台，按现存形制来划分，呈圆锥形的10座，呈馒头形的6座，呈山丘形的5座，呈覆钵形的1座，呈不规则形的1座；按保存状况来划分，保存较好的6座，保存一般的15座，保存较差的2座；按建筑材质和构筑方法来划分，19座为黄土夯筑，2座为黄土夹杂料礓石夯筑，1座为黄土和红土交叠夯筑，1座为底部黄土堆筑、顶部石块垒砌。

（三）典型烽火台

羊市塔1号烽火台：位于羊市塔村一座高山的顶部。烽火台整体呈圆锥形，平面为圆形，剖面为三角形，黄土夯筑而成，实心，顶部建有现代敖包（图5-3）。台体保存较好，底部直径10米，顶部直径4米，残高5米。顶部敖包底部直径4米，顶部直径1.5米，残高1.2米，其南面另有守卫敖包10座。台体周围地表散布有灰陶片，可辨器形有双耳罐等。

图5-3　羊市塔1号烽火台全景（由东向西）

羊市塔2号烽火台：位于羊市塔村一座高山的顶部。烽火台建于一圆形台基之上，整体呈圆锥形，平面为圆形，剖面为三角形（图5-4）。台体为黄土夯筑而成，实心，保存较好。台基直径18米，台体底部直径9.5米，残高6米。台体表面长满野草，其上有盗洞。烽火台周围地表散布有弦纹灰陶片等遗物。

图5-4　羊市塔2号烽火台（由东向西）

纳林庙2号烽火台：位于纳林庙村，附近为丘陵、沟壑地貌。烽火台整体呈圆锥形，平面为圆形，剖面为三角形，以黄土和红土交替夯筑而成，实心，保存较差（图5-5）。现存台体底部直径8米，顶部直径3米，残高4.5米。受自然风化和人为破坏因素影响，残损严重，表面凹凸不平，顶部有一直径1米的盗洞，底部南壁处有一直径3米的盗洞，均较深，可以清晰地看到台体内部的夯层痕迹。

图5-5　纳林庙2号烽火台（由西向东）

松树墕3号烽火台：位于松树墕村，周边为丘陵、沟壑地貌。烽火台整体呈不规则形，平面为圆形，剖面为梯形，黄土夯筑而成，实心，保存一般（图5-6）。现存台体底部直径20米，顶部直径4米，残高8米。台体表面凹凸不平，顶部西北部有盗坑，盗坑直径3米，深1.5米，可见夯层厚0.1米。台体附近采集有弦纹陶片和黑瓷片。

图5-6　松树墕3号烽火台（由南向北）

大路峁2号烽火台：位于大路峁村，周边为丘陵、沟壑地貌。烽火台整体呈山丘形，平面为圆形，剖面为弧形，底部黄土堆筑，顶部由石块垒砌而成，实心，保存一般（图5-7）。现存台体底部直径35米，顶部直径15米，残高20米。台体表面凹凸不平，长满野草。

图5-7　大路峁2号烽火台南侧垒砌痕迹（由南向北）

二长渠烽火台：位于二长渠村西，附近为丘陵地貌，东0.8千米处为二长渠古城。烽火台整体呈土丘形，平面为圆形，剖面为梯形。黄土夯筑而成，实心，保存一般，南侧有塌陷冲沟，顶上有两棵沙柳（图5-8）。现存台体底部直径40米，顶部直径6米，残高8米。遭受自然风化和人为破坏严重，台体顶部有盗坑，盗坑长2米，宽1米，深2米。

图5-8 二长渠烽火台（由南向北）

石窑沟烽火台：又名“二道敖包”，位于石窑沟村二道敖包社，附近为丘陵地貌。烽火台整体呈土丘形，平面为圆形，剖面为三角形，黄土夯筑而成，实心，保存一般（图5-9）。现存台体底部直径26米，顶部直径5米，残高5.5米。遭受自然风化和人为破坏严重，表面长满野草，顶部有1根电线杆和1处盗坑，盗坑长1.2米，宽0.5米，深4米。南侧采集有陶片、瓷片和石磨棒。

图5-9 石窑沟烽火台（由北向南）

（四）永安砦、保宁砦和丰州城

如前所述，两道河险长城沿线的烽火台大致呈“两横一纵”的交叉方式，而两座砦址恰好位于两个十字交叉的内侧，即永安砦位于下面十字交叉点的东北，保宁砦位于上面十字交叉点的东南。永安砦位于丰州城西略偏南方向，保宁砦位于丰州城北略偏西方向，二者相距10千米，距丰州城的距离均为7千米，对丰州城形成掎角防御之势。下面对永安砦、保宁砦和丰州城分作详细描述。

1. 古城渠古城——宋代永安砦

永安砦位于纳日松镇古城渠村西南的山梁顶部，按照考古学的命名原则，称作古城渠古城。古城平面呈不规则四边形，四周城垣保存清晰，东墙长50米，南墙长220米，西墙长99米，北墙长244米（图5-10）。城墙夯筑而成，残高5～10米。东墙有马面一座。城内西部有四处建筑基址，呈圆球状堆积，文化堆积厚约1米，地表散布有砖、瓦和陶、瓷片等。古城内、外城均被开辟为农田，城墙和城内遗迹破坏较严重，南墙、西墙和北墙外侧呈直立断面状。

图5-10　永安砦南墙（由东向西）

2. 古城梁古城——宋代保宁砦

保宁砦位于纳日松镇古城梁村北的山梁上，按照考古学的命名原则，称作古城梁古城。古城依地势而建，由中间向四周逐渐降低。古城平面略呈“凸”字形，分南、北两城。北城东西长190米，南北长200米，北墙设门，其外加筑瓮城；南城东西长310米，南北长93米。西墙设门，其外加筑瓮城（图5-11）。墙体残高2～10米。城内中部的山顶上加筑子城，与砦城共用西墙，平面近正方形，东西长102米，南北长108米，南、北墙中部各开一门，城南有护城壕，宽5～6米（图5-12）。古城地表散布有砖、瓦、陶片、瓷片、建筑构件等遗物。古城东侧有五字湾川呈南北向穿过，北边是小石虎沟，南边、西边沟壑纵横。城内及周边多为耕地，受风雨侵蚀，局部冲沟发育，部分城垣损毁。

图5-11　保宁砦西墙（由南向北）

图5-12　保宁砦子城南墙（由西南向东北）

3. 二长渠古城——宋代丰州城

丰州城位于纳日松镇二长渠村西的山梁上，按照考古学的命名原则，称作二长渠古城，其西0.8千米处为二长渠烽火台。古城依山势而建，城垣东、北、南三面临沟，仅西墙连接山坡，其中北面、东北面为小冲沟，南面为古城沟，地势崎岖起伏，总体上中部较高，四周较低。古城平面呈狭长的横“目”字形，由东、中、西三个小城组成。由于古城依山势自东向西高度递增，从而形成三层台阶，东、中、西三城分别处于三级台阶之上，由此依次称为下、中、上三城。城墙不甚规则，东西全长约850米，南北宽90~170米。其中，中城面积最大，东西长约420米，南北最宽处约170米，未见有明显的门址，应是与中城相通；东城东西长约220米，南北最宽约160米，东墙中部设门并加筑有瓮城（图5-13、图5-14）。城垣夯筑，保存清晰，只有部分段遭冲沟冲毁；夯层明显，厚0.07 ~ 0.15米。现存城墙底宽约10米，高2 ~ 7米。城内遗迹不清，地表散布遗物较为丰富，采集有砖、瓦和黑釉、酱釉瓷片、建筑构件等，曾出土墨书“大观四年”陶罐。

图5-13　丰州城南墙及远处的烽燧（由东向西）

图5-14　丰州城南瓮城（由西向东）

城内及四周以耕地为主，二长渠村分布在城址的东、南、北、东北面，一些居民的窑洞就挖在城墙上，一条土路从城内穿过。古城位于山梁顶部，受风雨侵蚀，局部地方冲沟发育，导致部分城垣损毁，同时人们的生产生活活动，如平整土地、建筑房屋、修建道路等对古城也造成一定程度的破坏。

（五）鄂尔多斯宋长城考证

较早对准格尔旗南部宋代城址和烽火台进行考察和研究的是内蒙古自治区文物考古研究所的李逸友先生，他在《内蒙古史迹丛考》[①]一文中论述，二长渠古城内出土的“大观四年十一月三十日常八哥骨殖”陶罐，是居住在宋丰州城内百姓的骨灰罐，证明二长渠古城就是宋丰州故城。李先生依据《宋丰九域志》“丰州领有两砦，保宁砦在州东一十七里，永安砦在州南一十七里”等记载，确定二长渠古城北面7千米处的古城梁古城（又名石洞梁古城）为保宁砦，二长渠古城西面7千米处古城渠古城为永安砦。此外，李逸友先生还敏锐地指出，“二长渠古城”附近山梁上的烽火台即为宋朝军士修筑完“丰州故城”后所新筑，为预警之用。

二、鄂尔多斯宋长城的发现及其价值

依据《中国文物地图集·内蒙古自治区分册》[②]，在咨询内蒙古自治区文物考古研究所和鄂尔多斯博物馆文物考古专家的基础上，2010年10月，鄂尔多斯长城调查队通过实地考查，发现了位于准格尔旗羊市塔、纳林庙、松树焉、川掌、大路峁等村的烽火台，共有20多座，形成了一条完整的宋代烽燧线。

关于北宋丰州城、周边砦址和烽燧线的建制沿革，李逸友先生的考证已非常详尽[③]：位于今准格尔旗纳日松镇的二长渠古城为丰州故城所在，该地本是河西藏才族聚居地，其首领曾由契丹授予左千牛卫将军。北宋开宝二年（969年），藏才族归附宋朝，宋朝任命其首领王氏家族世袭管领丰州。北宋设立丰州建制，等于在鄂尔多斯高原东南角建立了一个北防辽朝、西御西夏的军事据点。1041～1061年，西夏一度占领了丰州。1061年北宋收复丰州后，由朝廷直接任命官员掌管丰州军政事务。1129年，丰州被金朝占领，1146年金朝又将丰州赐予西夏，自此西夏一直管理丰州。1227年蒙古国灭西夏后，丰州城逐渐沦为废墟。丰州城虽几易其主，但其附近发现的砦址、烽火台等防御设施均为北宋建立以防御辽朝、西夏以及后来的金朝的，这些设施中的绝大部分应当是在1061年北宋收复丰州之后修筑的。砦址和烽火台周围不见土石垒筑的长城墙体，而是主要依托于一南一北大致呈由西北向东南而流的沙梁川和清水川，实际上构成了两道河险长城。李逸友文提到了丰州城、永安砦、保宁砦和5座烽火台，

---

① 李逸友：《内蒙古史迹丛考》，《内蒙古文物考古文集》（第二辑），中国大百科全书出版社，1997年。

② 国家文物局主编：《中国文物地图集·内蒙古自治区分册》，西安地图出版社，2003年。

③ 李逸友：《内蒙古史迹丛考》，《内蒙古文物考古文集》（第二辑），中国大百科全书出版社，1997年。

本次调查又新发现了18座烽火台，它们共同构成了一个以丰州城为中心、以河险为依托、以砦址为护卫、以烽火台为延伸的综合性长城防御体系。

准格尔旗南部宋代烽燧线的发现和确认，是鄂尔多斯市全国长城资源调查工作的重要成果，也是鄂尔多斯市文物考古史上的重大发现。不仅使准格尔旗的烽火台数量有了一个准确的答案，对于烽燧线的分布和宋丰州故城的相对位置、历史作用等也有了一个宏观的认识。

我国宋长城分布非常少，见诸报端的只有山西省岢岚宋长城，该段长城西起岢岚青城山，东至与五寨县相连的荷叶坪山，在岢岚境内全长20余千米[①]。准格尔旗宋长城不仅为鄂尔多斯市乃至内蒙古自治区唯一一段宋代军事防御设施，在全国范围内也属罕见。

鄂尔多斯宋长城是内蒙古自治区境内目前发现的唯一一组北宋遗存，对于丰富内蒙古地区历史时期的考古学文化具有重要价值。北宋丰州长城不修筑墙体，而是以河川为依托，同时修筑烽火台和砦址用以预警和防御，丰富了中国历史上长城的形态。

烽火台的预警、卫星城的护卫、丰州城的坚守共同形成了一条宋朝针对西夏和辽的多重军事防御体系。北宋时期，鄂尔多斯全境几乎为西夏所辖，丰州故城是内蒙古地区唯一的一座宋朝州城，该烽燧线和丰州故城及相关宋代古城的发现情况，在研究鄂尔多斯北宋与西夏、辽的社会发展史、关系史、民族史、战争史、长城史等方面，无疑具有不可替代的重要地位和价值。

三、油松王与宋长城

在准格尔旗宋代烽燧线的环绕之中有一棵油松王，位于纳日松镇松树墕村，当地人称“大松树”。松树墕村位于黄土高岗上，这里干旱少雨，植被稀少，气候恶劣，水土流失严重，多为荒山秃岭，唯有油松王枝繁叶茂，与周围自然环境形成了鲜明的反差。1996年，油松王由内蒙古自治区人民政府公布为第三批自治区级重点文物保护单位。

油松王古朴奇特，据1979年中国林业科学院油松调查组测定，该树高26米，胸径1.34米，材积13.5立方米，树龄904年，为中国油松之冠。该树为北宋神宗熙宁年间（1068～1077年）所生，为目前所发现的中国最古老的的油松，故称“油松王”（图5-15）。

如今几乎在油松王附近的每个山顶上，都存在一颗大松树，当地居民传说，这些松树为宋代所栽，因“松”与“宋”谐音，栽松树是为了标示该地为宋朝的疆域，现

① 刘金海：《岢岚宋长城保护开发工程启动》，《中国旅游报》2008年10月22日第14版。

图5-15　准格尔旗油松王

在这些山顶上有大松树的准格尔旗南部地区，应该都属于北宋王朝的辖地。事实上，宋元时期，在鄂尔多斯高原东南部，有一片以油松、侧柏、杜松为主要树种的森林地区，向东北延至晋西北，向西南延至榆林地区；清代中叶，鄂尔多斯地区移民垦荒时，森林被大肆砍伐，至光绪年间，森林、草原大部被破坏；至1985年，在准格尔旗的沙圪堵、布尔洞沟、五字湾、羊市塔、川掌、西营子、暖水、德胜西仍有残林[①]。如今在当地还留存下一片林区，名为阿贵庙原始次森林，面积1600余亩，森林覆盖率达95%，林区植被以天然次生植物为主，显示出典型的温带针叶阔叶混交和温带草原面貌，由准格尔旗人民政府公布为旗级重点文物保护单位[②]。可见，准格尔旗南部丘陵沟壑地带的古树名木应该都是自然落种所生，而非人工种植。

四、宋长城修筑的历史背景与人物

翻开鄂尔多斯地区古代史，辽宋夏金时期是本地区占据民族最繁多、战争最频繁、历史最复杂、社会变化最剧烈的年代，是北宋、契丹、党项、女真、蒙古等王朝

① 伊克昭盟地方志编纂委员会：《伊克昭盟志》，现代出版社，1994年。
② 王志浩：《鄂尔多斯文物考古文集》（第二辑），远方出版社，2004年。

与部族进行激烈争夺和走向统一的时期。

（一）西夏的兴衰

1. 党项的兴起

党项族是古老羌族的一支，也有一说是源出东北鲜卑族[1]。拓跋部是党项族中较大的部落。756年“安史之乱”后，唐代宗将居于庆州（今甘肃庆阳）的拓跋朝光所率的党项部众迁往银州（今陕西榆林东南）以北、夏州以东地区，即今鄂尔多斯的东南部，号称平夏部。唐僖宗时，曾封平夏部首领拓跋思恭为夏州节度使。中和元年（881年），黄巢攻占长安，拓跋思恭会同唐军镇压起义军，被封为夏绥银节度使。中和三年（883年），拓跋思恭因在镇压黄巢起义中有功于唐，被封为夏国公，赐姓李，从此夏州拓跋氏称为李氏，统辖夏、绥、银、宥、静五州之地[2]。鄂尔多斯肥美的草原为党项平夏部发展畜牧业提供了物质条件。鄂尔多斯南端无定河、窟野河流域的肥沃土地，成为西夏的重要粮仓。鄂尔多斯南部盛产的青盐，是党项和内地进行贸易的重要物资和财源。日积月累，平夏部在鄂尔多斯南部发展成割据势力，并建立了西夏王朝。

图5-16　西夏窖藏出土黑釉剔花瓷瓶

鄂尔多斯市发现有众多西夏遗迹，八个旗区中均发现了西夏遗址、城址或墓葬，其中鄂托克前旗发现的西夏遗址达25处，城址达6处，这与其临近中兴府（银川），处于西夏的心脏地带有关。

而在准格尔旗、伊金霍洛旗、东胜区、杭锦旗、乌审旗均发现有西夏窖藏，尤以伊金霍洛旗最多，共有6处窖藏（图5-16）。

2. 宋与西夏的战与和

960年，赵匡胤建立北宋王朝，为了削弱和消灭平夏部，采用优抚与压制相结合的策略，与平夏部发生多次战争。宋太宗太平兴国七年（982年），北宋与平夏部争夺夏州，宋太宗趁党项统治集团内部因争夺世袭定难军节度使之职内讧之际，劝诱得到定难军节度使留后之职的李继捧入朝，李继捧自动献出银、夏、绥、宥四州八县之地，

---

① 汤开建：《党项源流新证》，《暨南史学》（第一辑），暨南大学出版社，2002年。

② 白寿彝、陈振：《中国通史·中古时代·五代辽宋夏金时期》，上海人民出版社、江西教育出版社，2013年。

此举遭到李继捧族弟李继迁的激烈反对。李继迁以地斤泽（在今乌审旗）[1]为根据地，在夏州、银州等鄂尔多斯南部和陕北一带拉拢部众，发展壮大（图5-17）。985年，李继迁攻下银州，党项部族纷纷归附，兵势大振。997年，宋真宗继位，为减少党项对宋朝兵力的牵制，以利于对辽用兵，北宋封李继迁为定难军节度使，尽还拓跋氏旧日领地，夏州又成为平夏部的统治中心区域。

图5-17　李继迁
（鄂尔多斯博物馆张煦敏绘）

1038年，李元昊称帝，建立西夏王朝，定都兴庆府（今宁夏银川），仍然重视对夏州故地的经营，在鄂尔多斯地区先后设置了丰、胜、夏、宥以及南部的银、绥、盐、麟、府等州。

李元昊称帝遭到宋朝的强烈反对。为使西夏政权得以巩固，从1040年至1042年，李元昊连续向宋边大举进攻，先后在延、麟、府、丰等州大破宋军。1043年夏宋议和，西夏向宋“称臣”，宋册封李元昊为夏国主。宋神宗元丰四年（1081年），宋朝乘西夏皇帝惠宗被梁太后囚禁之机，发五路大军共50万人进攻西夏，结果宋军失败。1082年，宋朝在鄂尔多斯南无定河南岸修筑永乐城，对西夏银、夏、宥州一带威胁很大，当年，夏以倾国之师号称30万攻陷永乐城，宋军大败。此后，西夏因连年征战国力不支，再一次与宋和议。西夏和宋在鄂尔多斯南部发生的长年战争，给鄂尔多斯草原带来了严重破坏[2]。这一时期，鄂尔多斯东部成为西夏与宋争夺的重点地区，准格尔旗南部由丰州故城和保宁砦、永安砦两座卫星城及其烽燧线组成的多重军事防御体系，成为北宋王朝西北边防的重要据点。

由鄂尔多斯地区发现的西夏窖藏和宋代烽燧线分布来看，西夏窖藏主要分布在伊金霍洛旗境内及其周围地区，宋丰州故城及北宋烽燧线主要分布在准格尔旗南部，这些考古遗迹证实《中国历史地图集·宋·辽·金时期》一书中对西夏、宋、辽交界地带的描绘是非常准确的（图5-18）。大部分西夏窖藏以及宋代烽燧线分布在西夏与辽、北宋的交界地带，反映了当时鄂尔多斯高原西夏与宋、辽长年累月的战争状况。在鄂尔多斯高原众多西夏窖藏中出土了铁制农具、铁制炊具、铁钱、酱釉瓷器、黑釉剔花瓷器等典型西夏遗物。

---

① 陈育宁：《地斤泽在何处》，《党项史迹与陕北历史文化学术研讨会论文集》，横山政协，2016年。

② 陈育宁：《鄂尔多斯史论集》，宁夏人民出版社，2002年。

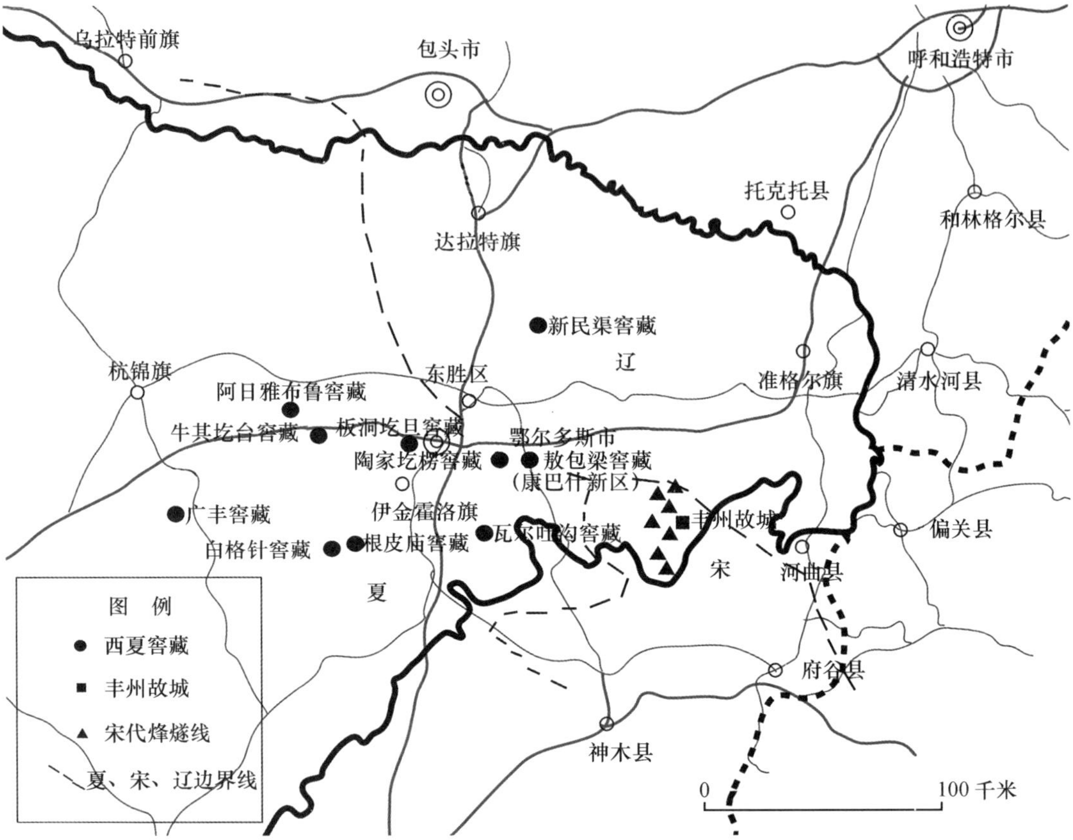

图5-18　鄂尔多斯地区辽、宋、西夏交界地带示意图

［选自杜建录主编：《西夏学》（第十三辑），甘肃文化出版社，2016年，第320页］

位于准格尔旗南部的宋丰州属地，是西夏与宋争夺的战略要地。丰州之名，源于辽丰州天德军。丰州地方本是河西藏才族聚居地，其首领曾由契丹授予左千牛卫将军。开宝二年（969年）藏才族归附宋王朝，首领王承美被宋朝任命为丰州衙内指挥使，开始兴筑丰州城，由于土地贫瘠，依赖朝廷供给，30年后丰州城才筑成。王承美在对辽作战中取得多次胜利，景德元年（1004年）升任为丰州刺史。1038年，西夏建国，李元昊称帝，1041年，西夏攻陷丰州，丰州归入西夏版图。1061年，宋朝趁西夏政局不稳，出兵收复丰州，以郭霭为内殿承制知丰州，加强军事防御，修复丰州城垣，并新筑了保宁砦和永安砦以及多处烽堠（烽燧）。北宋末年，西夏与金相约攻宋，1129年，丰州划入金王朝版图。1146年，金将丰州赐予西夏。在蒙古灭亡西夏后，丰州再未建制。

在鄂尔多斯准格尔旗纳日松镇分布的宋代丰州故城及其两座卫星城永安砦和保宁砦，以及在三座古城西、北，由南向北从羊市塔村，经松树墕村、川掌村，至四道敖包村、五字湾村分布的宋代烽燧线，共同见证了西夏与北宋对准格尔旗东南部的争夺。

3. 辽与西夏之战

五代十国时，契丹（辽）的势力深入鄂尔多斯东北部。916年，辽占领胜州城（今准格尔旗十二连城），将居民移到河东居住。辽对宋朝作战时，为避免两线作战，一直与西夏保持着友好关系。1004年宋辽订立了“澶渊之盟”后，辽夏因争夺鄂尔多斯北部的部众，进行了1044年的辽夏大战，辽兴宗亲自统帅10万骑兵出金肃城（今准格尔旗北），分兵三路进攻西夏，北路军于贺兰山北击败夏兵。李元昊使用缓兵之计，在鄂尔多斯河曲之地（泛指河南地区）佯装向后撤退三次，凡百余里，每退三十里，就放火把沿途野草烧光，待辽军“马饥士疲”时发动反攻，恰好又遇上“大风忽起，飞沙迷眼”，大败辽军。李元昊死后第二年，辽兴宗再度兵分三路向西夏用兵，其中南路军遭到西夏军的猛烈攻击，伤亡惨重。后辽夏时战时和。

两次辽夏大战，战场均在鄂尔多斯腹地，由于西夏纵火焚烧鄂尔多斯草原，带来了严重的经济和生态破坏。

4. 蒙古灭西夏

南宋时期，女真族强大起来，于12世纪初建立金国，西夏向金称臣，维持了鄂尔多斯地区的管辖权，形成宋、金、夏的对峙局面。

1206年，成吉思汗建立蒙古汗国，蒙古军队从1205年至1207年六次进兵西夏。1226年，成吉思汗亲自统兵10万分东西两路进攻西夏，成吉思汗所统东路军由漠北攻入，尽占黄河以西的土地，进逼西夏首都中兴府。蒙古军队之一部攻占夏州地区，取道盐州，向西推进。夏州失陷后，东、西两路军便形成了对西夏中兴府的两线夹击。1227年，蒙古军队进占中兴府，西夏灭亡。至此，鄂尔多斯地区为蒙古所占据，直至元明清时期，蒙古族一直是鄂尔多斯的主体民族。

（二）富有传奇色彩的李元昊

李元昊，为党项族拓跋氏，西夏国开国皇帝（图5-19）。其远祖拓跋思恭在唐朝时因功被赐李姓。祖父李继迁，父亲李德明，母亲为银州党项大族之女卫慕氏。他出生于1003年，1038年建立西夏国，去世于1048年。

图5-19　李元昊
（鄂尔多斯博物馆张煦敏绘）

1. 少年有志

青少年时的元昊面容俊俏，身材魁梧，“好衣长袖绯衣，冠黑冠，佩弓矢”，出行时“从卫步卒张青盖。出乘马，以二旗引，百余骑自从”。元昊自幼喜读《野战歌》等兵书，他精通汉语、藏语，懂佛学，特别倾心治国安邦的法律著作。《宋史》称元昊“性雄毅，多大略，善绘画，能创制物始”。这些都使元昊成为文有韬略、武有谋勇的一代英才。元昊曾说：“衣皮毛，事畜牧，蕃性所便，英雄之生，当王霸耳，何锦绮为？”表现了他的方刚气概。

元昊24岁时，奉父命出师，夺取甘州、沙州、瓜州，取得了对河西回鹘作战的决定性胜利，后被其父立为太子，他的生母卫慕氏亦被立为后。第二年，李德明又为元昊向辽请婚，辽兴宗封宗室女为兴平公主，许嫁元昊。1032年，李德明去世，28岁的元昊继位，不久攻占肃州，完全控制了河西走廊。

2. 创新改制

在称帝建国前，李元昊首先废除唐、宋“赐”给党项王族拓跋氏的李、赵姓氏，改姓“嵬名氏”，自己更名“曩霄”。1032年，元昊下达“脱发令”，率先剃光头顶，穿耳戴重环饰，并强令部族人民一律执行，限期三日，有不从者处死。元昊在继位之后即着手创制西夏文字，又设立“蕃字院”，以推广使用西夏文字（图5-20）。

图5-20　西夏文首领铜印

1033年，升兴州为兴庆府，定为都城。元昊十分重视军队建设，设置以步兵、骑兵为主，辅以炮兵、“擒生军”、侍卫亲军等多兵种，设立十二监军司。在继位六年之后，元昊完成了称帝建国的各项准备工作，一个“东尽黄河，西界玉门，南接萧关，北控大漠，地方万余里”的党项政权已具规模。

3. 用兵如神

1038年，李元昊在兴庆府正式登上了皇帝的宝座，国号大夏，史称西夏，大封群臣。次年，遣使给宋仁宗上表，要求宋朝承认他的帝号，但宋朝不愿承认元昊的帝位，并且下诏“削夺赐姓官爵”，停止互市，夏宋之间的战争不可避免。

1040～1042年，元昊向宋朝发动了三次较大规模的战争，分别是发生在鄂尔多斯南部和陕西北部的三川口战役、宁夏六盘山地区的好水川战役、甘肃地区的定川砦战役。三大战役，都以元昊大获全胜告终。

三川口战役、好水川战役大胜之后，元昊西夏大军顺势发起麟府丰战役，攻陷丰州（今准格尔旗二长渠古城），战役以夏军占领丰州而宣告结束，丰州归入西夏版图，自此包括准格尔旗南部在内的鄂尔多斯大部均为西夏地盘，只留下准格尔旗东北部为辽国地域。

元昊对北宋的战争虽然胜利，但也给西夏带来了严重的后果，战争爆发后，宋朝停止了对西夏大宗银、绢、钱的“岁赐”，关闭了边境榷场，禁止西夏青白盐入境，使西夏失去直接的经济实惠，境内粮食、绢帛、布匹、茶叶及其他生活用品奇缺。连年战争也使西夏民穷财尽，人怨沸腾，阶级矛盾和民族矛盾加剧，人民纷纷起而反抗。1043年，夏宋议和，西夏向宋“称臣”，宋册封李元昊为夏国主。

夏宋议和后，西夏同辽的矛盾逐渐突出。对鄂尔多斯北部部众的争夺，导致了1044年的辽夏大战。这年，辽兴宗亲自统帅10万骑兵出金肃城（今准格尔旗北），分兵三路进攻西夏，北路军于贺兰山北击败夏兵。李元昊使用缓兵之计，在鄂尔多斯河曲之地（泛指河南地区）佯装向后撤退三次，凡百余里，每退三十里，就放火把沿途野草烧光，待辽军“马饥士疲”时发动反攻，恰好又遇上狂风骤起，飞沙扬尘，大败辽军。元昊大军俘获辽驸马都尉和近臣数十人，辽兴宗仅跟从数骑逃出。此次大战奠定了宋、辽、夏三分天下的格局。

4. 千秋功过

终元昊一生，可以用“文治武功”来概括。他征服回鹘与吐蕃、统一河西的战争，对北宋与辽战争的胜利，显示了他的赫赫战功；建国前后实施的政治、文化、经济建设措施——如仿宋朝制度建立起一整套职官制度，农牧业并重，重视水利建设，重视管理铁矿开采冶炼，重视管理盐业，重视招揽和使用人才等，均显示了他治理国家的才能。

和历史上的许许多多的统治者一样，李元昊也有自身固有的缺陷和不足。他生性暴戾、多猜疑，好杀虐，且好色，犹喜强夺他人之妻。他在统治后期觉得皇权已经很稳固，陶醉于自己的赫赫战功，不理朝政，经常在贺兰山离宫和诸妃嬉戏、纵情声色。他给次子李宁令哥娶妻没移氏，见其貌美，就夺为己有，并立为“新皇后”。宁令哥难以忍受夺爱之恨，加上野心家没藏讹庞从中挑唆，于是持戈进宫刺伤元昊，致使其于1048年死去，一代西夏传奇君主就此离世。

第六章　明　长　城

明长城是我国历史上修筑最巧妙、设施最完备的“万里长城”。经过详细的野外考古调查和测绘，2014年4月23日，国家文物局和国家测绘局联合公布明长城长度测绘结果：明长城东起辽宁虎山，西至甘肃嘉峪关，从东向西行经辽宁、河北、天津、北京、山西、内蒙古、陕西、宁夏、甘肃、青海10个省（自治区、直辖市）的156个县域，总长度为8851.8千米；其中人工墙体的长度为6259.6千米，壕堑长度为359.7千米。

在内蒙古自治区，呼和浩特市、乌兰察布市、鄂尔多斯市、乌海市、阿拉善盟均有明长城分布，全长约712千米。其中鄂尔多斯市准格尔旗、鄂托克旗、鄂托克前旗均有明长城分布，是我国明代万里长城的重要组成部分。

一、鄂尔多斯明长城

鄂尔多斯明长城可分为准格尔旗明长城、鄂托克旗明长城烽火台和鄂托克前旗明长城三部分，主要分布于鄂托克前旗。

明长城在鄂尔多斯市境内的墙体总长度为83117米，其中保存下来的土墙总计长81392米，已经消失的墙体长1725米，墙体上共分布有敌台235座。鄂尔多斯市全境共分布有明代烽火台13座。依据国家文物局长城资源调查的相关规程，本次调查将墙体划分为43段。

鄂尔多斯明长城各旗区具体分布情况如表6-1所示：

表 6-1　明长城数据统计表

旗	墙体分段数	墙体长度（米）	敌台（座）	烽火台（座）
准格尔旗	2	585	1	2
鄂托克旗	0	0	0	4
鄂托克前旗	41	82532	234	7
合计	43	83117	235	13

（一）准格尔旗明长城

准格尔旗明长城总长585米，位于该旗东南部，起自龙口镇大占村南流黄河西岸，东与山西省河曲县境内的明长城隔河相望，向西经竹里台村进入陕西省府谷县。本次调查将准格尔旗境内的明长城划分为2段，包括土墙1段，消失段1段，分别长68米和517米，墙体上分布有敌台1座，沿线分布有烽火台2座。在明代，这段墙体归延绥镇管辖。

竹里台长城呈东南—西北走向，全长68米，保存较差，墙体为自然基础，黄土夯筑，夯层厚0.15～0.2米，内无包含物（图6-1）。墙体底宽4～6米，高0.9～3米，顶宽0.5～1.2米。墙体上有敌台1座，即竹里台敌台，骑墙而建，实心，黄土夯筑，夯层厚0.1米左右，内无包含物（图6-2）。敌台保存较好，整体呈圆柱状，平面呈圆形，剖面呈矩形。顶部周边有一圈女墙，残高0.3～0.8米，厚0.5～0.7米，北侧女墙底部有一椭圆形洞，直径为0.15～0.25米，怀疑是原来的排水孔；西壁有登台步道，宽0.3米左右，由于破坏严重，台阶痕迹模糊；南壁有一个直径1.2～1.7米的洞口与顶部相通，顶部洞口直径为0.5～0.8米。敌台现高6米，底部周长55米。该敌台为鄂尔多斯境内唯一的圆柱状墩台。

图6-1 竹里台长城1段墙体（由西向东）

图6-2 竹里台敌台及其登台步道（由西向东）

准格尔旗境内分布有明代烽火台2座，分别为大占烽火台和竹里台烽火台，均为实心，黄土夯筑，夯层明显，厚0.1～0.2米。大占烽火台保存一般，底部呈圆形，剖面呈梯形，整体呈半球状。顶部中空，四壁夯土坍塌，形成陡坡。底部东侧残留有包砌条石，共有7层，每块条石厚0.2米左右，长度为0.3 ~ 1米。烽火台现高4.7米，底部东西长7米，南北长10.5米，顶部东西长5.7米，南北长7.5米，台体上长满了茅草和蒿草。竹里台烽火台保存差，坍塌破坏严重，平面近似圆形，剖面不规则，只残留了一个3米高的锐角三角形夯土台，遍布裂痕，南侧基础部分遭到了人为挖土的破坏。烽火台高约3米，底部直径约6米，西侧散落着大量青砖块。

（二）鄂托克旗明代烽火台

鄂托克旗境内发现的烽火台均分布于查布苏木境内，共4座。均为实心，其形制与鄂托克前旗布拉格苏木境内调查的3座烽火台相同，并顺着这3座烽火台向北延伸，属于同一类遗存。其中馒头烽火台、单墩烽火台均系黄土夯筑而成，夯层明显，厚0.1 ~ 0.2米，整体保存较差，剖面呈梯形，平面呈矩形。土桥梁烽火台、石桥梁烽火台均为实心，土石混筑而成。土桥梁烽火台建在土质山梁之上，保存较好，整体呈覆斗形，现高16.6米，底部东西长18.4米，南北长15米，顶部东西长5.7米，南北长7.8米（图6-3）。烽火台南侧有一建筑基址，与台体相连，基址墙宽1.8米，北墙与烽火台相连，南墙长11米，东墙长8米，西墙长8.5米。东墙上开一道2米宽的门，西墙上开一道1.5米宽的门。

图6-3　土桥梁烽火台（由北向南）

（三）鄂托克前旗明长城

鄂托克前旗明长城总长82532米，有头道边和二道边之分，两边并行。头道边在南，修筑较晚，保存较好，为现今内蒙古自治区与宁夏回族自治区的省界线；二道边在北，修筑较早，保存较差。头道边东自宁夏盐池县高沙窝镇兴武营村进入鄂托克前旗上海庙镇特布德嘎查南部，向西行经上海庙镇二套子村西、四十堡小队、宝日岱小队、十三里套小队、刺湾村南、小套子村西、芒哈图村南，进入宁夏灵武市横城乡，方向为由东南向西北延伸。二道边基本与头道边并行，亦自兴武营村进入鄂托克前旗，与头道边并行向西，相互间距40 ~ 120米，至清水营东侧与头道边合并为一条线路。两道边沿线共调查烽火台4座。此外，另有3座烽火台分布于鄂托克前旗布拉格苏木境内（参见图4-1）。在明代，这段墙体归宁夏镇管辖。

1. 头道边

头道边保存相对较好，墙体宽厚、高大，墙上敌台分布密集。

（1）墙体

本次调查将鄂托克前旗境内的头道边划分为24段，均为土墙，总长51831米。其中保存较好者11454米，一般者29709米，较差者7513米，差者2282米，消失者873米。

土墙的土质比较纯净，局部夹杂有砂石，夯层厚0.15～0.25米。现存墙体最高可达10米，最低0.5米，多数为2～5米；底部最宽17.5米，最窄8米，多数为9～13米；顶部最宽4米，最窄0.5米，多数为0.6～3米。保存较好地段的墙顶残存有女墙，女墙高0.3米左右，宽0.1～0.3米。在特布德36号和37号敌台之间的墙体顶部发现凹形坑，在顶部南侧（内侧）顺墙排列，间距5～11米，每坑宽2米左右，深1.5～2米，其功用尚不明确。部分地段墙体南北两侧隐约可见壕沟，受雨水冲刷，现宽20～50米，深2～5米。

（2）敌台

头道边墙体上有敌台221座，分布密集，间距为200～300米。均为骑墙而建，一般剖面呈梯形，平面呈矩形，由于坍塌损毁，现存外形有覆斗形、覆钵形、圆锥状、土丘状和不规则形等。敌台全部为夯筑，实心，构筑材质为就地取材的黄沙土、黄土及灰土等，土质比较纯净，夯层厚0.1～0.3米，多数为0.15～0.25米。现存敌台一般高6～10米，个别可达13米。

特布德9号敌台南侧建有围院，倚敌台和头道边墙体而建，北墙借用头道边墙体。围院平面呈方形，北、东、南三墙长23米，西墙长22米。南墙中央开门，宽7米。墙垣破坏严重，残高不足2米。

特布德65号敌台内部有通道。入口在南壁底部，略呈拱形，高1.5米，宽0.8米。出口在东壁中部，有两个，间距1.4米，一个被坍塌的夯土掩埋过半，另一个未被掩埋，高1.2米，宽0.8米。入口和出口之间有过道相连，这样便在敌台内部形成了一个连通长城墙体内外的通道。据史料记载，明边墙设有暗门，以便出哨。《嘉靖宁夏新志》记载，在毛卜剌堡设暗门一①，说明在头道边沿线亦有暗门。该敌台中的通道应是暗门一类的遗存。

（3）典型墙体和单体建筑

特布德长城1段墙体：黄土夯筑而成。全长1373.8米，其中保存一般的792.8米，保存较差的553米，保存差的28米。现存高度1～6米，基宽12～17.5米，顶宽0.3～3.5米，夯层厚0.2米左右。该段墙体上分布有6座敌台，为特布德1～6号敌台，间距251～291

① （明）胡汝砺编，（明）管律重修，陈明猷校勘：《嘉靖宁夏新志》卷3，宁夏人民出版社，1982年，第248页。

图6-4　鄂托克前旗明长城头道边东端起点（由北向南）

米。墙体上存在豁口6处，最宽的为7米，最窄的为3米，豁口总长28米。这里是上海庙镇特布德嘎查与宁夏回族自治区吴忠市盐池县交界处，是鄂托克前旗明长城大边墙体的东端起点（图6-4），墙体东边为宁夏境内，东南方就是宁夏境内的兴武营堡。

特布德长城2段墙体：黄沙土夯筑而成。全长1640米，其中保存较好的516米，保存一般的1106米，保存差的18米。现存高度2.5～5.5米，基宽10～12米，顶宽0.7～3.5米，夯层清晰可见，厚0.15～0.20米。该段墙体上分布有7座敌台，为特布德6～12号敌台，间距24～307米。墙体上共有4个豁口，最宽豁口6米，最窄豁口3米，豁口总长18米。特布德10号与11号敌台之间还残存有女墙和藏身坑等墙体附属设施，女墙残高0.1～0.6米，宽0.2～0.7米；墙体上分布的藏身坑有20多个，间隔3.5～7米，高1～1.6米，进深1～1.3米，宽0.8～1.2米（图6-5、图6-6）。

图6-5　特布德长城2段墙体上的女墙与藏身坑（由西向东）

图6-6 特布德长城2段墙体上的藏身坑（由南向北）

特布德10号敌台：位于特布德长城2段墙体上，覆斗形实心敌台，骑墙而建，黄沙土夯筑而成（图6-7）。现存敌台高8.7米，敌台底部基本呈矩形，南北宽19.8米，东西宽14.8米；敌台顶部南北宽2.2米，东西宽2.3米。夯层清晰，厚度为0.2～0.27米。敌台底部南侧有一人为洞穴，进深2.5米，高1.2米，宽1.1米。敌台保存比较完整，顶部四周的夯土大量流失，呈中央凸起状；中部的表土有剥落现象，有的地方剥落成了自下而上的阶梯状；底部四周多被沙土掩埋。台体上有少量鸟类、鼠类和昆虫的洞穴。

图6-7 特布德10号敌台（由北向南）

特布德长城3段墙体：黄沙土夯筑而成。全长1416米，其中保存较好的245米，保存一般的529米，保存较差的184米，保存差的458米（图6-8）。现存高度2.5～5.5米，

图6-8　特布德长城3段墙体局部（由东向西）

基宽10～12米，顶宽0.7～3.5米，夯层厚0.15～0.23米。该段墙体上分布有7座敌台，为特布德12～18号敌台，间距184～294米。墙体上存在1处较宽的豁口，宽约6米。从特布德16号敌台东面的墙体上向南伸出1个短墙，长2.5米，高1.3米，宽0.4米，这个短墙建筑在长城墙体上，应是障墙。

特布德14号敌台：位于特布德长城3段墙体上，覆斗形实心敌台，骑墙而建，灰土、黄土夯筑而成（图6-9）。现存敌台高8.5米，底部南北宽18米，东西宽16米；顶部南北宽3.5米，东西宽8米，夯层清晰，厚度为0.18～0.25米。台体的建筑形式比较特别，先是用灰土夯筑起主体部分，再在外侧加夯以加固台体，加夯部分夯层厚度在1.7米左右。阶梯位于敌台南侧的正中央，土坯垒砌而成，宽3.5米，每一阶阶梯高约0.3米。敌台四壁因夯土流失而凹凸不平，底部被沙土掩埋。台体上有少量鸟洞和蜜蜂窝，有密集的羊蹄印。

特布德16号敌台：位于特布德长城3段墙体上，覆斗形实心敌台，骑墙而建，灰土、黄土夯筑而成（图6-10）。敌台高10.3米，底部南北宽19米，东西宽15米；

图6-9　特布德14号敌台（由北向南）

图6-10　特布德16号敌台（由北向南）

顶部南北宽2.3米，东西宽2.2米。夯层清晰，厚度为0.20～0.25米，共40余层。敌台原来的结构和形制基本存在，棱角分明。敌台顶部遭到破坏，大量夯土滑落流失，呈中央凸起状；敌台东、西、北三壁自上而下有多条裂缝，裂缝宽0.005～0.01米；底部被沙土掩埋，并生长有沙蒿、碱蒿、白刺等植物。台体四壁有少量鼠类、鸟类的洞穴和蜜蜂窝。南壁有两个人为的洞穴，洞穴入口较小，内部宽敞，有储物的痕迹。

特布德长城5段墙体：全长1503米，其中保存一般的175米，保存较差的681米，保存差的647米。黄土夯筑而成（图6-11）。现存高度2～5米，基宽9～12米，顶宽0.5～3米，夯层厚0.15～0.2米。该段墙体上分布有8座敌台，为特布德27～34号敌台，间距175～233米。墙体上存在2处较宽的豁口，共宽约11米。

图6-11 特布德长城5段夯层明显的墙体段落（由东北向西南）

特布德长城6段墙体：全长2163.5米，其中保存较好的410米，保存一般的846米，保存较差的887米，保存差的20.5米。黄土夯筑而成。现存高度2～5米，基宽10～13米，顶宽0.5～3.6米，夯层厚0.15～0.2米。该段墙体上分布有9座敌台，为特布德34～42号敌台，间距195～571米。墙体上存在较宽的豁口5处，最宽的6米，最窄的1.5米，共宽20.5米。特布德36号与37号敌台之间的墙体上还残存有女墙和藏身坑，女墙残高0.3米左右，宽0.1～0.3米；藏身坑间距5～11米，高1～1.6米，宽2米左右，纵深1.5～2米（图6-12、图6-13）。特布德40号、41号敌台之间的墙体北侧可见明显的壕沟遗迹。

图6-12 特布德长城6段墙体上的女墙与藏身坑（由西向东）

图6-13 特布德长城6段墙体上的藏身坑（由西向东）

图6-14　特布德38号敌台（由北向南）

特布德38号敌台：位于特布德长城6段墙体上，覆斗形实心敌台，骑墙而建，灰土和黄土混合夯筑而成（图6-14）。现存敌台高11.6米，底部南北宽15米，东西宽16米；顶部南北宽4.2米，东西宽5米，夯层清晰，厚度为0.18～0.25米。西壁中部有一个鹰窝，所以当地居民称这个敌台为“鹰窝墩”。敌台基本保持了原来的结构与形制。顶部有少量夯土流失，表层结构被破坏，东南高、西北低；底部和中部保持了原来的样子，只是台体的棱角受到了损毁，底部有少量沙土堆积。北壁中部自上而下有两条雨水冲刷出的沟壕，宽0.6米，深0.2米。西壁中间有少量鸟类的洞穴，东南角也有一条雨水冲刷出的沟，宽1.5米。

特布德长城7段墙体：全长3256米，其中保存较好的540米，保存一般的906米，保存较差的833米，保存差的977米（图6-15、图6-16）。灰土、红土、黄土、白土混合夯筑而成。现存高度1.5～10米，基宽10～13米，顶宽0.5～4米，夯层厚0.15～0.2米。该段墙体上分布有15座敌台，为特布德42～56号敌台，间距158～329米。墙体上存在豁口3处，最宽的5米，最窄的3米，共宽12米。

图6-15　墙体较高的特布德长城7段墙体段落（由北向南）

特布德长城8段墙体：全长3230.6米，其中保存较好的504米，保存一般的2248米，保存较差的441米，保存差的37.6米（图6-17）。灰土、红土、黄土、白土夯筑而成。

图6-16　墙体较高的特布德长城7段墙体段落及毛卜剌堡（由北向南）

图6-17　特布德长城8段墙体

现存高度1～6米，基宽8～11米，顶宽0.5～4米，夯层厚0.20～0.25米。该段墙体上分布有10座敌台，为特布德57～66号敌台，间距158～329米。墙体上存在6处豁口，最宽的豁口达11.6米，共宽约37.6米。存在一段叠压墙体，全长329米，保存状况较差。墙体为东西走向，叠压在特布德长城二边10段墙体之上，即嘉靖年间修筑的边墙叠压在成化年间修筑的边墙之上。在特布德62～64号敌台之间的墙体北侧可见壕沟，长150多米，宽20～30米，深3～5米。在特布德60号与61号敌台之间有一条1978年修筑的抗旱渠由南向北穿过特布德长城8段墙体和特布德长城二边11段墙体，抗旱渠长125米，高5米，基宽4.5米，顶宽1.5米，对两道边都造成了破坏。

特布德65号敌台：位于特布德长城8段墙体上，覆斗形空心敌台，骑墙而建，灰土和黄土混合夯筑而成。现存敌台高13米，底部南北宽14.5米，东西宽12.7米；顶部南北宽3.6米、东西宽3米，夯层比较清晰，厚度在0.25米左右。敌台内部有一室，门洞位于台体南壁，略呈半椭圆形，高1.5米，宽0.8米。东壁中部有两个瞭望孔与敌台南壁的门洞相通，瞭望孔略呈矩形，间距1.4米（图6-18）。两个瞭望孔中有一个被坍塌的夯土掩埋过半，未被掩埋的一孔高1.2米，宽0.8米。敌台顶部四周夯土塌落，呈中央凸起状，四壁由于夯土坍塌流失而凹凸不平。西壁中部有少量鸟类、鼠类的洞穴和蜜蜂小洞，北壁坍塌损毁严重，东、南二壁保存得比较好。底部被沙土掩埋。台体上有密集的羊蹄印。

特布德长城9段墙体：全长2731.3米，其中保存较好的691米，保存一般的1456米，保存较差的548米，保存差的18米，消失者18.3米。灰土、黄土、黄沙土夯筑而成。现存高度2～8米，基宽9～11米，顶宽0.5～3米，夯层厚0.20～0.25米（图6-19）。该段墙体上分布有10座敌台，为特布德66～75号敌台，间距202～295米。墙体上存在3处豁口，共宽约18米。

图6-18　特布德65号敌台东壁瞭望孔（由东向西）

图6-19　墙体较高的特布德长城9段墙体段落（由北向南）

特布德长城12段墙体：全长2723.9米，其中保存较好的611米，保存一般的1203米，保存较差的903米，保存差的6.9米（图6-20）。灰土和黄土夯筑而成。现存高度0.5～6米，基宽9～11米，顶宽0.5～3米，夯层厚0.20～0.30米。该段墙体上分布有12座敌台，为特布德93～104号敌台，间距188～214米。特布德99号敌台西侧墙体底部有三个窑洞，二大一小，大的洞内有烟道和用火痕迹，显然有人居住过。墙体上有豁口2处，最大的豁口宽3.9米，豁口共宽6.9米。

图6-20　特布德长城12段墙体与特布德3号烽火台（由东向西）

苏家井长城1段墙体：全长4180米，其中保存较好的275米，保存一般的2257米，保存较差的747米，保存差的47米，消失854米。黄沙土夯筑而成，夯层厚0.12～0.18米。现存高度3～7米，基宽8～14米，顶宽0.8～3米，女墙宽0.5米，高0.4米，垛墙宽0.6～1米，高0.4～0.9米。该段墙体上分布有14座敌台，为苏家井1～14号敌台。止点与苏家井长城二边止点相交，至此，头道边与二道边合并（图6-21）。

图6-21　清水营头道边与二道边西端交汇处（由西向东）

芒哈图长城9段墙体：全长1293米，其中保存较好的306米，保存一般的987米。黄沙、红黏土夯筑，夯层厚0.12～0.18米。现存高度4米，顶宽1.1～4.3米，女墙宽0.4～0.7米，高0.2～0.3米；垛墙宽0.7～1.1米，高0.4～0.7米。该段墙体上分布有6座敌台，为芒哈图85～90号敌台。该段西端止点为鄂托克前旗明长城的西端止点（图6-22）。

2. 二道边

二道边保存较差，墙体低薄，墙上敌台稀疏。

（1）墙体

本次调查将鄂托克前旗境内的二道边划分为17段，包括土墙16段，消失墙体1段。墙体总长30701米，其中土墙长30373米，消失段落长328米。土墙中保存较好部分长187米，保存一般部分长4565米，保存较差部分长11578米，保存差部分长14035米，消失部分长8米。

图6-22　鄂托克前旗明长城西端止点

土墙以夯土墙为主，有少量堆土墙。夯土墙的构筑材料和构筑方式与头道边类似，亦是就地取材，夯层厚0.15～0.25米。堆土墙修筑较简单，直接堆土成墙，比较低矮。现存墙体最高4米，最低0.3米，多数为0.5～3米，底部最宽8米，最窄2米，多数为4～7米；顶宽为0.3～2米。

（2）敌台

二道边墙体上有敌台13座，规模明显比头道边墙体上的要小，一般高5～8米，最高达10米。部分敌台带有台基、围院和其他附属建筑。

特布德长城二边4号敌台周围有两座围院，分别命名为1号和2号围院。1号围院位于敌台东2米处，痕迹明显，平面呈矩形。四周墙垣以灰土夯筑而成，东墙长19.3米，南墙长17米，西墙长20.5米，北墙长18.7米，残高约0.5米。东墙中央开门，宽7.5米。西墙向内延伸出一条长9.2米的墙体，疑为隔墙。2号围院位于敌台南侧，紧靠敌台，痕迹非常明显，平面亦呈矩形。四周墙垣以灰土夯筑，西墙长8.5米，南墙长0.5米，东墙长7米，北墙紧靠敌台，长20.5米。墙垣残高约0.8米。有两门，一个位于西墙中央，宽2.3米；另一个位于南墙中央，宽2.2米。

（3）典型墙体和单体建筑

特布德长城二边1段墙体：全长1674米，墙体保存低矮，墙体痕迹比较模糊，表面长满蒿草和芨芨草，保存较差，为即将消失的地段（图6-23）。现存高度0.1～1.3米，基宽4～7米，顶宽0.5～1.1米。该段墙体上分布有2座敌台，为特布德长城二边1号敌台和2号敌台，间距1.34千米。本段以东为宁夏回族自治区吴忠市盐池县，这里就是鄂托克前旗明长城二边墙体的东端起点。

特布德长城二边2段墙体：全长312米，保存较差。泛白色土堆筑而成。现存高度0.3～1米，基宽4～7米，顶宽0.5米左右（图6-24）。明长城墙体由特布德长城二边1段即将消失的墙体变为特布德长城二边2段墙体明显泛白的堆土墙，再往西墙体变为特布德长城二边3段的红色夯土墙。

图6-23　特布德长城二边1段墙体（由东向西）

图6-24　特布德长城二边2段墙体（由东向西）

特布德长城二边3段墙体：全长2493米，其中保存较差的1464米，保存差的1029米（图6-25）。红色土夯筑而成，现存高度0.5～3米，基宽3～5米，顶宽0.3～1.2米，夯层厚0.15～0.23米。该段墙体上分布有2座敌台，为特布德长城二边3号和4号敌台，间

图6-25　特布德长城二边3段墙体（由西向东）

距1.5千米。墙体上存在豁口5处，最宽豁口处约5米，最窄豁口处约2米。

特布德长城二边4号敌台：位于特布德长城二边3段墙体上，圆锥形实心敌台，骑墙而建，黄土和灰土夯筑而成。现存敌台高10米，底部呈圆形，直径为24.5～25米；顶部呈圆形，直径为0.5～1.2米。夯层模糊，厚度为0.15～0.25米。敌台受风雨侵蚀，破坏严重，上尖下圆。台体上生长着少量野草，有雨水冲刷出的沟痕。敌台的南侧有一人为洞穴，洞内被坍塌的夯土掩埋过半，进深2米，高0.8米，洞口宽12米。敌台南侧有一铺舍，紧靠敌台，有两门，一个位于西墙中央，宽2.3米，另一个位于南墙中央，宽2.2米。铺舍呈矩形，四周是用灰土夯筑而成的墙体，残高约0.8米，其中西墙和南墙连门分别长8.5米和20.5米，东墙长7米，北墙紧靠敌台，长20.5米（图6-26）。铺舍内残留有大量砖块、瓦片以及瓷片和陶片等。在敌台东2米处，还有一铺舍，东墙中央开门，宽7.5米。铺舍基本呈矩形，墙体为灰土夯筑而成，残高约0.5米，其中东墙连门长19.3米，南墙长17米，西墙长20.5米，北墙长18.7米，西墙还向内延伸出了一条9.2米长的短墙。铺舍内残留有大量砖块、瓦片以及瓷片和陶片等。

图6-26　特布德长城二边4号敌台及南侧铺舍、东侧围院（由东南向西北）

特布德长城二边4段墙体：全长1469米，其中保存一般的1001米，保存较差的316米，保存差的152米。黄土和灰土混合夯筑而成。现存高度0.5～3米，基宽2～6米，顶宽0.2～2米，夯层厚0.15～0.20米（图6-27）。该段墙体上分布有1座敌台，为特布德长城二边5号敌台。

特布德长城二边7段墙体：全长1062米，其中保存较差的340米，保存差的722米（图6-28）。黄土夯筑而成。现存高度0.5～2米，基宽5～6米，顶宽0.3～2米，夯层厚0.15～0.25米。该段墙体上分布有1座敌台，为特布德二边7号敌台。墙体上存在豁口3处，最宽豁口宽约8米，豁口总长20米，为保存差的部分。

图6-27　特布德长城二边4段墙体夯层（由东南向西北）

图6-28　特布德长城二边7段墙体（由东南向西北）

图6-29　特布德长城二边12段墙体（由东向西）

特布德长城二边12段墙体：全长2707米，其中保存较好的187米，保存一般的1401米，保存较差的1102米，保存差的17米（图6-29）。黄土夯筑而成。现存高度0.5～4米，基宽6～8米，顶宽0.3～1米，夯层厚0.1～0.25米。该段墙体有1座敌台，即特布德长城二边10号敌台。墙体上存在豁口2处，豁口最宽的宽约11米，最窄的宽6米，豁口总长17米。

特布德长城二边10号敌台：位于特布德长城二边12段墙体上，覆斗形实心敌台，骑墙而建，黄土和灰土夯筑而成（图6-30）。现存敌台高8米，底部南北宽12.5米，东西宽12.5米；顶部南北宽8米，东西宽6.5米，夯层清晰，厚度为0.15～0.25米。敌台建在夯土台基上，台基为矩形，高0.5米，东西长24米，南北宽20.5米。敌台外围有围墙，呈矩形，东、南、西为另筑的夯土墙，北墙借用二边的墙体。其中南墙长38米，北墙长40米，东墙长46米，西墙长44米；除北墙外，其他三面墙体的残高为0.5～1.5

图6-30　带有台基、围墙的特布德长城二边10号敌台

米，宽3米左右。南向开门，门宽7.5米。台体四壁陡峭，西壁密布风蚀形成的小坑，中部自上而下有一条裂缝，宽0.03米。南壁风蚀坑较少，中部自上而下有一条宽1米的裂缝。

特布德长城二边14段墙体：全长2999.6米，其中保存一般的988米，保存较差的1993米，保存差的18.6米（图6-31）。黄土夯筑而成。现存高度0.5～4米，基宽5～7米，顶宽0.5～2米，夯层厚0.2米左右。该段墙体分布有1座敌台，即特布德长城二边12号敌台。墙体上存在豁口2处，豁口最宽14.7米，最窄3.9米，豁口总长18.6米。

特布德长城二边16段墙体：全长1387米，保存较差的644米，保存差的735米，消失的8米（图6-32）。黄土堆筑而成。现存高度0.5～2米，基宽4～6米，顶宽0.5～1米。该段墙体上分布有1座敌台，即特布德长城二边13号敌台。墙体上存在豁口2处，豁口最宽的宽约5米，最窄的宽4米，豁口共宽9米，为保存差的地段。存在断口1处，宽8米，为消失的地段。

图6-31　特布德长城二边14段墙体（由东南向西北）

图6-32　特布德长城二边16段墙体（由东向西）

3. 烽火台

头道边和二道边沿线调查烽火台共4座，分别为特布德1号烽火台、特布德2号烽火台、特布德3号烽火台和十三里套烽火台。特布德1～3号烽火台分布在清水营以东，位于头道边墙体与二道边墙体之间的高地上；十三里套烽火台分布在清水营以西，位于长城墙体北300米处。

4座烽火台均为实心，黄土夯筑，夯层厚约0.2米。其中特布德1号烽火台四周外壁用黄土夯筑，内部填充沙、土等物。这些烽火台的原始形状均为覆斗形，由于长期遭受破坏，现存形状多不规则，底部边长为10～15米，顶部边长为4～10米，残存高度为5～8米。

特布德2号烽火台、特布德3号烽火台带有“回”字形围院。特布德2号烽火台围院的外层围墙南北长79米，东西宽70米，内层围墙南北长45米，东西宽37米，两墙间距12～15米，墙体残高不到1米，宽0.2～0.8米（图6-33）。特布德3号烽火台围院的外层围墙南北长60米，东西宽53米，内层围墙南北长40米，东西宽31米，两墙间距5～7米，墙体残高不足1米，宽0.3～0.8米。由于破坏严重，2座烽火台的门址均不清。

图6-33　特布德2号烽火台及其围墙（由南向北）

在鄂托克前旗布拉格苏木境内还调查有3座明代烽火台，分别为拜图烽火台、陶利1号烽火台、陶利2号烽火台，分布于北流黄河东岸。这3座烽火台均以红黏土与黄沙土堆筑，破坏比较严重，整体呈圆锥状，高10米左右。

二、鄂尔多斯明长城修筑特点分析

准格尔旗明长城竹里台敌台是鄂尔多斯市境内唯一一座圆柱形墩台。鄂托克旗分布有4座明代烽火台，呈覆斗形或不规则形。由于这两个旗分布明长城段落、墩台较少，前面已经描述，故后文我们主要讨论鄂托克前旗明长城的修筑特点。

（一）墙体

鄂托克前旗明长城的头道边和二道边，间距为40～120米（图6-34）。墙体材质主要是就地取材的黄土、灰土以及红土等，以夯土墙为主，在二道边中有少量堆土墙。

夯土墙的土质一般较纯净，部分夹杂有砂石，夯层厚0.15～0.25米。堆土墙的修筑较简单，直接堆土成墙，比较低矮。

图6-34 鄂托克前旗明长城二道边（左）与头道边（右）

头道边墙体修筑较晚，规模较大，保存较好。墙体最高可达10米，最低0.5米，多数为2～5米；底部最宽17.5米，最窄8米，多数为9～13米；顶部最宽4米，最窄0.5米，多数为0.6～3米。在保存较好的头道边墙体顶部，还残存有女墙和藏身坑等遗迹。二道边则较为单薄，墙体最高4米，最低0.3米，多数为0.5～3米；底部最宽8米，最窄2米，多数为4～7米；顶宽为0.3～2米。

（二）敌台

两道边上均有敌台。头道边上的敌台分布密集，间距为200～300米。二道边上的敌台分布稀疏，间距多为1300～2000米，最大可达4000米。

鄂托克前旗明长城共有敌台234座，全部为夯土而筑，构筑材质为就地取材的黄沙土、黄土及灰土，土质比较纯净，夯层厚0.1～0.3米，多数为0.15～0.25米。鄂托克前旗头道边上的敌台在密度和规模上均明显大于二道边。头道边上的敌台一般高6～10米，个别可达13米；二道边上的敌台一般高5～8米，最高达10米。

敌台大多呈覆斗形，其中特布德长城二边10号敌台带有矩形台基和围墙，特布德长城二边4号敌台带有铺舍和围院。

（三）烽火台

鄂尔多斯明长城沿线的烽火台平面均为矩形，实心，构筑材质主要是就地取材的黄土、灰土、红土等，其外多带有围墙，其中鄂托克前旗境内的特布德2号和3号烽火台甚至有两重围墙，平面呈“回”字形。在鄂托克前旗境内，烽火台呈东西向排列，平均每7千米分布一座。在鄂托克旗境内，烽火台呈南北向排列，平均每7.7千米分布一座。

（四）壕沟

鄂托克前旗头道边南北两侧都有壕沟，并将沟里挖出的沙土夯筑在墙体上，因此，沟深墙高，在明代被称为“深沟高垒”，可以很好地防御骑兵。在头道边两侧都可以断断续续地看到壕沟的痕迹，有些纯属人工壕沟，有些则是利用自然壕沟，由于长期风沙填埋，现已呈现凹槽地形（图6-35）。

图6-35　鄂托克前旗明长城头道边北侧壕沟（由东北向西南）

（五）陷马坑

鄂托克前旗芒哈图段明长城北侧有许多陷马坑，呈“品”字形排列。2004年，经国家文物局批准，宁夏回族自治区文物考古研究所和鄂托克前旗文化局对鄂前旗明长城进行调查和试掘，清理发现该地段的陷马坑共有三排，其前排和后排相互对直，中间一排与前后排相互错位，形成“品”字形坑，陷马坑均为长方形，大小基本一致，坑壁陡直，坑南北长1.2～1.3米，东西宽0.9米，坑与坑间距0.9～1.3米[①]。据《弘治宁夏新志》记载，宁夏河东地区和鄂托克前旗的明长城二道边外侧挖有4.4万眼“品字窖”，现今，这类遗迹已完全湮没于地下。

三、对鄂尔多斯明长城的新认识

关于鄂尔多斯境内的明长城，其属性、分布、走向、构筑特点等基本情况已经搞清楚了，但是仍有一些问题值得探讨。

（一）对鄂托克前旗头道边的再认识

对于鄂尔多斯市鄂托克前旗境内的头道边，现在普遍认为是嘉靖十年（1531年）王琼所修的“深沟高垒”，这一点值得商榷。史籍明确记载，王琼修筑的“深沟高垒”，“堑深、广皆二丈，堤垒高一丈、广三丈。沙土易圮处，则为墙，高者二丈余有差，而堑制视以深浅焉”[②]，可见它以挖沟为主，垒高才3米（1丈），只在沙土易圮的地方修筑6米（2丈）多高的墙体，这与今天所见到的普遍高2～5米、最高可达10米的头道边相去甚远。

另外，王琼在其名作《北虏事迹》之后附了一幅当时的宁夏边防图，名为“设险守边图说”，里面介绍说“定边营南山口起西北至宁夏横城旧墙止，开堑共二百一十里，筑墙十八里”[③]，根据图中所示，筑墙在定边营一带，从定边营往西至清水营开堑，从清水营往西穿过河东旧墙至黄河东岸挖沟。很明显，王琼构筑“深沟高垒”时，在定边营附近、定边营往西至清水营、清水营再往西至黄河这三段的标准是不一样的，其中以清水营往西至黄河这一段标准最低，只挖了一道沟。前面已介绍，杨一清在正德初年帮修了河东墙自横城往东40里，那么在20多年后王琼挑挖壕堑的时候，这段墙体还应当比较高大，所以王琼从清水营往西继续沿用杨一清帮筑后的河东墙，清水营往东则放弃河东墙，挑挖新边。后来在嘉靖十五年（1536年）的时候，总制刘天和又对兴武营一带70多里的边墙进行了帮筑加固[④]，兴武营至清水营一带基本形成了

① 宁夏文物考古研究所、鄂托克前旗文化局、灵武市文物管理所：《宁夏灵武市古长城调查与试掘》，《考古与文物》2006年第2期。

② （明）胡汝砺编，（明）管律重修，陈明猷校勘：《嘉靖宁夏新志》卷3，宁夏人民出版社，1982年，第248页。

③ 单锦珩辑校：《王琼集》，山西人民出版社，1991年，第87页。

④ “中央研究院”历史语言研究所校印：《明世宗实录》卷190：嘉靖十五年八月辛丑，1965年。

今天头道边的样子。

由上述分析可知，将头道边称为“深沟高垒”很不合理，真正的“深沟高垒”或被头道边延续利用，或已淹没于风沙之中，至今遗迹甚少。

至于头道边，用文献中提到的“横城大边”称呼似更妥当。“横城大边”这个名称最早出自成书于嘉靖二十年（1541年）的《皇明九边考》，该书卷8《宁夏镇·保障考》中提到，刘天和沿黄河东岸修筑的长堤“顺河直抵横城大边墙”。这里的“大边”是相对于河东以南直至固原境内的数条内边而言的，因其起于横城堡，故名“横城大边墙”。王琼挑挖“深沟高垒”后，河东地区在防守上基本放弃了“河东墙”，之后唐龙、刘天和等人的边墙建设主要沿着王琼的“深沟高垒”进行，最后形成“横城大边”，所以今天的头道边基本是“横城大边”的遗存。

（二）鄂托克前旗头道边与二道边西端交汇点的新发现

以前学界一直认为鄂托克前旗境内的头道边与二道边相交于兴武营，艾冲更给出了理由，认为“深沟高垒”中“红山堡至兴武营仍帮筑旧‘河东墙’，而由兴武营向东南另筑新墙，经安定、高平诸堡接东关门墙，再经盐场堡而达定边营”[①]。艾冲之后，学界基本上延续着这种观点。

经鄂尔多斯市长城调查队2007年野外调查发现，头道边与二道边其实相交于清水营（图6-36）。清水营在兴武营西面，二者相差30多千米。在清水营至兴武营之间，

图6-36　清水营头道边与二道边交汇处（由西向东）

① 艾冲：《明代陕西四镇长城》，陕西师范大学出版社，1990年，第73页。

头道边与二道边并行分布，间距在200米之内，最近处只有25米，过兴武营往东，二者逐渐分离，越往东离得越远。

头道边与二道边西端交汇点的问题，其实是一个关于“深沟高垒”与河东墙关系的问题。因为头道边是在“深沟高垒”的基础上形成的，以前甚至将二者直接划了等号，二道边则是河东墙。王琼在挑挖“深沟高垒”时，西段借用了河东墙，那么，他从哪里开始借用河东墙，哪里就是头道边与二道边的西端交汇点。上文在引用王琼《北虏事迹》时已经分析，王琼在挑挖“深沟高垒”时，从清水营往西借用了杨一清帮修加固后的河东墙，那么，头道边与二道边的西端交汇点就应该在清水营，这也与实地调查结果相符。

（三）鄂托克前旗清水营东城为明代马市的分析和考证

由于蒙古高原紧邻中原地区，游牧经济与农耕经济存在天然的密切联系，即使明初实行军事隔离和经济封锁政策，蒙古牧民与中原地区仍需不断进行生产生活必需品的交换。这种经济交往主要是通过通贡和互市两种形式来进行的。隆庆封贡后，结束了二百余年的明蒙对立，明朝在沿边大同、宣府、山西、宁夏、甘肃等地陆续开设了主要对漠南土默特、鄂尔多斯诸部进行贸易的马市，鄂尔多斯高原及周边出现了明初以来从未有过的和平交往和贸易繁荣局面，同时，这些地区的“民市”贸易更加繁荣。在鄂尔多斯地区周边设立的马市主要有东部陕西榆林镇北台附近的易马城马市、南部宁夏盐池的花马池马市和西南部鄂托克前旗清水营东城互市，这些马市的出现沟通了北方与内地、蒙古与明朝之间不可分割的经济联系。

1. 易马城马市

镇北台是陕西榆林市北郊红山最高处的一座城台，也是万里长城上最大的城台，是明长安榆林镇的重要关隘。这座城台是为保护当时蒙古和明朝红山马市贸易而建立的观察哨所，形状如塔，分四层，高30余米，台基北长82米，南长76米，东西各长64米。整座城台全部由青砖包砌，各层都有垛堞墙，第二层向南开有一座券拱门，仅此门可上至台顶。台东北角有个小城池名为款贡城，是为蒙汉双方官员敬献贡品、赠送礼物、洽谈边关事务而建的。这个款贡城和镇北台同时建造，说明当时边关这一带已经具备了相当的和平气氛。在镇北台西南800米处，还有明代易马城马市遗址，据榆林府志记载，易马城是当年蒙汉民间贸易场所之一，也是蒙汉民族和睦相处的历史见证。

2. 清水营东城概况

据宁夏文物考古研究所编著的《宁夏明代长城·河东长城调查报告》一书，清水营东城概况如下。

（1）位置与现状

清水营东城位于灵武市宁东镇清水营村一队北约1.7千米的“青草沟”与“边沟”之间，北距“河东墙”（二道边）墙体约0.4千米，西距清水营城堡约1.1千米。城堡南墙外侧有新修建的一道南北向边沟水库堤坝。城堡地处缓坡丘陵、荒滩及沙漠地带，地面多岩性砂砾石，土壤为灰钙土和沙土。地表草原带沙生植被属中亚白草群落及油蒿群落。城堡内杂草丛生，无人居住，保存较差。城堡内地面高于城堡外，城墙被沙土掩埋约3/5。城内中间地势低凹，东北部地势最高，有沙丘。占地面积32500平方米。

（2）平面形制

清水营东城平面呈长方形，周长748米，面积32500平方米。城堡坐北朝南，平面呈“皿”字形。城堡内有两道南北向的隔墙，将城堡分为连接互通的西、中、东城。以东墙为基轴，方向为北偏东35°。城堡门开在西城东墙中部偏南。从城堡的结构及其与长城墙体的关系看，始建年代可能与“河东墙”（二道边）墙体的年代相当。后来修筑“深沟高垒”（头道边）墙体时，在清水营分叉离开“河东墙”（二道边）墙体向南移筑，直接与清水营东城东、北墙相连接，形成长城墙体与城堡的犄角之势。

东城平面略呈梯形，中部地势低凹，西南角地势最高。城内中心地面平坦，西北部有夯土实心墩台一座。东墙长125米，墙体用黄土夯筑而成，顶部受雨水冲刷有多处冲沟豁口，保存一般。墙体高6～9米，顶宽约3米，夯层分别厚11、13、16、17厘米，墙体内外两侧被倒塌的夯土和沙土掩埋过半，南段内侧分布有2座马面。南墙长114米，顶宽4米，底宽约10米，高9米，夯层分别厚16、22厘米，东段被边沟洪水冲毁，有约37米宽的豁口。北墙长108米，受风蚀坍塌较重，内外两侧被倒塌的夯土掩埋约1/2，顶宽2.5米，相对外侧地面高8米，夯层厚11～19厘米，墙体内侧有2座马面。东墙2座马面形制相同。台体依东城墙体而建，夯筑而成，呈覆斗形，实心。台体坍塌损毁较为严重，底部东西长3米，南北长5米，顶部边长2米。北墙2座马面形制相同。台体底部南北内凸5米，东西长3米，顶部坍塌较重，边长约1米。

中城平面呈长梯形，城内地势中间低洼、四周较高，墙体内外两侧被沙土堆积成斜坡状。东墙长120米，是东城和中城之间的隔墙，墙体中部（偏南）有门与东城相通，存石砌门墩，残存门址宽2.5米，夯层厚15、16、19厘米。南墙长35米，顶部受雨水冲蚀有较多的冲沟豁口，高7米，底宽10米，顶宽2米。西墙长115米，是西城和中城的隔墙，中部有门与西城相通，门宽2米，墙体被倒塌的夯土掩埋约1/2，高6米，夯层厚14～16厘米。北墙长50米，顶部受雨水冲蚀坍塌，有较多的冲沟豁口，墙体相对内侧地面高5～6米，相对外侧地面高7米、底宽10米、顶宽约2米。

西城平面呈正方形，与中城连接后平面呈倒“凹”字形。东墙中段有长方形的夯土台；南段长43米，城门开在中部偏南，为8米宽的豁口；北半段长58米，与中城北墙相接，墙体高3～5米，底宽10米，顶宽约2米，顶部有较多的冲沟小豁口。西墙长105米，用黄土夯筑而成，受风蚀坍塌较严重，墙体高2～3米，顶宽约1米。北墙长102米，相对内侧地面高5米，底宽10米，顶宽约2米，夯层厚16、17、20厘米，因雨水冲蚀坍塌，有多处冲沟豁口。

城堡形制特别，4座角台分别位于西城西南角、西北角及中城西北角和东城东北角。台体用黄土夯筑而成，呈覆斗形，实心，平面呈长方形或正方形。东城东北角台底部东西长12米，南北长18米，顶部东西长8米，南北长9米，高9米。中城西北角台保存相对较好，底部东西长16米，南北长2米，顶部东西长8米，南北长9米，高8米。西城西南角台底部东西长13米，南北长15米，顶部东西长5米，南北长9米，西城西北角台，平面呈正方形，底部边长11米，顶部边长4米，高7米。

夯土墩台位于东城内北偏西，呈覆斗形，实心。台体四壁陡直，底部平面呈长方形，顶部坍塌较重。台体底部东西长14米，南北长12米，顶部受雨水冲毁较重，高低不平，边长约5米。

夯土台建筑基址位于西城东墙西侧，平面呈长方形，与西城东墙相连接。台体底部东西长29米，南北长23米，顶部东西长26米，南北长21米，高9米。上部建筑损毁不存，有较多砖瓦堆积及其他建筑构件等。

（3）遗物

城内地表散布有青花瓷片，灰胎黑釉、灰胎褐釉酱釉罐粗瓷片，夹砂褐釉瓷缸残片，夹砂褐釉瓷罐残片，器形有碗、罐、缸、盆等。还有菊花纹滴水、兽面瓦当、缠枝草叶纹花边砖等建筑构件[①]。

3. 清水营东城为明代互市的分析、考证

清水营东城平面形制不同于一般关堡、古城的正方形、长方形，而是比较奇特的“皿”字形，或者称为横“目”字形，这样的形制很少见，可能是明代隆庆封贡后，为便于蒙古鄂尔多斯部与明朝边境马市互市贸易所设，便于贸易的进行和管理。清水营东城东墙、西墙各与长城墙体相连，有防御隔离功能；清水营东城中三城相互连接，向北、向南均有出有进，方便了蒙古鄂尔多斯部与明朝边民的贸易交往和通贡互市的进行。清水营东城西面约1.1千米坐落着清水营城堡，应是为便于清水营官兵对清水营东城互市贸易的管理和监控而设。位于西城东墙西侧的夯土台建筑基址，应为类似于古城中钟鼓楼一类的建筑遗迹，按照互市的日期、时辰敲响钟鼓，蒙古人与汉人

① 宁夏文物考古研究所：《宁夏明代长城·河东长城调查报告》（上册），文物出版社，2017年。

便在清水营东城中品鉴货物、议定价格、互换物品、达成交易。

鄂尔多斯高原西南部的鄂托克前旗清水营东城互市，与高原南部的宁夏花马池马市、高原东南部的榆林镇北台易马城马市分布开来，共同构成掎角之势，极大方便了蒙古鄂尔多斯部与明朝边民、商贩的贸易交换和通贡互市。

明代长城沿线九边重镇地区的贸易活动，在“隆庆和议”之后有了很大发展，名称也大体从之前的马市转变为互市。《明会典》记载，“隆庆和议”以后，长城沿线除辽东之外，九边各镇开市11处：“在大同者三，曰得胜口，曰新平，曰守口；在宣府者一，曰张家口；在山西者一，曰水泉营；在延绥者一，曰红山寺堡；在宁夏者三，曰清水营，曰中卫，曰平虏卫；在甘肃者二，曰洪水扁都口；曰高沟寨。”①其中宁夏镇分别在清水营、中卫、平虏卫三处互市。

清水营互市，即在今宁夏灵武市宁东镇清水营村与鄂托克前旗上海庙镇特布德嘎查交界处的清水营东城，隆庆五年（1517年）开市，互市的主要蒙古部落有切尽黄台吉、猛克什力台吉、老娘子、白马台吉、卜言太、蒿台吉、火落赤、明安、铁雷、拓不能、棋牌台吉、着力兔台吉、琴赛台吉、把兔、丑气把都儿、苦素阿不害、打正台吉、脱计阿不害、打喇克汉阿不害。

关于清水营市场的设立，《明穆宗实录》中说，隆庆五年（1571年）八月“修复宁夏清水营旧厂，开市之日列卒守之，以防不虞”②。清水营旧厂，史籍记载不详，故址已不可考。今在清水营城址东边约1千米的长城墙体上有清水营东城，即是清水营互市之所。

对于互市市场，明蒙双方都有着一套管理体系。主要有三项措施，一是军事警戒，二是专官管理，三是通官经理。

（1）军事警戒。宁夏互市市场开市之前，总督陕西三边都御史戴才就上奏朝廷，要在开市之日，列卒守之，以防不虞③。当时明蒙双方均派军队维持市场秩序。王崇古在《确议封贡事宜疏》中指出：“令各支虏酋各差一的（得）当首领，统夷兵三百，驻扎边外。各镇各令本路副参等官，各统本支精锐官军五百，驻扎市场。”万历三十年（1602年），明朝进一步强化了对宁夏互市市场的军事警戒，“令河东道驻清水，河西道驻中卫，镇城副总兵驻平虏弹压，总兵官移驻玉泉营适中调度”④。可知，清水营互市由河东道的军士负责警戒。

---

① （明）申时行：万历重修《明会典》卷107《朝贡三·北狄》，中华书局，1989年。

② “中央研究院”历史语言研究所校印：《明穆宗实录》卷60：隆庆五年八月癸卯，1965年。

③ “中央研究院”历史语言研究所校印：《明穆宗实录》卷60：隆庆五年八月癸卯，1965年。

④ “中央研究院”历史语言研究所校印：《明神宗实录》卷369：万历三十年闰二月己酉，1965年。

（2）专官管理。明朝宁夏管理互市的官员叫抚夷守备，“抚夷守备，隆庆六年因虏乞款始设”[①]。后来随着互市规模的扩大，又在万历十年（1583年）十二月，根据陕西总督高文荐的建议，对各互市市场的管理官员进行了细化：将灵州驻扎行太仆寺中路少卿郭汝经理清水营互市，兵粮道副使刘尧卿经理平虏、中卫互市[②]。太仆寺中路少卿是管理马政的地方官员，兵粮道副使是管理地方屯种、盐法、钱粮、水利等经济事务的官员。可知此时的清水营互市市场，由管理马政的太仆寺中路少卿代管。万历三十年（1602年），明朝政府又根据宁夏巡抚黄嘉善的建议，调整、细化了各互市市场管理官员的权责：“抚夷守备专管清水厂，钱粮则中、东通判轮管；中卫、平虏专责路将，钱粮则中卫、平虏各委通判分管。”此时清水营市场由抚夷守备专职管理，市场中的钱粮则由中、东通判轮流管理。

蒙古方面，陕西三边（宁夏为陕西三边之一）共设市场四所，每个市场由一个蒙古首领负责管理蒙古事务，与明朝交涉，维护蒙古人的利益，更多的是维持市场秩序，约束蒙古人众遵守市场纪律。卜失兔阿不害、切尽黄台吉、宾兔台吉、丙兔台吉四个蒙古首领分别担任过四个市场的监市[③]。对于管理市场有功劳的蒙古首领，明朝政府还进行奖赏，授以官爵，如万历十五年（1587年），宁夏方面就有7名蒙古首领被明朝政府授予官职[④]。

（3）通官经理。明朝还在宁夏互市市场设有“通官”，专门负责经理互市及调解贸易纠纷。《明神宗实录》中记载：“宁夏设有市厂，所以译审虏情、评品物价者皆通官是赖。”[⑤]

清水营东城互市建于隆庆五年（1571年）八月，明穆宗“诏予市红山墩暨清水营”，九月市成，史称“清水营互市”。清水营开设互市后，明政府对茶市、马市的交易控制开始逐步放松，允许一定数量的犁、铧、锅等铁器入市交易。开市时间也由原来每月一市改为每月数次或连续开市十多天。到万历年之后，还允许民间每月开设一次月市，每年开设一次“牛羊小市”。延绥镇、宁夏镇沿边营堡，堡堡有市场。镇域以外俱有“常市”，这种每天开放的市场就是普通的“民市”，有米粮市、柴草市、盐硝市、杂市、木料市等。清水营东城互市逐渐成为宁陕甘与长城以外蒙古族的商品集散地。

明末，由于战乱不断，清水营互市逐渐衰落。《明史》载，崇祯初年，张德昌任清水营守备，崇祯三年（1630年）被关中起义军攻破，张守备被剥官职。其后鞑靼乘

① （明）杨寿著，胡玉冰校：《万历朔方新志》卷二，中国社会科学出版社，2015年。

② “中央研究院”历史语言研究所校印：《明神宗实录》卷131：万历十年十二月乙未，1966年。

③ “中央研究院”历史语言研究所校印：《明神宗实录》卷180：万历十四年十一月戊戌，1966年。

④ 瞿九思：《万历武功录》卷14《庄秃赖、孟格台吉、蟒素儿拓不能列传》，中华书局，1962年。

⑤ “中央研究院”历史语言研究所校印：《明神宗实录》卷180：万历十四年十一月戊戌，1966年。

明内乱之机，聚集了河套地区5万骑兵从清水营、横城分道南侵，清水营、横城守备不能防御。六年（1633年），鞑靼进通灵州，宁夏镇总兵贺虎臣率千骑驰入灵州防守，后又追之于大沙井（今灵武白士岗南）屯驻，与察罕部交战，力尽战死。至此，清水营互市完成了它的历史使命，不复存在。清初，官府在清水营设立驿道，设快马18匹，驮夫10名。此时九边先后开放了11处马市互市，清水营互市是宁夏16处关堡中唯一一处设马市互市的关堡①。

（四）鄂尔多斯明长城的重要作用

鄂尔多斯明长城在明代发挥了重要作用，以下试作分析。

1. 烽火台的预警范围

在鄂托克前旗以及附近宁夏回族自治区灵武市、盐池县，烽火台呈东西向排列，间距4.4～7.7千米，平均每7千米分布一座。在鄂托克旗，烽火台呈南北向排列，间距5.4～12.2千米，平均每7.7千米分布一座。说明明代烽火台的预警范围应该是7千米左右。

2. “一箭之地”的长度

调查发现，鄂托克前旗明长城头道边墙体上两座敌台间最近相距73.5米，最远相距571米，多数相距150～300米，平均每250米分布一座敌台。据此推测，250米应该就是当时弓箭能达到的有效射程，说明明代的“一箭之地”为250米左右。

3. 鄂托克前旗明长城东段修筑两道边的原因

在鄂托克前旗，明长城包括两道边，即头道边和二道边，二道边大体在北，头道边大体在南。在清水营以东是头道边（嘉靖边墙）和二道边（成化边墙）一南一北并排，两道边相距最宽处188米，最窄处25米，大部分地段相距40～120米，在清水营以西两道边合为一条头道边；兴武营以东，间距越来越大，甚至宽到5千米至10千米，直至陕西定边复合为一道头道边。据史载，自清水营以东至定边一段，由于颓废严重，加之此段长城离城池甚远，“贼至不即知”，故废弃原来的二道边，在南面新筑头道边。同时根据实际情况推断，明朝之所以不在河东边墙二道边上修筑头道边，也是想利用二道边充当挡马墙的作用，这样骑兵冲到二道边以北而不能过，二道边可以起到一定的阻滞和防御作用，这是修筑两道边的另一原因。

---

① 赵静波、刘建国：《清水营考》，《内蒙古长城研讨会文集》，现代出版社，2017年。

4. 鄂托克前旗明长城的多重防御体系

由于军粮运输和防守的艰难，成化九年（1473年），明朝政府逐渐退出了在河套地区鄂尔多斯高原的军事和政治存在，转而以修筑长城来防御蒙古军民的南下，这就是明史上说的“弃套”。明朝在鄂尔多斯南部修筑了宁夏镇河东边墙。河东边墙西起北流黄河东岸，东至花马池古城（今宁夏盐池县城），与榆林镇边墙组成一道横贯东西的屏障，将整个河套地区拦阻，形成了一个完整的军事防御线。鄂托克前旗段明长城为宁夏镇的重点防御地段。鄂尔多斯高原广阔平坦，草高马肥，蒙古大军时常会突破二边的防御，进入宁夏以及水草肥美的花马池，故明朝先行修筑了二道边，后来又修筑了头道边，该道城墙墙体高、壕沟深，加之陷马坑的防御，以及相隔多数为250米左右的敌台，增加了蒙古大军南下的难度。这里是明朝边防的重点地段，短短60千米，就修筑了4座关堡，由东向西依次为兴武营堡、毛卜剌堡、清水营堡和红山堡，其中兴武营堡有马面18座，表明防御形势的严峻；清水营堡修筑在两道长城交汇处南边，以弥补西部只有一道边的薄弱防御；红山堡有藏兵洞通向北边的山谷中，可以埋伏作战。明朝不仅修筑了二道边和头道边，还在南面修筑了固原内边。这样就形成了由北向南的三道东西向的防御线——二道边、头道边和固原内边，加之烽火台的预警，陷马坑、壕沟的阻滞，关堡的坚守，形成了稳固的多重防御体系。这些都说明，鄂托克前旗明长城是明朝边防的重点地段，关系重大，不容忽视，在明代发挥了不可替代的重要作用。

5. 宁夏河东地区在明代西北边防中的地位及其防御特点

明代中后期开始，河套蒙古兴起，宁夏边防吃紧，再加上鄂尔多斯明长城分布地带（宁夏河东地区）的特殊地理位置，使得这一带成为西北边防紧要之地。这里是固原、庆阳、平凉一带的北边门户，一旦有变，西可占据临洮、巩昌，控扼河西走廊，东足以震动关中平原。对此，经营西北多年的明臣杨一清认为，宁夏花马池到灵州一带是陕西各边（延绥、宁夏、甘肃）中最为紧要的一处，这里地里宽漫，城堡稀疏，兵力单弱，是蒙古南下的重点。一旦有失，祸乱不光在宁夏，而且会波及固原、平凤、临巩等府州县，危及关中地区。更为可怕的是，这里汉族和少数民族杂居，倘若兵祸再加上人祸，就可能会出现内乱[①]。杨一清的担心绝非空穴来风，成化二年（1466年），在蒙古势力大举进入固原之时，当地的“土达”李俊仰献羊酒，有北从意[②]。第二年就爆发了土官满四的变乱。

---

① （明）陈子龙等：《明经世文编》卷116杨一清《为经理要害边防保固疆埸事》，中华书局，1962年。

② 单锦衔辑校：《王琼集》，山西人民出版社，1991年，第64页。

由于河东地区独特的地理形势以及严峻的边防压力，这一带的防御有着自身的特点，主要表现在以下几方面。

第一，河东地势宽漫，没有险峻的地理形势借以防守，其边防只能完全依靠人为工事，所以从成化到嘉靖末年，明朝在这里反反复复挖壕、修墙，以加强防御。这是河东边防最显著的一个特点。

第二，人为工事的单薄性和脆弱性，决定了河东在边防上难以独挡，需与固原配合，互为表里、声息相关，主要表现在以下两方面：首先在制度保障上，陕西三边总督（总制）坐镇固原，统领陕西四镇，为河东边防的坚强后盾。同时，从嘉靖十八年（1539年）开始，每年秋收开始之前，三边总督必亲临花马池居中调度这一带防务，等到探得无大规模边患，秋尽冬初边腹收成俱毕后，才能回到固原。其次在边防工事建设上，河东的边墙与固原的内边墙遥相呼应，共同构成纵深防御。据《皇明九边考》统计，在河东至固原之间有重险四道[①]，即使敌人突破也会在前进或后退中处处被动挨打。纵深防御是明代边防的一条主导思想，早在明初，朱元璋就画出了蓝图[②]。在宁夏河东至固原一带，杨一清提出了前后四层的纵深战略防御设想，而且要求“步兵击之于墙上，骑兵待之于墙内”[③]。这样，战守结合，使河东以南直到平凉成了既有固定防御阵地、又有机动牵制打击部队的纵深防御带，将内犯之敌消灭在层层反击之中。

第三，保护水草丰美之地，占据有利防守地区。河东一带干旱缺水，水草是重要的战略物资，明朝修边之时，沿着毛乌素沙地东南缘构筑，将有水有草的地方圈入边内，沙碛不毛之地弃之蒙古，尤其重视对铁柱泉、梁家泉等长流水源的控制[④]（图6-37）。也正因为花马池墙外有锅底湖、柳门井，兴武营外有虾蟆湖，定边营墙外有东柳门井等水源，才使得这一带成为蒙古进入内地的必经之路。

6. 宁夏镇在明代西北边防中的作用

第一，基本完成了防御蒙古的任务，起到了防御的效果。明朝设置边镇的主要目的是为了抵御蒙古势力的南下，保证边境的稳定和安宁。从军事方面考虑，终明一世，宁夏镇基本达到了这一防御效果，虽然不能完全拒敌于边外，但也基本上遏制住了蒙古南下的势头。余子俊、徐廷章修筑延绥、宁夏边墙以后的20年间，蒙古对延

---

① （明）魏焕：《皇明九边考》卷8，兰州古籍书店，1990年，第3、4页。

② （明）陈子龙等：《明经世文编》卷63马文升《为禁伐边山林木以资保障事疏》，中华书局，1962年。

③ （明）陈子龙等：《明经世文编》卷116杨一清《为经理要害边防保固疆场事》，中华书局，1962年。

④ （明）陈子龙等：《明经世文编》卷248魏焕《巡边总论一·宁夏镇》，中华书局，1962年。

图6-37 鄂托克前旗芒哈图明长城高峻墙体

绥、宁夏的侵扰明显减少[①]。在对小股内犯之敌的打击上，宁夏镇也比较成功[②]。

第二，间接开发了宁夏地区。明代在边境地区实行屯田制度，军屯更是边军粮饷的一个重要来源。宁夏屯田始于洪武三年（1370年），永乐时屯田“八千三百二十七顷有奇”[③]，嘉靖时已增加到了15000余顷，万历十四年（1586年）达到18825顷[④]。经过明代二百多年的屯垦开发，宁夏已成为名副其实的塞上江南，时人描述道：“田开沃野千渠润，屯列平原百井稠……远近人家四路连，风光谁信是穷边。”[⑤]农业的发展，带动了人口的增加，越来越多的人口不断充实着边镇城堡，加速了城镇的兴起。《嘉靖宁夏新志》记载，宁夏五卫有堡寨近90处，另外还有近200处烽墩。这些堡塞和烽墩，在当时均是屯田军士居住的场所，后来逐渐演变成了一处处的自然村落，有的甚至发展成为城镇。如右屯卫的杨信堡，为弘治年间巡抚督御史张贞叔所筑，最初“为屯种军余十余家所居，春往冬返”，但是到了正德初年，都御史冯清在张贞叔的基础上有所拓展，杨信堡的住户由“十余家”增加到了“百余家”，而且“人无往返之劳，获安耕牧之业”，已经是一个有常住人口的小镇子了[⑥]。城镇的兴起，无疑会进一步促进这一地区的地方

① （明）陈子龙等：《明经世文编》卷116杨一清《为经理要害边防保固疆场事》，中华书局，1962年。

② 单锦衔辑校：《王琼集》，山西人民出版社，1991年，第68、69页。

③ “中央研究院”历史语言研究所校印：《明太宗实录》卷17：永乐元年二月乙亥，1962年。

④ 陈育宁主编：《宁夏通史》（古代卷），宁夏人民出版社，1993年，第267页。

⑤ （明）胡汝励纂修，（明）管律重修，陈明猷校勘：《嘉靖宁夏新志》卷7《文苑志》，宁夏人民出版社，1982年。

⑥ （明）胡汝励纂修，（明）管律重修，陈明猷校勘：《嘉靖宁夏新志》卷1《宁夏总镇》，宁夏人民出版社，1982年。

移民、人口增加、经济交流等，使这一地区得到更大的开发。

第三，加强民族融合。明朝设置边镇、修筑长城的主要目的是为了抵御蒙古的入侵及割断其与其他少数民族的联合（西北四镇负责阻隔蒙古和西北番族的联合）。但是明廷并没有达到这一目的，通过军需斗争、生产斗争、人口掠夺、兵士逃亡、通贡互市等方式，边境各民族进一步加强了相互之间的了解和交流。而且战争在客观上也是一种交往，如史念海先生所说：“经过争执至于战争这样一些交往，双方都会有更多的了解，化干戈为玉帛，最后都联合在一起。我国是一个多民族国家，多民族国家的形成，自然是很多途径，经过争执到了解，更进而相互和睦共处，应该也是其中重要的途径。”[①]宁夏镇在某种意义上充当了这种交往的中介，促进了宁夏地区汉人和河套地区蒙古人的交流。宁夏镇在作为一个军事防御区的同时，还有着屯垦、移民等配套措施。当越来越多的移民来到宁夏镇经营开发时，经济、文化的交流逐渐取代了孤立的军事斗争，汉族与蒙古族及西北番族之间的交往也日渐频繁起来，其中最主要的途径是“马市”和“茶马贸易”（图6-38）。通过交往，农耕和游牧两大民族在政治、经济等方面的联系日益加强，促进了双方的融合。“根据人类自身生存与生活和发展的需要，农、牧两大区域自始就不断地进行着大规模经济文化交流活动，促进了各地区的经济文化和社会发展，丰富了各大区域内人们的社会生活，最终促进了各区域人类自身的发展与繁荣。”[②]

图6-38　清水营东城明代互市

① 史念海：《论西北地区诸长城的分布及历史军事地理》（下篇），《中国历史地理论丛》1994年第3期。

② 李凤山：《长城带经济文化交流述略》，《中央民族大学学报》1997年第4期。

四、明长城修筑的历史背景与人物

（一）明朝与蒙古对鄂尔多斯的争夺

1368年，明太祖朱元璋称帝，建立明朝，国号为大明，因皇室姓朱，又称朱明，定都于应天府（今南京）。1420年明成祖朱棣迁都至顺天府（今北京），以应天府为陪都。明初历经洪武之治、永乐盛世、仁宣之治等治世，政治清明，国力强盛，中期经土木之变由盛转衰。

1. 东胜卫

洪武、永乐年间，明廷屡次对退居漠北的故元势力实行“犁庭扫穴”式的征战，在沿边一带设立了许多防止蒙古侵扰的军事卫所，鄂尔多斯地区曾属于东胜右卫（今准格尔旗十二连城）和东胜左卫（今托克托县）所辖。以后，明朝又陆续沿长城一线设置了九个军事重镇，称为“九边”，鄂尔多斯地区的明长城属于明代延绥镇（即榆林镇）和宁夏镇管辖。

2. 明蒙对河套的争夺

15世纪中叶，在蒙古高原地区，故元势力已衰弱，而蒙古各部的互相争雄却愈加激烈，其中主要有瓦剌、鞑靼、兀良哈三部。在互相征战中，西部地区的瓦剌部日益强大起来，曾一度统一了蒙古。1449年，瓦剌部首领也先与明英宗在土木堡（今河北省怀来县）交战，大败明军，俘获英宗，明朝的势力受到严重挫折，史称“土木之变”。为了抑制瓦剌部的势力，切断它继续向东扩张的通路，同时因为鄂尔多斯地区宜农宜牧、水草丰美，从15世纪60年代开始，鞑靼部的蒙古诸部先后入居鄂尔多斯地区，最终占据了河套。明朝政府为了固守西北边疆，曾多次用兵“剿套”“搜套”“复套”，这一斗争延续了百年之久①。

3. 红盐池之战

1473年，居于河套（今鄂尔多斯地区）的蒙古满都鲁、孛罗忽等部将妻子老弱留在红盐池（今伊金霍洛旗），率兵深入秦州、安定等地（今甘肃天水）。明朝将领王越乘红盐池不备之时，进行偷袭，前后伏击红盐池。待满都鲁等归来，妻子畜产尽失，无奈只好退出河套。

① 陈育宁：《鄂尔多斯史论集》，宁夏人民出版社，2002年。

4. 明朝弃套

面对蒙古诸部入居河套后欲战不成、欲罢不能的局面，明朝延绥巡抚左副都御史余子俊上奏说：到成化八年（1472年），屯驻延绥征套的士兵已达8万，一年之内就需粮银94万，草银60万，运粮运草又得耗银825万，而这样的巨资耗费，却不见成效，蒙古诸部反而在河套内的势力越来越大。因此，他上书请明廷在河套南部筑墙建堡，设一道防线以御蒙古，明宪宗准奏。成化九年（1473年），余子俊乘满都鲁部等出套之机，兴役修筑边墙，动用了4万役军，用了不到三个月的时间，修起一条“东起清水营（今陕西府谷），西抵花马池（今宁夏盐池）延袤千七百七十里”的边墙。边墙的修筑虽然加强了对蒙古的防卫，但也用高墙壁垒隔绝了中原与边疆的交通，阻碍了蒙古族与中原汉族人民的正常往来，造成了明朝倚墙而守，任由蒙古诸部入居河套的形势。这就是明史上所说的“弃套”。

5. 修边墙

明朝建立以后，退回到漠北草原的蒙古鞑靼、瓦剌诸部仍然不断南下。明中叶以后，女真族又兴起于东北地区，不断威胁边境的安全。为巩固北部边防，在明朝的200多年统治中几乎没有停止过对长城的修筑工程。

明代长城的修建过程，大体可以分为三个阶段，鄂尔多斯明长城均为第二阶段修筑。“土木之变”以后，瓦剌、鞑靼不断兴兵南下，迫使明王朝把修筑北方长城、增建关堡作为当务之急。百余年间建成九座长城重镇，分别是延绥镇（榆林镇）、固原镇、甘肃镇、宁夏镇、大同镇、宣府镇、山西镇、蓟镇、辽东镇，史称“九边重镇”[①]。鄂尔多斯市准格尔旗明长城属于延绥镇，鄂托克前旗和鄂托克旗的明长城属于宁夏镇。

6. 鄂尔多斯部入居河套

“鄂尔多斯部”是成吉思汗汗庭以及祭祀宫帐鄂尔多的守护群体。鄂尔多斯部是由大蒙古国各万户、千户选派出的，守护成吉思汗最忠诚的部队，为成吉思汗四大鄂尔多服役，其后裔继承了祖先的职业，世世代代聚集在成吉思汗祭祀宫帐周围，形成了守护诸多宫帐的部——鄂尔多斯。成吉思汗及其眷属相继去世以后，守护宫帐的这些人继续为主人的宫帐服务，守护和祭祀灵帐（图6-39）。15世纪中叶，大批鄂尔多斯人带着成吉思汗四大鄂尔多，进入黄河宝日陶亥（河套）地区，定居在这里，河套地区也随之称为鄂尔多斯[②]。

---

① 景爱：《中国长城史》，上海人民出版社，2006年。

② 旺楚格：《成吉思汗陵》，内蒙古人民出版社，2004年。

图6-39 成吉思汗八白宫

15世纪中叶，蒙古各部封建主的争战引起了广大蒙古人民的不满，他们渴望安定和统一。1468年，一些蒙古封建主推举巴图蒙克为可汗，称达延汗。达延汗为了推行统一事业，进行了一系列征战，对右翼三部进行讨伐并收服，这其中就包括收服鄂尔多斯部。1510年，达延汗控制了蒙古各部，重新划分了六个万户，设汗帐于右翼的察哈尔万户境内，任命他的第三子巴尔斯博罗特为统领右翼三万户的济农，右翼三万户的鄂尔多斯万户驻河套地区。1532年，巴尔斯博罗特死后，他的长子衮必里克墨尔根承袭济农位，号称彻辰汗，统领鄂尔多斯万户，这便是鄂尔多斯部封建立主的始祖。从此以后，鄂尔多斯部一直没有离开过河套地区，他们在这里经营畜牧业，同汉族进行经济文化交流，共同开发河套地区，对这一地区的历史发展产生了深远影响。

7. 九子析产

鄂尔多斯部衮必里克墨尔根济农占据河套地区时，他的九个儿子分领鄂尔多斯的三十五个“鄂托克”[①]，这就使鄂尔多斯部在河套地区的统治更加牢固。同时巴尔斯博罗特的次子阿拉坦汗统领土默特部，控制了右翼各部，其势力东达古北口，西至嘉峪关，成了鄂尔多斯部统治河套的可靠保障。

衮必里克墨尔根济农去世后，其长子诺延达喇袭济农位，诺延达喇5个儿子拥有4个鄂托克，诺延达喇其他8个兄弟分别领有明长城外鄂尔多斯高原的各片领地，个别的领有其他蒙古盟旗领地。鄂尔多斯部每承袭一代，领地即分割一次。到第四代济农博硕克图时，“套部分四十二枝，各相雄长”，“多者不过二三千骑，少者一二千骑耳”。由于多次分割，每一鄂托克的属民越来越少[②]。

---

① 鄂托克：万户内的小领地，又是基本军事单位。

② 鄂尔多斯大辞典编纂委员会：《鄂尔多斯大辞典》，内蒙古人民出版社，2009年。

8. 隆庆封贡

由于蒙古高原紧邻中原地区，游牧经济与农耕经济存在着天然的密切联系，即使明初实行军事隔离和经济封锁政策，蒙古牧民与中原地区也需不断进行生产生活必需品的交换。这种经济交往主要是通过通贡和互市两种形式来进行的。所谓通贡，就是蒙古封建主派遣使臣，带着畜产品朝贡明廷，而明廷则以赏赐的名义供给布匹、锅釜、食品、首饰等。蒙古使臣的入贡，必须严格遵守贡道和贡期，这既是蒙古与明朝在政治上隶属关系的表现，又是一种经济联系的特殊形式。所谓互市，也称马市，是在明朝官方控制下，汉族和蒙古族于指定地点进行贸易。另外，在长城沿线还出现了越来越多的打破官方封禁的民间贸易私市。

隆庆五年（1571年），明穆宗诏封阿拉坦汗（即俺答汗）为顺义王，其属下的封建主六十余人都得到了封赏。阿拉坦汗率蒙古右翼三大部落首领一齐与明朝边政官员会商，双方决定化干戈为玉帛，友好往来。阿拉坦汗还宣布了13条和平条款，即《俺答初受顺义王封立下规矩条约》，表示世代友好，永不互犯。明朝在沿边大同、宣府、山西、宁夏、甘肃等地陆续开设了主要对漠南土默特、鄂尔多斯诸部进行贸易的马市，这些地区的民市贸易也更加繁荣。在鄂尔多斯地区周边设立的马市主要有东部陕西榆林镇北台附近的易马城马市、南部宁夏盐池的花马池马市和西南部鄂托克前旗清水营东城互市等（图6-40）。明蒙之间建立了长达70年的和平贸易关系，史称“隆庆封贡”。

图6-40　陕西榆林镇北台

隆庆封贡后，阿拉坦汗“诸部无人犯，岁来贡市，要塞以宁”，“东起延、永，西抵嘉峪七镇，数千里军民乐业”，北方出现了明初以来从未有过的和平局面，结束了二百余年的明蒙对立，沟通了北方与内地间不可分割的经济联系，这种密切的经济联系又促进了政治上的统一。这是蒙汉等各民族人民要求和平统一的反映和共同斗争的结果，也是统一的多民族国家历史发展的必然趋势和客观规律[①]。

1581年，俺答汗去世后，明朝于1587年又封俺答汗妻三娘子为忠顺夫人。三娘子继承俺答汗的业绩，一直与明朝保持通贡互市的友好关系。鄂尔多斯地区的经济社会得到了稳定发展，民族关系得到改善。除鄂尔多斯部在这里经营畜牧业外，汉人也在套内经营农业，出现了蒙汉等各族人民杂居的状况，出现了较为固定的牧区和农区。

（二）鄂尔多斯明长城修筑简史

根据历史归属及分布地域，鄂尔多斯境内的明长城可分为两部分。一部分为明代延绥镇所辖长城，即分布于准格尔旗东南部的一小段长城。这段长城修筑于明成化七年至十年（1471～1474年）之间，由余子俊完成。隆庆四年到六年（1570～1572年），神木兵备道副使张守中又对其进行了加固维修。其在准格尔旗境内分布的长度很短，因此只简单介绍，不作专门探讨。另一部分为明代宁夏镇所辖长城，包括鄂托克前旗、鄂托克旗境内的明长城墙体、烽火台等遗迹。它是鄂尔多斯明长城的主体，也是本文讨论的重点。这段长城的分布地带，在大的地理区域上属于宁夏河东地区，为论述方便，以下对这一地域的称呼以宁夏河东地区代替。在明代，这里分属宁夏东路后卫、中路灵州和北路平虏营。由于这一地区地势平漫，无天险可守，明成化以后成为河套蒙古诸部在西北地区争夺的重点，也是明代中后期宁夏镇边防至要。

在明代，明蒙关系紧张，北部边防始终是防御重点。“元人北归，屡谋兴复。永乐迁都北平，三面近塞，正统以后，敌患日多。故终明之世，边防甚重。”[②]为了加强北部边境的防御，明王朝逐渐在北边建立起了一套以九边为重要军防点，配合沿边都司卫所及长城的严密的军事防御体系。杨绍猷形容其为：“以北京为中心，以九镇为重要军防点，以卫所等为网络，以长城为屏障和阵地，形成北部的严密防线。”[③]长城是这条防线的重要组成部分。但长城在历史上的“名声”并不好，尤其是秦长城，往往和暴政联系在一起，明人为避此“恶名”，将自己修筑的长城称为“边墙”。明边墙并非单单一道城墙，还相应地配合有墩台、城堡等，“城堡以便保聚，墩台以明烽火，边垣以限华夷”[④]，三者相互配合，构成了一道横贯万里、纵深几十至数百里的防线。

为了强化防御，明朝将北边防御区划分为九个军镇，即杨绍猷所谓“九镇”，

① 陈育宁：《鄂尔多斯史论集》，宁夏人民出版社，2002年。

② （清）张廷玉：《明史》卷91《兵志三·边防》，中华书局，1974年。

③ 杨绍猷：《明朝的边疆政策及其得失》，《中国历代边疆政策研究》，中国社会科学出版社，1990年，第191、192页。

④ （明）方逢时：《审时宜酌群议陈要实疏》，《皇明经世文编》卷321。

也称“九边”。“其边陲要地称重镇者凡九：曰辽东，曰蓟州，曰宣府，曰大同，曰榆林，曰宁夏，曰甘肃，曰太原，曰固原。皆分统卫所关堡，环列兵戎。”[①]明长城则辖于九边之中。今天分布于鄂尔多斯境内的明长城，在明代分别归九边之中的延绥镇（榆林镇）和宁夏镇管辖。其中，准格尔旗东南的明长城归延绥镇管辖，鄂托克前旗、鄂托克旗的明长城归宁夏镇管辖。

明代修筑长城的历史起自洪武朝，止于万历年间，历经二百余年，其规模和次数可谓空前绝后。洪武前期，为了加强北平重镇的防卫，明太祖朱元璋曾多次命北平守将征调士卒修筑其北边的关隘，并派兵守御。古北口、居庸关、喜峰口等著名的长城关口，均在这一时期修筑而成。永乐初，明成祖朱棣命辽东、宣府、大同等沿边守将筑立墩台、营堡，并开始修筑边墙，此后各边不断修筑增建。

成化年间，河套蒙古兴起并不断南下侵扰。明朝北边的延绥、宁夏、宣府、大同乃至蓟镇，皆深受其害。在这种形势下，明朝掀起了修边史上的第一个高潮，在陕西、宣大、蓟州等地大规模修筑边墙，重点是河套蒙古南下时首当其冲的延绥、宁夏二镇（图6-41）。

图6-41　鄂托克前旗芒哈图明长城头道边墙体大剖面

① （清）张廷玉：《明史》卷40《地理志一》，中华书局，1974年。

弘治时期，达延汗重新统一了蒙古，在对明朝不断进行军事攻击和武力威胁的同时，还发起了政治上的挑战。面对崛起的北方劲敌，明朝既没有足够的力量来抗御，也缺乏应有的策略以应变，只好继续对甘肃、山西三关、宣大、蓟州等镇在战争中损毁的墙台墩堡进行修葺，并在无墙或边墙低薄、墩堡稀疏之处增筑新的墙台和墩堡。

嘉靖、隆庆时期，明朝再次掀起修边的高潮。这次修边的背景有二：从军事上来说，漠南蒙古强盛，特别是以吉囊、俺答为首的右翼蒙古，由于明朝拒绝其封贡要求而不断南下侵掠，几乎是岁无虚月，月无虚日，以致九边骚动，京师闻警；从政治上而言，明朝最高统治者制定并执行了拒绝通贡、反对民族交往的绝贡固守政策，加剧了蒙古的军事进攻。面对蒙古的进攻，明军无力克敌制胜，只能加强防御，试图将其阻隔在边外。因此修筑边防工事，凭边固守，便成为嘉靖时期北边军事的主要内容。翻开《明实录》，有关修边的记载俯拾皆是。这次修边历时长，范围广，前后延续五十余年，涉及九边各镇，整个长城防御工事得到了一次全面的整修和加固。

万历年间，明蒙之间封贡互市全面展开，和平交往成为双方关系的主流。但明朝只是将封贡互市视为羁縻蒙古的权宜之计，内修战守才是其制御蒙古的根本之策，在这一思想指导下，修边作为政策的主导所在，再次展开。这次主要是针对原有的工事进行修缮和加固，多数城堡墩台在这一时期加筑砖石。这是明朝大规模修边的最后一个高潮，也是整个中国长城修筑史的尾声。

（三）准格尔旗明代延绥镇所辖长城修筑过程

准格尔旗东南部有一段明长城，东起龙口镇大占村的黄河西岸，与山西省河曲县境内的明长城隔河相望，向西经竹里台村，进入陕西省府谷县，在准格尔旗境内全长585米。这段长城属明代延绥镇管辖。

延绥镇长城的最早修筑时间在明成化七年至十年（1471～1474年）之间，由余子俊完成。隆庆四年到六年（1570～1572年），神木兵备道副使张守中对延绥东路的长城进行了加固维修，修筑边墙、城堡、墩台，务期坚固垂久。经过张守中的加固维修，这段长城基本成形。

（四）鄂托克旗、鄂托克前旗明代宁夏镇所辖长城修筑过程

鄂托克旗、鄂托克前旗境内的明长城，在明代均归宁夏镇管辖。明代宁夏镇的防区划分为东、中、北、西、南五路，鄂托克前旗境内的明长城分布在当时的河东地区，归东路；鄂托克旗境内的明长城分布在北流黄河东岸，归北路。下面为论述方

便，以宁夏镇为单位，统一对这几个地区的明长城修筑过程进行阐述。

宁夏镇长城的修筑，可分为以下三个阶段。

1. 始建阶段（明初～天顺）

这一阶段，宁夏镇长城的修筑刚刚起步，主要集中在关隘、烽火台、营堡的修筑上，大多由总兵官史钊完成[①]。史钊所修筑的长城，除哨马营建于河东花马池的明确记载外，其他建筑位于何地，史料均语焉不详[②]。据艾冲考证，“从当时军事态势和自然地形分析，必定分布在贺兰山一线……同时，瞭望台、烽火台也在诸山口附近的山上出现”[③]。此后，直至天顺年间，又陆续增添了一些营堡，如西路的广武营和东路的兴武营等。

2. 形成阶段（成化～正德）

成化之后，河套蒙古兴起，宁夏屡遭侵扰，防御工事的修筑显得愈为重要。成化十年（1474年），河东边墙修筑完工[④]。该段边墙在历史上被称为“河东墙”，也就是今天分布在鄂托克前旗境内的“二道边”。

成化十五年（1479年）筑边墙[⑤]，在宁夏陶乐县（2003年撤销）境内的黄河东岸，南连横城堡的河东墙，北端隔黄河与西路的镇远关相望。此外，在修筑“沿河边墙”的同时，又加固了西路永安墩至西沙嘴的旧墙[⑥]。这三段边墙的修筑和加固，使“宁夏镇长城全线建立，东起花马池营东界，几经曲折，西达中卫镇关墩黄河北岸”[⑦]。

弘治时，巡抚张贞叔、王珣在河东墙外添挖了4.4万眼“品”字形坑，以加强防御[⑧]。

到了正德初年，徐廷章、范瑾主持修建的河东墙日渐颓废，防御作用大大降低。时任陕西三边总制的杨一清对此极为关注，于正德二年（1507年）着手加固河东墙[⑨]。修复工程开工不久，杨一清便因刘瑾陷害而以疾乞退，工程随之停止，此时竣工的边墙仅40多里。

---

① （明）胡汝砺纂修，（明）管律重修，陈明猷校勘：《嘉靖宁夏新志》卷2《宁夏总镇（续）》，宁夏人民出版社，1982年。

② （清）张廷玉：《明史》卷91《兵志三·边防》，中华书局，1974年。

③ 艾冲：《明代陕西四镇长城》，陕西师范大学出版社，1990年，第64、65页。

④ （明）胡汝砺纂修，（明）管律重修，陈明猷校勘：《嘉靖宁夏新志》卷1《宁夏总镇》，宁夏人民出版社，1982年。

⑤ “中央研究院”历史语言研究所校印：《明宪宗实录》卷197：成化十五年十一月丁未，1962年。

⑥ “中央研究院”历史语言研究所校印：《明宪宗实录》卷197：成化十五年十一月丁未，1962年。

⑦ 艾冲：《明代陕西四镇长城》，陕西师范大学出版社，1990年，第70页。

⑧ （明）胡汝砺著，胡玉冰编：《弘治宁夏新志》卷1《宁夏总镇·边防》，中国社会科学出版社，2015年。

⑨ （明）杨一清：《为经理要害边防保固疆场事》，《皇明经世文编》卷116，第1093、1094页。

3. 大规模建设阶段（嘉靖年间）

成化至正德年间，奠定了宁夏镇防御工事的基础，嘉靖年间是大规模增修、加固的时期。嘉靖七年（1528年），朝廷派兵部右侍郎王廷相提督延绥、宁夏军务，主持重修边墙，但收效甚微[①]。

嘉靖九年（1530年），陕西三边总制王琼为“防护盐池，以通盐利”，在宁夏花马池与延绥定边相接地方挑挖壕堑60里[②]。后发现挑挖的壕堑“真如天险，可资保障”，于是上书朝廷“宜于花马池西北至横城堡，通计一百六十里，尽为挑挖，庶无空隙”[③]。王琼的修边计划于嘉靖十年（1531年）春三月实施，至秋九月完工，完成后的工程“堑，深、广皆二丈；堤垒，高一丈，广三丈。沙土易圮处，则为墙，高者二丈余有差，而堑制视以深浅焉。关门四：清水、兴武、安定，以营堡名。在花马池营东者，为喉嘌总要，则题曰‘长城关’……毛卜剌堡设暗门一。又视夷险，三里、五里，置周庐敌台若干所，皆设戍二十人，乘城哨守。击刺射蔽之器咸具”[④]。时人形象地将王琼挑挖的这道壕堑称为“深沟高垒”（图6-42）。嘉靖九年在花马池与延绥定边相接地方挑挖的壕堑因在花马池城北60步处设东关门一座，所以也被称作“东关门墙”或“东关门”。

嘉靖十四年（1535年）三月，宁夏镇、巡官都御史张文魁上奏，蒙古部主吉囊、俺答等纠集大众在河西、花马池等处驻牧，意图侵扰宁夏，建议按照杨一清所议修筑兴武营及延绥干沟一带的边墙，得到了朝廷的认可，由三边总制唐龙及各督抚筹划实施[⑤]。到第二年正月，花马池缮修边墙完工[⑥]，这次修边主要是对前人修筑边墙进行维护。

嘉靖十五年（1536年），因兴武营一带70余里的边墙修筑不坚，总制刘天和上书朝廷策划加固[⑦]。第二年，沿边墙内外挑挖壕堑各一道，长53里2分，深1丈5尺，阔1丈8尺[⑧]。同年，刘天和又从横城至南山口（延绥定边营附近）奏筑堤垒一道，与这一带

① “中央研究院”历史语言研究所校印：《明世宗实录》卷86：嘉靖七年三月壬申，1965年。

② （明）胡汝励纂修，（明）管律重修，陈明猷校勘：《嘉靖宁夏新志》中记载为54里。参见《嘉靖宁夏新志》卷3《所属各地》，宁夏人民出版社，1982年，第247页。

③ “中央研究院”历史语言研究所校印：《明世宗实录》卷118：嘉靖九年十月甲申，1965年。

④ （明）胡汝励纂修，（明）管律重修，陈明猷校勘：《嘉靖宁夏新志》卷3《所属各地·宁夏后卫》，宁夏人民出版社，1982年，第248页。

⑤ “中央研究院”历史语言研究所校印：《明世宗实录》卷173：嘉靖十四年三月甲申，1965年。

⑥ “中央研究院”历史语言研究所校印：《明世宗实录》卷183：嘉靖十五年正月丁丑，1965年。

⑦ “中央研究院”历史语言研究所校印：《明世宗实录》卷190：嘉靖十五年八月辛丑，1965年。

⑧ （明）胡汝励纂修，（明）管律重修，陈明猷校勘：《嘉靖宁夏新志》卷1《宁夏总镇·边防》，宁夏人民出版社，1982年，第20页。

图6-42　鄂托克前旗明长城二道边（左）与头道边（右）（由西向东）

不断修筑的壕墙并行，构成重险[①]。

（五）宁夏镇长城的设置和建制

鄂尔多斯境内鄂托克旗、鄂托克前旗的明长城，在明代基本归属宁夏镇管辖，要全面认识这一带的明长城，需对明代宁夏镇作一较为全面的研究。

1. 明代北边防御体系中的宁夏镇

（1）明代北边防御体系的形成

明代，北疆的安危关系着明朝的存亡，因此明朝历代皇帝都对北边防御极为重视。

洪武年间，朱元璋设立沿边都司卫所，这一建设持续了有明一代。明代北疆建立起了辽东、万全、陕西三个都司和山西、陕西两个行都司，都司、行都司之下设有卫所，卫所屯兵，形成了都司—卫—所的三级统军体制。为了有效抵御蒙古人南下，洪武四年（1371年）起，朱元璋每年都派遣大将在北平、山西或陕西练兵守边，是为大

① （明）魏焕：《巡边总论三·论边墙》，《皇明经世文编》卷250，第2629页。

将守边制度。镇守边疆的大将负责“操练军马、缮治城池”[①]，有“便宜行事”的权力，可节制地方，但不常设，多则一年，少则数月，旋设旋罢，没有形成稳定的任职时间、特定的权限和明确的防务区，属临时差遣。洪武后期，随着朱元璋诸子的逐渐成长、陆续封王，大将守边制度让位于“塞王守边”。这些塞王多握有重兵，有时还能节制诸将，对加强北部边防起到了一定的作用。

靖难之后，燕王朱棣登极，对势力强大的塞王心怀芥蒂，摒弃“塞王守边”政策，改为“皇帝守边”，迁都北平，亲征漠北，以积极进攻代替消极防御。同时不忘边防建设，对边地的指挥系统和兵力部署做了调整，逐渐使沿边驻守大将有了固定的防区和特定的权限，总兵镇守制度出现。仁宣以后，明朝在北边建立起了一套比较严密的防御体系。这套体系以九边为重要军防点，配合沿边都司卫所及长城而形成。杨绍猷形容为“以北京为中心，以九镇为重要军防点，以卫所等为网络，以长城为屏障和阵地，形成北部的严密防线”[②]。

九边是对明代北边军镇的统称，通常指的是辽东、蓟州、宣府、大同（山西）、太原、延绥（榆林）、宁夏、固原（陕西）、甘肃九个边镇。九边中，宁夏镇位于西北端，属陕西都司管辖，与延绥镇、固原镇、甘肃镇合称陕西四镇。

（2）宁夏镇的设置

关于宁夏镇的设置时间，众说纷纭，不一而足，归纳起来，大概有以下六种观点：一、宁夏镇形成于洪武四年（1371年），定设于建文四年（1402年）[③]；二、宁夏镇属初设边镇，设置时间应为建文四年（1402年）[④]；三、宁夏称镇，始于永乐六年（1408年）[⑤]；四、宁夏建文四年（1402年）建镇，宣德元年（1426年）正式确立[⑥]；五、宁夏镇始建于建文四年（1402年），完成于正统元年（1436年）[⑦]；六、宁夏卫的设立是宁夏设镇之始，建文四年（1402年）设镇守总兵官，宁夏正式称镇[⑧]。

上述分歧源于对边镇称镇标准的不同理解。据赵现海统计，“学术界已经提出五种不同的军镇建置标志，一为镇守总兵官的设置和边墙、墩台的修筑，一为大将、

---

① “中央研究院”历史语言研究所校印：《明太祖实录》卷60：洪武四年春正月戊子，1965年。

② 杨绍猷：《明朝的边疆政策及其得失》，《中国古代边疆政策研究》，中国社会科学出版社，1990年。

③ 艾冲：《明代陕西四镇长城》，陕西师范大学出版社，1990年，第6页。

④ 韦占彬：《明代“九边”设置时间辨析》，《石家庄师范专科学校学报》2002年第3期。

⑤ 尹钧科：《宁夏成为明代重镇之一的军事地理因素试析》，《大同高等专科学校学报》1994年第2期。

⑥ 赵现海：《明代九边军镇体制研究》，东北师范大学博士学位论文，2005年。

⑦ 范中义：《明代九边形成的时间》，《大同高等专科学校学报》1995年第4期。

⑧ 于默颖：《明蒙关系研究——以明蒙双边政策及明朝对蒙古的防御为中心》，内蒙古大学博士学位论文，2004年。

名臣经略或卫所的建置，一为以镇守总兵官为军镇初设的标志，巡抚为军镇定设的标志，一为指挥中心和军事防区的形成，一为镇守总兵官的设置”[①]。前文关于宁夏镇设置时间的几种观点，多是依据这五种标准提出来的。但是，一个完整军镇的形成，既要有常设的军镇长官，又要有固定的文武官员系统和军事防区。首任常置军镇长官的设立，可视为军镇初设的标志；文武官员系统、军事防区的形成，则说明一个军镇已完全成型。其他如大将、名臣经略，还尚未脱离明初“大将守边”的性质。至于边墙、墩台的修筑，于有明一代修修补补从未间断，作为军镇形成的标志未免牵强。根据上面的标准，宁夏镇的建镇时间需重新认识。

我们认为，宁夏镇是逐步形成的，这一过程从明初一直持续到明中叶。明朝建国伊始，宁夏便是边防重地，洪武九年（1376年）之前，此地兵燹连天、战火纷飞，没有完整而固定的行政建制。洪武九年（1376年）始设卫所，为日后宁夏镇的形成奠定了基础。永乐至宣德间，宁夏镇守总兵官的出现及最终确立，标志着宁夏镇开始形成。正统初年，宁夏设置巡抚，其以巡抚和总兵官为首的文、武两套职官系统已初具规模。在卫所设置方面，至正德年间，宁夏镇已基本形成七卫（宁夏卫、宁夏前屯卫、宁夏左屯卫、宁夏右屯卫、宁夏中屯卫、宁夏中卫、宁夏后卫）、四千户所（灵州守御千户所、兴武营守御千户所、韦州守御千户所、平虏千户所）的格局，其辖地也正式分为东、西、南、北、中五路，分别为东路后卫、西路中卫、南路邵岗堡、北路平虏城和中路灵州。此后，宁夏镇虽然还在不断地调整和变动，但是调整的范围再也没有超出这个框架。因此，宁夏镇的最终确立时间，应当是正德年间。

2. 宁夏镇的武职官员系统

明代在九边有一套比较完善的驻防官体系[②]。以大将、中官和总宪大臣为首，明九边的驻防官大体可分为武职、监军和文职三部分，宁夏镇自不例外。此外，宁夏的藩王——庆王坐镇一方，在明前期宁夏的边防建设中起到了一定的作用，也应列入驻防官序列。明代边镇的武职官员以总兵官为首，包括副总兵、参将、游击、守备、操守、把总等。

（1）总兵官

宁夏镇设总兵官一人，称宁夏总兵官，驻镇城，佩征西将军印，从公、侯、伯、都督中产生[③]。总兵官的职权在设置之初非常重，凡一镇军政事务的方方面面都归其负责。设置巡抚之后，权力有所分解，部分职权划归巡抚。同时又规定：凡一应事宜，须

---

① 赵现海：《明代九边军镇体制研究》，东北师范大学博士学位论文，2005年。

② （明）陈子龙等：《明经世文编》卷241姚涞《送张之行之佥宪陕西序》，中华书局，1962年。

③ （清）张廷玉：《明史》卷76《职官五·总兵官》，中华书局，1974年。

与镇守太监、巡抚都御史计议停当而行，不许偏执坏事[①]。一般来说，宁夏总兵有以下职权：抚安兵民，操练军马；修理城池，保障边方；防御侵寇，相机战守；节制副、参等官及协守、分守所统官军。嘉靖十九年（1540年），宁夏总兵官又获得了斩杀之权。

（2）参将、守备、操守、把总

总兵、副总兵是宁夏镇的总镇之官，总镇官之下又有分守之官，分段防守宁夏的边境，由东到西分别是东路右参将、中路左参将、北路平虏城参将、南路守备和西路左参将。

东路右参将，正统八年（1443年）置，驻花马池营城（今宁夏盐池县城），分守宁夏东路花马池营、兴武营等地方，防线东起花马池营城东界，西至毛卜剌堡西境（今宁夏灵武东北宝塔乡）。

中路左参将，嘉靖八年（1529年）置，驻灵州所城（今宁夏灵武县城），分守宁夏中路灵州、清水营等地方。防线东南自清水营城（今宁夏灵武县磁窑堡乡清水营村）与东路接界起，西北至横城堡（今宁夏灵武县临河乡境内）黄河东岸。

北路初设守备，嘉靖三十年（1551年）设分守参将，驻平虏营城（今宁夏平罗县城），分守宁夏北路平虏营、黑山营等地方，防线自横城堡北境起，西达镇北堡南界（今宁夏贺兰县西），跨黄河向北绕了一个弧形。

（3）游击将军

明代边镇的武官系统中还有一类叫游击将军，位于总兵、副总兵之下，专门负责应援，听镇守、总兵、巡抚的节制。其职责一般是统领游兵营，分布按伏某地，遇有敌寇入侵，即往来策应、截杀。

正统年间，宁夏镇初设游击将军二员，驻镇城，万历八年（1580年）革一员，宁夏游击将军统领游兵三千[②]。万历九年（1581年），改兴武营和广武营“分守”为游击将军。

总兵、副总兵、游击将军、参将、守备、操守、把总等构成了宁夏镇的武职官员系统。这套系统中，总兵官总镇一镇兵马，居中调度；副总兵协赞总兵，相机战守，重点防御宁夏后卫花马池一带；参将、守备、把总和操守逐级细划，分守信地；游击则设伏一地，往来驰援。

综上所述，宁夏镇的驻防官实际上以总兵官、内臣、巡抚和总督等构成，庆王只在明初宁夏的边防建设中起到过一定的作用，之后便成了坐食爵禄的虚衔。嘉靖十八年（1539年）裁撤内臣之后，巡抚和总兵官成为宁夏镇的重要官员，以其为首，构成了一套文、武皆备的职官系统。在这套系统内，各官职权虽有交叉重叠之处，但总体

---

① （明）胡汝砺纂修，（明）管律重修，陈明猷校勘：《嘉靖宁夏新志》卷1，宁夏人民出版社，1982年，第33页。

② （明）胡汝砺纂修，（明）管律重修，陈明猷校勘：《嘉靖宁夏新志》卷1，宁夏人民出版社，1982年，第36页。

而言各有侧重，有比较明确的分工。而陕西三边总督又坐镇固原，居中调度，使延绥、宁夏、固原、甘肃四镇连为一气[①]。其体制不可谓不完备。

但是，在封建专制主义高度发展的明王朝，武臣是皇帝最不放心的，边镇屯有重兵，更是防范的重中之重。所以明王朝在九边的防务体制中奉行了一套分权制衡、以文制武的思想，在这套思想的指导下，武臣的权力被瓜分，“大抵统军不专一人，练军不专一人，行军不专一人”[②]。以文制武，虽然解决了武臣拥兵自重的问题，但“以将用兵，而以文官招练；以将临阵，而以文官指发；以武略备边，而日置文官于幕；以边任经、抚，而日问战守于朝，此极弊也”[③]。文臣往往缺乏应有的军事专业知识和实战经验，纸上谈兵者多，卓有成效者少，以文统武成为明军战斗力削弱的重要原因[④]。成化后，河套蒙古兴起，宁夏边事吃紧，明廷采取种种措施严加防备，但总是收效甚微，更不用说从根本上消除边患。究其原因，与它所奉行的这套思想不无关系。

3. 宁夏镇的驻守军

作为明代西北边境上的一个巨镇，宁夏镇驻守着大量的军兵。

（1）驻守军的数额

宁夏镇的驻守官军数额，明初为71693员名，嘉靖前期为41614员名，嘉靖中期为35144员名，隆庆初年为37837员名，万历初年为27934员名，到了万历中期稍有增加，为31500余名。

但是这个数额是在册之兵，不能反映真实情况。这种两者悬殊的情况，除了地方官员在造册时弄虚作假，使得上报数据有籍无名、有名无实之外，与各级官员对军兵的占役也有很大关系[⑤]。

（2）驻守军的建制

在镇戍制之下，宁夏镇驻军的建制以营兵制为核心。所谓营兵制，即在镇内选取卫所兵士组成正兵营、奇兵营、援兵营和游兵营，分别由总兵、参将、游击等将官统领[⑥]。一般而言，一营大约三千人，但事实上往往不足额[⑦]。各营的任务与其统领将官

---

① “中央研究院”历史语言研究所校印：《明神宗实录》卷225：万历十八年七月乙丑，1966年。

② （明）陆粲、（明）郑晓撰，马镛、杨晓波点校：《历代笔记小说大观·庚巳编·今言类编》卷1，上海古籍出版社，2012年。

③ （清）张廷玉：《明史》卷250《孙承宗传》，中华书局，1974年。

④ “中央研究院”历史语言研究所校印：《明世宗实录》卷550：嘉靖四十四年九月乙酉，1965年。

⑤ （明）陈子龙等：《明经世文编》卷411赵世卿《覆兵科申饬边防事宜疏》，中华书局，1962年。

⑥ （清）张廷玉：《明史》卷91《兵三·边防》，中华书局，1974年。

⑦ （明）陈子龙等：《明经世文编》卷238曾铣《总题该官条议疏》，中华书局，1962年。

的职责相一致。如总兵官总镇一方，负责全镇的防务，镇内不管何地有警，都要亲临前线指挥作战，正兵也要随主将一同前往，冲锋陷阵，抗御来犯之敌；奇兵的主要任务是遇警驰援，随赴所调策应杀贼；援兵的主要任务是在参将的统领下“分屯要害，防守地方”[①]，并在分守本路的同时“东西策应”[②]；游兵的任务是在游击将军的带领下有警应援本镇和邻镇，所谓“居中乘便四面驰击也”[③]。

营兵、标兵之外，宁夏镇的驻军中还有守城兵、瞭侦兵和特种兵。守城兵是指驻防各城堡的兵士，由守备、操守和守堡把总等统领；瞭侦兵是指负责守墩哨探的兵士，包括墩军和夜不收（侦察兵）；特种兵则包括通事和家丁。

4. 宁夏镇的防御工事

明代在北边修筑的防御工事主要由边墙（长城）、城堡、墩台等构成，“盖城堡以便保聚，墩台以明烽火，边垣以限华夷。三者皆势所必为者也”[④]。

（1）边墙

明代的边墙即今天所见之明长城墙体。长城在历史上的“名声”一直不好，尤其是秦长城，往往和暴政联系在一起。明人为避此“恶名”，将自己修筑的长城称为“边墙”。宁夏镇所管辖边墙，东起花马池（今宁夏盐池县县城），西至中卫（今宁夏中卫市沙坡头区），全长约830千米。根据地理形势和分布走向，学界多将宁夏镇的边墙分为东、北、西三部分，这三部分边墙因地理环境的不同而各具特色。

东边墙在宁夏河东地区，东起花马池，西至黄河东岸的横城堡（今宁夏灵武县临河乡境内）。

北边墙即分布于今宁夏北境的边墙，共3段，包括宣德年间修筑的“镇远关边墙”，嘉靖时修筑的“边防北关门墙”和“陶乐长堤”。其中“镇远关边墙”起于红果子口，东行而达黄河西岸，是镇远关的附属墙体，既有石砌墙又有夯土墙。“边防北关门墙”起于贺兰山枣儿沟，向东行经平罗城，达黄河西岸的沙湖，为夯土墙。“陶乐长堤”连接北边墙和东边墙，自旧北长城终点越河，沿黄河东岸、省嵬山西麓南行，至横城堡与东边墙相接，即乌海段明长城（图6-43）。

西边墙分布于今宁夏西北境贺兰山南麓。因地形复杂，边墙的构筑方式比较多样，有土墙、石墙、山险墙和山险四类。土墙主要是夯土墙，就地取材，用当地的砂土夯筑而成，此外还有少量堆土墙。石墙的外层用石块错缝垒砌而成，错缝处用白灰

① （明）陈子龙等：《明经世文编》卷223翁万达《军务疏》，中华书局，1962年。

② （清）张廷玉：《明史》卷91《兵志三·边防》，中华书局，1974年。

③ （明）陈子龙等：《明经世文编》卷232许论《九边图论·蓟州论》，中华书局，1962年。

④ （明）陈子龙等：《明经世文编》卷321方逢时《审时宜酌群议称要实疏》，中华书局，1962年。

图6-43　乌海市二道坎明代烽火台（由东向西）

勾缝，内部填充小石块和泥土。山险墙是一种复式防御工事，由自然山体和人工构筑的墙体组合而成，其构筑方式一般是借用自然山体，经铲削形成屏障，然后再依山势，在低缓处补筑石墙或土墙。山险则完全利用自然山势，以高耸、陡峭的山崖为屏障。西边墙中还有多处关隘，主要分布在贺兰山内，建于交通要冲，设置有关门，建有关墙，扼守着出入长城的咽喉要道，是防守贺兰山诸山口的重要屏障，亦是出入宁夏的门户。据考证，贺兰山内共有口隘36处[①]。

（2）城堡

城堡是边防线上的屯军之所，也是各分守官的驻地。宁夏镇由东到西分为东、中、北、南、西五路，各设官分守。这些驻守官驻扎的城堡成为各地的防御中心，其下又辖有不同级别的营堡。

东路，宁夏后卫，即花马池营城。花马池原为千户所城，正德二年（1507年），总制杨一清奏改花马池千户所为宁夏后卫，花马池营城遂上升为卫城。宁夏东路参将驻于此。领所城一，兴武营守御千户所；堡城三，安定堡、杨柳堡和铁柱泉堡。

中路，灵州守御千户所城，在今天的宁夏灵武县城，宁夏中路参将驻于此，领有清水营、红山堡、横城堡、枣园堡、吴忠堡、惠安堡、汉伯渠堡、金积堡、中营堡、秦坝关、夏家堡、河东关堡、红崖站堡、半个城、马家园、胡家堡等20多座营堡，但只有清水营、红山堡、横城堡及灵州所城离长城较近，其他俱散布于灵州以南，军事性不强。

① 鲁人勇、吴忠礼、徐庄：《宁夏历史地考》，宁夏人民出版社，1993年，第269页。

北路，平虏守御千户所城，在今天的宁夏平罗县城内，宁夏北路参将驻于此，领黑山营、威镇堡、临山堡、镇朔堡、洪广堡、镇北堡诸营堡。

若按规模和等级划分，这些城堡中以卫城规模最大、等级最高，千户所城次之，堡城最小。宁夏中卫和后卫是宁夏镇沿边的两座卫城，一西一东，控扼着边防要冲。宁夏镇共有三座千户所城，其中灵州守御千户所城和平虏守御千户所城分守中路和北路的中心，另外一座兴武营守御千户所城则是宁夏后卫的属城，充分反映了宁夏后卫一带在宁夏边防中的重要地位。堡城的级别最低，辖于这些卫城和所城之下（图6-44）。

图6-44 兴武营堡东北角楼（由北向南）

（3）墩台

墩台可分为两类：一类是骑墙墩台，称之为敌台；另一类是建在城墙内外高峰、旷野之上的单独墩台，即烽火台[①]。

敌台骑墙而建，既凸出于边墙墙体之外，又高出墙体之上，是边墙上的重要建筑。敌台既可加固边墙，又能加强防御。

烽火台亦称烟墩、烽台、烽燧、烽堠、狼烟台等，多建于视野开阔的地方，是警戒和传递军情的工程设施，“筑墩于边外，所以明其烽隧，嘹其向往，以防胡于未入之先”[②]。在通信落后的冷兵器时代，用烽火台传递信息非常便利。明廷十分重视对烟墩的构筑。烽火台的信息传递，以举火、举旗、放炮的方式进行。烟墩上驻有军士，备有军器和燃放烟火之物，以防守自卫和随时传递信息。

① 罗哲文：《山海关长城的布局与建筑勘察记》，《中国长城遗迹调查报告集》，文物出版社，1981年。

② （明）陈子龙等：《明经世文编》卷304刘焘《哨报》，中华书局，1962年。

（六）力促民族交往、贸易的俺答汗

俺答汗，又名阿拉坦汗，是与明朝关系密切的鞑靼首领，被封为顺义王，终年七十六岁（图6-45）。他原来的封地在开原、上都一带，因土地贫瘠，迁居丰州城，统领十二个土默特部落，活动中心地区在今呼和浩特。其祖父达延汗健在时，父亲巴尔斯博罗特为右翼三万户之济农。父死后，其兄衮必里克墨尔根嗣济农位，兄弟两人势力渐强。其兄死后，俺答联合青台吉、哈剌汗等势力，拥众数十万。俺答“雄黠善兵”“骁勇方略空群”“其精兵戴铁浮图，马具铠，刀矢铦利，望之若冰雪”，遂称雄诸部。当时，蒙古各部落同明王朝在北边的关系尤为紧张，贡市早已中断，烽火连年不息，给边区人民造成深重的灾难。俺答汗崛起后，“事事仰给中国，若或缺用，则必需求，需求不得，则必抢掠”。他也曾“欲罢兵休民”“无岁不求贡市”，但明王朝“不以时应也，故边患甚焉”。

图6-45　俺答汗
（鄂尔多斯博物馆张煦敏绘）

由于俺答汗统率的蒙古诸部急需中原农区所出产的粮食、铁锅等物资，而明王朝却关闭了与蒙古的贡市贸易，故而，自嘉靖八年（1529年）至隆庆四年（1570年）间，俺答汗蒙古诸部与明王朝在边塞的榆林、宁夏、大同、太原、河套、居庸关、古北口、通州、密云、宁远、雁门等地，乃至京师，发生长年累月的战争。

隆庆五年（1571年）三月，明朝廷封俺答为顺义王，其子弟部落为都督等官，并相继在大同、宣府、延绥、宁夏、甘肃等地，开马市互市十一处。同时，又开设便于蒙汉等各族人民自由贸易的月市和小市，蒙汉等各族人民可以自由贸易，使得“东自海冶，西尽甘州，延袤五千里，无烽火警”。万历九年（1581年）十二月十九日，俺答病死，其妻三娘子继承他未竟之业，率领子孙，维持汉蒙和睦相处，“四十余年无用兵之患，沿边旷土皆得耕牧”①。

（七）明代鄂尔多斯高原周边的互市贸易

元代，由于蒙古高原与中原地区纳入统一的政治、经济版图，游牧经济与农业经

① 白寿彝：《中国通史·中古时代·明时期》，上海人民出版社、江西教育出版社，2013年。

济建立了密切的联系，这对于蒙古游牧经济的发展起了积极的作用。到了明初，由于蒙古封建主之间的战争和明军的频繁征讨，以及明廷实行军事隔离和经济封锁政策，蒙古的社会经济遭到了严重破坏，蒙古牧民的铁锅来源被切断，竟出现了用皮囊储水煮肉的艰难困境。这样，蒙古牧民与中原地区进行生产生活必需品的交换更加迫切。明朝为了从经济上控制蒙古，也为了从蒙古取得战马和耕畜，在一定范围内允许这种经济交往，主要是通过通贡和互市两种形式进行。所谓通贡，就是蒙古封建主派遣使臣，带着畜产品朝贡朝廷，而明廷则以赏赐的名义供给布匹、锅釜、食品、首饰等。蒙古使臣的入贡，必须严格遵守贡道与贡期。这既是蒙古与明廷在政治上隶属关系的表现，又是一种经济联系的特殊形式，所谓互市，也称马市，是在明朝官方控制下，汉族和蒙古族于指定地点进行贸易。这种互市，在时间和规模上都受到了严格控制。而且即使是这样的通贡和互市，也时断时续。

鄂尔多斯部入居河套后，河套地区的蒙古人口有了很快的增加。到俺答汗时期，由于丰州滩的开发，土默特的游牧经济的需要、连年的战争和蝗旱灾害，以及日用品的奇缺，这一地区与中原进行贸易交换的要求更加迫切。受到严格限制的通贡和互市，已远远不能满足鄂尔多斯等地蒙汉等各族人民的生产生活需要，长城沿线出现了越来越多的打破官方封禁的民间贸易私市。在这种形势下，俺答汗作为一个有远见卓识的蒙古族杰出政治家，顺应了蒙汉等各族人民要求和平贸易的强烈愿望，致力于与明朝的通贡友好。从嘉靖二十年（1541年）遣使正式向明朝提出求贡的要求起，直到隆庆五年（1571年）获得成功，俺答汗先后用了三十余年时间，几乎每年都要求与明朝互通贸易，开放马市，并且保证将汉民农耕与蒙民放牧隔绝开来。由于明朝企图通过贡市来挟制蒙古，俺答汗求贡不成，于是诉诸武力，多次大举袭击明朝边境，使宣府、大同以及鄂尔多斯南端延绥一带战事频繁，甚至包围了北京。

战争使明朝倍感疲惫，国力不支，且边境土地荒芜，马匹的来源被切断，给中原的经济发展带来了严重威胁，越来越多的民市贸易更是禁不胜禁。在这种情况下，明廷内张居正等大臣积极主张对蒙古实行封贡互市的政策。隆庆五年（1571年），明穆宗诏封俺答汗为顺义王，其属下的封建主六十余人都得到了封赏。明朝在沿边大同、宣府、山西、宁夏、甘肃等地陆续开设了主要对漠南土默特、鄂尔多斯诸部进行贸易的马市，同时，这些地区的民市贸易更加繁荣。在鄂尔多斯地区周边设立的马市主要有东部陕西榆林镇北台附近的易马城马市、南部宁夏盐池的花马池马市和西南部鄂托克前旗清水营东城互市等。

其后，由于官市和民市的开放，私市衰落，而民市日益兴盛，并逐渐取代官市占据主导地位。在蒙、汉人民的要求下，明廷又开设了每月一次的月市和数日一次或随时开市的小市。月市和小市的开行，进一步方便了蒙、汉人们的需要，贸易交流进一步扩大[1]。

隆庆封贡，建立了值得称颂的历史功绩。自此以后，北方出现了明初以来从未有过的和平局面，结束了二百年来的明蒙对立，沟通了北方与内地不可分割的经济联系。这对于蒙古族人民生产的发展、生活的改善，布匹、粮谷、铁锅、农具等需求的合理解决，有着重要的意义。对于中原，特别是沿边河套地带的汉族人民来说，恢复了社会秩序的安宁，使其得以休养生息，发展生产，不仅避免了战争涂炭，也减轻了巨额的军费负担。同时，由蒙古地区输入的大量民用马匹和其他牲畜，提高了农耕畜力，刺激了农业生产的发展。这种密切的经济联系又促进了政治上的统一。隆庆封贡是蒙汉等各族人民要求和平统一的反映和共同斗争的结果，也是统一的多民族国家历史发展的必然趋势和客观规律。

① 李凤山：《长城与民族》，中央民族大学出版社，2006年。

第七章　长城带、长城文化分析与研究

侯仁之、罗哲文老先生说，长城是中国的象征，是中华民族精神的象征，长城文化是中华民族优秀传统文化最完整的代表。许嘉璐先生说，长城精神是社会主义核心价值观的灵魂。习近平总书记有关长城的批示则更上一个层次，指出长城不仅是和平的象征，也彰显了民族团结、全国各族人民凝心聚力，在国歌中都有强有力的表述。

一、鄂尔多斯长城总体分析

鄂尔多斯长城除具有修筑时间早、修筑朝代多、分布地域广、传说故事多等特点外，还有其他特点，现分析如下。

（一）因地形，用险制塞

巧妙、充分地利用地形，在中外历代战争中都是一条很重要的原则。长城的选址，首先是从战略上按照军事方针和战术、战役的要求，选定大体走向；其次从战术上利用山与海、山与河、山与沟、山与山之间的有利地形，通过人工筑墙的方式把水陆天险有机地结合起来，构成一道进可攻、退可守的完美防线。

历史上那些横贯东西的万里长城，就构筑在中原农耕民族和草原游牧民之间的分割带上。这一分割带大致处在大兴安岭、燕山、阴山、贺兰山、岷山到横断山脉一线。以鄂尔多斯高原为例，它正处于中国长城可以“因地形，用险制塞”的范围，充分利用分割带内的山体、河流、沟谷作为防御屏障，在险要处筑起长城。这不但是军事战略需要，而且在总体上可以最大限度地节省人力和材料。

“因地形，用险制塞”“因边山险，堑溪谷”是修筑长城的根本原则。战国时期、秦的堑洛长城就是削掘洛河岸边的山崖面形成的。史籍关于秦长城所谓“从河傍阴山”“据河为塞”“地东至海”等记载，就是指借助了阴山山地、黄河和黄海等天险。明代则利用渤海、燕山之间的狭窄地带设置了“两京锁钥无双地，万里长城第一关”的山海关；利用燕山与蒙古高原、太行山、恒山相连又相错的山势，修筑外长城和内长城，安置了内三关与外三关。在山西的偏关、宁夏的横城、鄂尔多斯市鄂托克前旗还利用黄河与贺兰山、祁连山之间的险要地形修筑了长城；在鄂尔多斯高原周边，则主要利用阴山、贺兰山、吕梁山、黄河和多条季节性河流沟谷来修筑长城。

具体到某段城墙施工中的选址更是如此。从现存长城遗址的有关调查中，巧妙地选择有利地形修筑城墙的例子比比皆是。如居庸关八达岭的城墙都是沿着山脊的脊背修筑的，因为山脊本身就好似一道大墙，在山脊上修起的城墙就更加险峻了。在修筑时还注意到利用山脊的崖壁来修筑城墙，有的地段从外侧看去非常陡险，但里面却较平缓易登，鄂托克前旗明长城就有登城步道和女墙、藏身坑等长城附属设施。有的利用悬崖陡壁，稍微把崖壁削一下就成为长城了，称作山险墙、山墙，鄂托克旗秦长城就分布有山险墙和多段山险。还有一些地方完全利用危崖绝壁、江河湖泊作为天然屏障，在历代长城遗址中随处可以看到这种殚精竭虑、用尽天工的巧妙构筑。

（二）因地制宜，就地取材

纵观鄂尔多斯长城，所用的建筑材料有许多种，均是根据长城在防御上的重要性及周边资源的情况来决定的。例如，在高山峻岭处，就在山上开取石料，用石块砌筑。在平原黄土地带即就地取土，用土夯筑。在骑兵机动困难的山地或有天然障碍、不便于敌军展开大兵力进攻的次要防御地段，墙体一般较矮，顶部极窄，战士不能登顶，城墙仅起障碍及屏蔽作用。

长城的修筑均采取就地取材的方式。在土壤发育较好的达拉特旗、鄂托克前旗、准格尔旗等地，长城均为黄土夯筑或堆筑而成。在没有黄土或者沙土较多而石材丰富的山丘上，如东胜区、伊金霍洛旗、准格尔旗、鄂托克旗等地，长城则由采集自山体上的石块垒砌、堆积而成。

到了明朝，随着封建经济的高度发展，砖的产量大增，砖瓦已不再是珍贵的建筑材料，所以明长城不少地方的城墙都以巨砖砌筑。在当时靠人工运建筑材料的情况下，采用重量不大、尺寸一致的砖砌筑城墙，不但施工方便，而且提高了施工效率和建筑水平。此外，许多关隘用青砖筑成大跨度的拱门，有的青砖已严重风化，但整个城门仍威严峙立，装饰精细复杂，表现出当时砌筑拱门的高超技能。鄂托克前旗明长城南侧由东向西分布的兴武营、毛卜剌堡、清水营、横城堡以及一些烽火台都是用青砖砌成的。

（三）超大型建筑工程的创造性管理智慧

直到中国最后一个修筑长城的朝代——明朝，修筑长城时仍然没有施工和运输机械，所有材料都主要靠人力搬运，搬运方法主要是排成长队传递，也采用手推小车、滚木、撬棍、绞盘等简单工具。有时还利用畜力替代人力，传说八达岭长城在修建过程中，曾让毛驴驮着装满石灰的筐，在山羊角上系了城砖轰上山去，以代替人力运输，但大量的工作还是靠人力完成的。北齐天宝六年（555年）就曾征发180万人修建自密州夏口（今居庸关南口）到恒州（今大同）的近500千米的长城。

长城的施工管理是一项复杂而严密的工作，需要高超的管理智慧。从文献记载中可知，历代长城的施工平时多是在各个防区内采用分区、分片、分段包干的办法，特殊时期则由中央政权从全国各地征调军队、募集民夫到重点地区修筑。在伊金霍洛旗有一段兰家塔长城，长城墙体两端土质、土色截然不同，应为两支队伍分段包干，从不同地点分别取来红土、黄土修筑长城，并在此汇合。为确保长城修建工程的质量，明代在隆庆以后还大兴“物勒工名”，即用碑文明确记录每次修筑的小段长城的位置、长度、高度、宽度，刻上督理官员的官衔姓名、部队番号、施工组织者及施工人员乃至石匠、泥瓦匠、木匠、铁匠、窑匠等的名字，以这种形式对整个工程实行责任制管理。

（四）严谨周密的军事防御系统

长城并不只是一道单独的城墙，而是由烽火台、城墙、敌台、关隘、营城、卫所、镇城等多级军事设施组成的绵延数千米的有机整体，其规模之庞杂，即使在今天也仍然挑战着我们的想象力和计算力。这一巨大的战略工程，在中国历史上一次又一次地进行，由各级军事指挥系统层层控制、节节指挥，保卫和延续着中原的农业文明。

以明长城为例，分设了辽东、蓟州、宣府、大同、山西、榆林、宁夏、固原、甘肃共九个军事管辖区，来分段防守和修缮东起鸭绿江，西止嘉峪关，全长8851.8千米的长城，被称作“九边重镇”。每个边镇设总兵官作为这一段长城的军事长官，受朝廷兵部指挥，负责所辖军区内的防务或奉命支援相邻军区。明代长城沿线约有100万人的防守兵力，总兵官平时驻守在镇城内，其余各级官兵分驻于卫所、营城、关城和城墙上的敌楼、墩堡内。鄂托克前旗明长城的各级军事指挥系统就非常完善，如兴武营堡就设置有兴武营守御千户所，属陕西都司之宁夏卫，领毛卜剌一堡，“置旗军一百名、操守官一名、守堡官一员”①。

（五）促进民族交往融合的互市政策

长城的修筑使得长城两边的人流、物流向长城聚集，长城关隘遂成为互市的场

---

① 鲁人勇、吴忠礼、徐庄：《宁夏历史地理考》，宁夏人民出版社，1993年。

所。古代长城内外民族间较大规模的贸易往来，最早可追溯至西汉初年对匈奴人开放“关市”。当时匈奴人“乐关市，嗜汉财物”，往往“驱牛马万余头”与汉朝的商人交易。汉宣帝时还出现“牛马布野，三世无犬吠之警”的景象，是长城防线保障社会安定、促进民族间友好往来和经济发展的反映。

“互市”这个名称，始于东汉与乌桓、鲜卑、匈奴等族的贸易，其后长城沿线农、牧民族的互市贸易常有发生，如隋、唐与突厥、回鹘“缘边置市”“以金帛市马”，宋与契丹、党项“置通市（榷场）以通有无”等。

互市是否被允许及其盛衰与政治、军事斗争密切相关。唐朝出于边防及经济利益的考虑，对于陆上贸易限制相当严格。法律只允许在官府监督下的互市，即在边境设置若干互市点，使境内外商人在官方监控下进行以物易物的互市，禁止其他方式的贸易。

明代“隆庆和议”后，长城沿线除辽东原有马市外，九边各镇又开设1处马市，鄂尔多斯高原周围就分布有易马城马市、花马池马市和清水营东城互市等。这一时期，长城沿线“华夷兼利”的民族贸易市场普遍建立，五六十年长盛不衰，民族关系产生了划时代的变化。

据万历《宣府镇志》记载，昔日荒僻的张家口一带当时居然出现了“南京的罗缎铺、苏杭绸铺、潞州绸铺、泽州帕铺、临清的布帛铺、绒线铺、杂货铺”等，各种店铺长达四五里。长城沿线也出现“物阜民安，商贾辐辏，无异于中原”的兴旺景象，塞外古丰州出现了一座“垦田万顷、连村数百”“城郭宫室布满”的归化新城（今呼和浩特市），成为蒙古地区政治、经济和文化的中心。鄂尔多斯高原周围也兴起了榆林、银川等古代城镇。

（六）独特的艺术价值

长城已被世人公认为世界奇迹，无论是建筑规模还是建筑持续时间，在世界上都是独一无二的，包含着极其丰富的人文内涵。

中国文明走过了5000年，而长城从最初修建到达到顶点就有2200多年，修筑长城动用的人力、物力、财力更是惊人——它对中国古代历史、经济、政治、军事、文化、民族关系等方方面面都有重要的影响。

长城表现了中国古代建筑技术的成就，不仅建筑规模世界最大，建筑的式样也多姿多彩，敌楼、城墙、垛口的设计，关城城楼、城门的建筑手法和布局都表现了当时高超的工艺水平和成熟的建筑风格。在形态上，长城兼具阳刚与阴柔之美，既气势磅礴、雄伟壮丽，又曼舞盘旋、美妙多姿。它的存在，使人工美与自然美巧妙地结合到一起。

巍巍矗立的座座雄关，高低起伏、蜿蜒曲折的道道城墙，无不在展示着中国古代劳动人民的非凡创造力。它奇伟、雄险，绵延万里，征服了无数的瞻仰者。特洛伊城的发现者、现代著名考古学家海恩里希·谢里曼（Heinrich Schilemann）在第一次看到长城时，发出这样的惊叹："我曾经从爪哇岛火山的高峰上，从加利福尼亚的西拉利瓦达的山顶上，从喜马拉雅山的顶上，从南美洲的哥地乃的高原上见过壮丽的景象，但是永远不能和我现在眼前展开的这幅宏伟的画幅相比拟！"每个人在初次看到长城的一刹那，都会被长城那种气吞山河的壮美所震撼。

长城，是中国古代先民书写在大地上的绚丽历史画卷，更在中国文学史上留下了一道道绚丽的色彩。2000多年来，围绕长城产生了众多的诗词歌赋与美丽动人的传说，"愿将腰下剑，直为斩楼兰"，《出塞》《鼓角横吹曲》《从军行》……长城从汉代起就是历朝历代长盛不衰的诗歌题材，有的描述了戍边生活的严酷与辛劳，有的表现了汉民族开拓疆土、追亡逐北的壮志雄心和视死如归的战争豪情。

如今的长城，虽已在时光之刀的无情雕琢中日渐残破，但它在方方面面留下的文化印记远未消失。那些千百年来和长城塞堡一体的村庄，从各地来到长城戍边的军人们留下的独特文化，都还在我们文明的血脉里蓬勃跳动，等待人们去发现、关注和解读。

白马、秋风、塞上，它是一种地理景观，一种民俗历史，一种诗歌传奇；那种雄浮、奔放与豪迈，将是中华民族审美灵魂中的一个永恒主题[①]。

（七）源远流长的民间文化

如果说长城是凝固的音符，那么它沿线多彩的民间文化就是至今仍跳动着的旋律，纵贯数千年、绵延数万里的长城必然要倒映在文化里。数千年来，民间故事、诗词歌赋，以及各种其他民间艺术，无不在丰富、延续着长城的内涵与外延。生生不息、薪火相传的文化，将永远充实传承着这个传奇军事工程的精神生命。

长城周边的节日民俗、民间传说、表演艺术、手工技能等各种非物质文化遗产，和长城本体一样，都是在漫长历史过程中由长城内外人民用心灵和双手创造的。长城在时间和地域上的连绵不绝，使得相关民间文化沉积深厚、丰美灿烂，为现在的我们留下了极为珍贵的文化遗产和精神财富。

---

① 董耀会、吴伟、吴江江主编：《长城》，现代出版社，2008年。

二、长城文化与传说

长城在鄂尔多斯高原已有2200多年的历史，在民间留下了许多形象生动、脍炙人口的传说与故事，通过一代代人的讲述传承，长城文化成为今天鄂尔多斯大地的深刻印记，是联系古代和现代的神奇纽带。

（一）秦始皇跑马修边墙

在鄂尔多斯东胜区、伊金霍洛旗和准格尔旗的战国秦长城沿线村落，年纪大一些的老乡们中流传着一个“秦始皇跑马修边墙”的故事：秦朝建立，打败匈奴后，秦始皇骑着一匹宝马在鄂尔多斯高原上驰骋，秦始皇骑马跑到哪里，边墙就修到哪里，这样就在鄂尔多斯地区修筑了许多边墙。其实，这个故事有两处谬误，一处是秦始皇生前根本没有到过鄂尔多斯，只是其死后的“辒辌车”从河北井陉经过鄂尔多斯秦直道回到了都城咸阳；另一处是秦始皇修筑的不是边墙而是长城，在我国古代，基本上都称防御性的较长的线性墙体为长城，只有金代长城称作金界壕以及明代长城因为避讳暴政的说法而称为边墙，故而，秦始皇修筑的只能是长城而不能称为边墙。虽然这个故事有瑕疵，但它说明鄂尔多斯一些年长的老百姓因为口口相传，邻近长城附近而知道长城的存在，也知道秦始皇在鄂尔多斯修过长城以及鄂尔多斯边墙的存在（图7-1）。

图7-1　鄂托克旗秦长城（由东南向西北）

（二）孟姜女哭长城

在中国民间广泛流传着孟姜女哭长城的故事。河北省秦皇岛市山海关被后人认为是“孟姜女哭长城”之地，并在那里盖了孟姜女庙。孟姜女哭崩长城的故事，反映了秦代（也有人认为是战国时期）徭役给百姓带来的深重痛苦。

在鄂尔多斯市战国秦长城沿线的伊金霍洛旗、准格尔旗、东胜区也流传着一个鄂尔多斯本地版本的“孟姜女哭长城”故事：孟姜女生活在南方地区，那时候，秦始皇实行苛捐杂税，民不聊生，秦始皇相信民间“亡秦者，胡也”的传说，不但派大军打击北方匈奴，并且为了防御匈奴，征召全国的年轻人到北方修长城，而孟姜女的老汉（鄂尔多斯本地方言，意为丈夫）也被强制派往北方的鄂尔多斯高原修长城。几年过去了，孟姜女的老汉始终没有回来。孟姜女千里寻夫，一直往北走，经过千辛万苦来到了北方与匈奴交界的鄂尔多斯，几经寻觅，始终没有找到老汉的身影。最后听一名农夫说他的老汉已经死了，并被埋在长城底下充当墙基。孟姜女在绝望和无助下只能以哭声和泪水来表示反抗，她沿着鄂尔多斯高原山丘上的长城一路向北，一边走一边哭，每爬一座山，就哭倒一段长城，哭倒了很多段后终于在一段倒掉的长城墙基下看到了男人的尸骨。如今的鄂尔多斯战国秦长城，都是一段位于山丘上的墙体保存完好，一段位于沟壑的长城墙体消失，或是被山水冲毁了，或是本身就没有修，老乡传说这些消失了的长城墙体就是被孟姜女哭倒的。

（三）昭君出塞

前51年，匈奴呼韩邪单于认清“事汉则安存，不事则危亡”之势，归附西汉。汉与匈奴的关系得到了很大改善，“合为一家，世世毋得相诈相攻”，各族人民和睦相处，安居乐业。

王昭君（王嫱）约于前52年出生于南郡秭归县宝坪村（今湖北省宜昌兴山县昭君村）。汉元帝时，王昭君以“良家子”的身份入选宫廷后，因自恃貌美，不肯贿赂画师毛延寿，被其在画像上点上丧夫落泪痣，入宫数年得不到皇帝宠幸。前33年，呼韩邪单于主动来汉朝请求和亲，以结永久之好。昭君不愿久居深宫，自愿出塞远嫁匈奴。汉元帝便赏给昭君许多贵重物品作为嫁妆，将昭君嫁与呼韩邪单于为妻，被封为“宁胡阏氏”。

王昭君随呼韩邪单于出塞，经由现在的陕北、鄂尔多斯秦直道，渡黄河北行进入大漠（图7-2）。从此，汉匈之间结束了一百多年的战争局面，代之以友好交往和经济文化交流，鄂尔多斯地区获得了数十年“边城晏闭，牛马布野，三世无犬吠之警，黎庶亡干戈之役”的平安局面。

图7-2　《塞外昭君》（左国顺画）

王昭君的女儿、女婿遵从父母意愿，常到西河郡户猛（即今伊金霍洛旗红庆河古城）与汉朝使者联系交往。《汉书·匈奴传》载，王昭君的两个侄儿，一名王歙，一名王飒，均被封为侯，出使匈奴。

在达拉特旗黄河南岸，城拐子古城东，秦直道西，有一处昭君坟遗址，为一高约40多米，底径约100米的自然圆形山丘。据考证，这里不但是著名的北魏金津渡口，而且至少从春秋战国开始，就是北方草原通往中原内地通道上的重要渡口，后名为昭君古渡口。传说王昭君即由此渡河出塞，渡河时，曾将梳妆钵跌落，年长日久，竟化作洁白如雪的圆球状。如今在昭君坟西侧，确有一处粉矿，盛产用作粉刷品的白粉球，已有一千多年的开采历史。昭君坟的顶部修建有昭君庙，以纪念昭君出塞，反映了人们对民族间友好关系的向往。

（四）君子津

南流黄河上的君子津渡口，位于鄂尔多斯市准格尔旗喇嘛湾与呼和浩特市清水河交界地带，这里曾是古代黄河上的重要古渡口。

据北魏郦道元《水经注》记载，东汉桓帝十三年（159年），桓帝要到榆中即今鄂尔多斯中部巡视，而后东行到代地（今河北）。一位来自洛阳的大商人携带着许多金银货物跟随在桓帝后面同行。因夜间行路迷失了方向，商人投奔到附近渡口的船家那里要求渡河。船家名叫子封，是古渡的津长。在划船送商人渡河时，商人突然病发身亡，子封只好把商人的尸体埋葬了。商人的儿子得知了父亲的死讯，跋山涉水，千里寻父。第二年，商人的儿子见到了古渡津长，津长将他领到其父的坟前。当商人儿子将父亲的尸骨起出来时发现，父亲贴身的银两居然完好无损地同父亲葬在一起。商人儿子被津长的高尚品德感动，要把这些金银财物全部赠给他，津长坚辞不受。汉桓帝听说这件事后，称赞这位津长“真是君子啊”，随即就把这处渡口称为“君子津”。

君子津的传说从东汉起一直流传了一千多年，并在长期的流传和演变中，被民间演绎出多种版本。但无论怎么改变，改掉的仅仅是故事的时代背景，留下的永远是故事的深刻内涵。草原人民不贪图不义之财，恪守本分，永远是君子津故事的主题[①]。

（五）茶马互市

茶马互市主要指中国古代北方的少数民族以马匹等牲畜及畜产品与长城以内的汉族换取茶叶、布帛、铁器等生产、生活必需品的大规模集市性的贸易活动。古代长城内外民族间较大规模的贸易往来，最早可追溯到西汉初年，汉朝对匈奴人开放“关市”，继而又有了榷场和茶马互市。

茶马互市是随着饮食文化的演进而出现的。中国是世界上最早种茶、饮茶的国家。唐代，饮茶风俗从内地逐渐传入草原游牧地区。后来，饮茶之风逐渐由长城以内传至长城以外，茶叶成为长城以外少数民族“日暮不可缺”的生活必需品。游牧民族“食肉饮酪，故贵茶”。然而，草原地区是不产茶叶的，必须通过与内地交换得来。

游牧民族与长城以南的汉族进行贸易，只能以牲畜和畜产品来进行交换。其中，名列六畜之首的是马，其在古代社会中，既是农耕的主要畜力，又是狩猎、交通、骑射和作战的重要工具，关系着国家的生产发展和军备强弱，历代统治者都把易马、征马、养马作为国家的要政之一。茶与马产地各异，彼此需求，“故唐宋以来，行以茶易马法”，其实质是中原王朝借助政治力量实行的一种赋税加贸易的“以马代赋”和“茶马互市”制度，明代茶马互市空前繁荣，“东有马市、西有茶市”。隆庆封贡之后，明朝在沿边大同、宣府、山西、宁夏、甘肃等地陆续开设了主要针对漠南土默特、鄂尔多斯诸部进行贸易的马市。其中在鄂尔多斯地区周边设立的马市主要有东部陕西榆林镇北台附近的义马城马市、南部宁夏盐池的花马池马市和西南部鄂托克前旗清水营东城互市等（图7-3）。

---

① 内蒙古自治区文化厅、文物局：《内蒙古长城与长城的故事》（内部刊物），2016年。

图7-3　鄂托克前旗清水营东城明代互市

在鄂尔多斯市南部与宁夏回族自治区、陕西省、山西省交界地带的区域，分布有绵延不断的明长城，这里是中原农耕王朝与北方游牧民族的交界地带，分布有多处马市和互市。自明代以来，汉民与蒙民的各种市节和边关贸易绵延不绝。另外，在长城沿线还出现了越来越多的打破官方封禁的民间贸易私市。

茶马互市在历史上一直对内地与边疆、汉族与少数民族、农业区与牧业区的经济交流和发展起着积极的作用，客观上增进了民族和睦，维护了社会安定，有利于国家统一。

直到今天，在鄂尔多斯市鄂托克前旗、乌审旗、准格尔旗明长城两侧的农村和乡镇，人们仍在进行自明代流传下来的赶节、赶市场、赶交流活动，每年的固定时间都有大型的节市，甚至每月有大市，每周有小市。活动期间，人们买回自己所需要的物品，卖掉农产品或手工制品，甚至用自己手里的物品，换回别人手里自己所需的物品。节市期间，农产品、手工制品、货物产品摆满市场，街道上、店铺里人头攒动，买卖交易热火朝天。反映出自明代以来的封贡互市和民间小市、月市一直传承到今天，并被发扬光大，成为长城地带老百姓的一种不能改变的生活习惯。

（六）走西口

走西口是指从明代中期至民国初年的四百余年中，大批山西人、陕西人、河北人打通中原腹地与蒙古草原的经济和文化通道，进入内蒙古地区，带动了北部地区繁荣和发展的历史事件。清代是中国人口发展史上的一个重要时期，通过康雍乾三朝的休养发展，到乾隆年间全国人口一举突破三亿大关。人地矛盾逐渐尖锐，大量内地贫民迫于生活压力，“走西口”，“闯关东”和“下南洋”，形成近代最大的移民浪潮。

清代以来，成千上万的晋、陕等地老百姓涌入归化城、土默特、察哈尔和鄂尔多斯等地谋生。“走西口”这一移民活动，大大改变了内蒙古的社会结构、经济结构和生活方式。其中，占移民比例极高的山西移民，将晋文化带到了内蒙古中西部地区，使当地形成富有浓郁山西特色的移民文化。晋文化作为农耕文化的一部分，通过人口迁移，与当地的游牧文化相融合，形成富有活力的多元文化，丰富了中国的传统文化和当代文化。

“西口”有广义和狭义之分。广义上的西口泛指在长城以北的内外蒙古从事农业、商品交易的地方，实际上也泛指秦晋各地至内蒙古的各个通道隘口。狭义的西口指长城北的口外，包括山西杀虎口、陕西府谷口和河北独石口，即晋北人、陕北人以及河北人走西口的交汇点。其中杀虎口是明代重要的长城要塞，初名杀胡口、杀胡堡。从这个名称可见当时长城内与边塞民族关系的紧张状况。隆庆和议后，明朝在长城沿边宣府、大同、山西三镇开设互市，大同右卫即于此时设马市于杀胡口关城下，使之成为边贸往来的通道与平台。清代，杀胡口改名为杀虎口，因其为西北商道的交通枢纽。1650年，清政府在杀虎口设关征税。“杀虎口”的兴衰反映了晋商发展兴衰的历史。

历史上，山西人“走西口”多从山西中部和北部出发，形成两条主要路线：一条向西，经杀虎口出关，进入蒙古草原；一条向东，过大同，经张家口出关进入蒙古。民间所说的“走西口”中的“西口”一般指山西省朔州市右玉县杀虎口，走出这里，就到了归化与绥远（统称归绥）、库伦、多伦、乌里雅苏台和科布多及新疆等地区（图7-4）。

清康熙二十八年（1689年），康熙皇帝在乌兰布通战役中打败噶尔丹后，举行“多伦会盟”。之后，诏令建立内蒙古五路驿站，分别为喜峰口、杀虎口、古北口、独石口和张家口驿站。由于张家口、杀虎口的地理位置东西并列，清代亦把张家口称作东口，杀虎口称作西口。杀虎口驿路有两路，自归化城（今呼和浩特市）分道，一路至乌拉特三公旗，一路至鄂尔多斯地区。出杀虎口的驿道共设蒙古站十一个，其中经和林格尔等地到归化城（今呼和浩特市）的驿道设四站，由归化城通往鄂尔多斯的驿道设七站。鄂尔多斯的七个驿站是：杜尔根站，在今托克托县河口镇东北；东素海站，在今准格尔旗十二连城西，为进入鄂尔多斯的第一站；吉格苏特站，在今达拉特旗吉格斯太；巴颜布拉克站，在今东胜区西北；阿鲁乌尔图站，在今东胜区罕台庙西北；巴尔苏海站，在今杭锦旗与乌审旗毗邻处；察罕扎大海站，在今鄂托克旗沙拉布

图7-4　“杀虎口”（翟禹摄）

洞[①]。这些驿道和驿站的设立，为交通提供了便利，大大促进了鄂尔多斯各地之间及其与外地的联系。上述线路是从山西进入鄂尔多斯的主要道路。实际上，从杀虎口出关后，在准格尔旗的娘娘滩羊圈子渡口、大迠西口古渡、君子津渡口、榆林古渡口，均可西渡黄河进入鄂尔多斯，这些都是鄂尔多斯地区走西口的支线道路。

鄂尔多斯地区与晋西北、陕北相邻，这里地域辽阔、人口稀少，是晋陕居民外出谋生的首选之地，也是最方便到达的地区。同时由于长时间处于封闭状态，单一的牧业经济使鄂尔多斯地区蒙古族牧民缺乏粮食、蔬菜和布匹糖茶等生活用品，需要引进汉族的农耕技术和小手工业产品。于是，走西口的移民现象就成为历史的必然[②]。

“走西口”是一部辛酸的移民史，也是一部艰苦奋斗的创业史。一批又一批移民背井离乡，北上口外的内蒙古地区，艰苦创业，促使口外的内蒙古地区从传统单一的游牧社会演变为旗县双立、牧耕并举的多元化社会。人口的流动，带动了文化的传播，而文化的传播，又拉近了地区间的距离，增强了人们的认同感。“走西口”这一移民浪潮，大大促进了内蒙古中西部地区与内地的交流，进一步增进了蒙汉之间的民族感情，对中华多民族国家的繁荣稳定产生了积极的影响。

“走西口”加强了蒙、汉人民的相互交流。此种交流，除了经济方面的影响外，在文化上的交融亦相当显著。譬如，漫瀚调（又名蛮汉调）就是蒙汉人民在生产和生

① 内蒙古公路交通史志编委会：《内蒙古古代道路交通史》，人民交通出版社，1997年。

② 张占霖主编：《鄂尔多斯文化·综合卷》，社会科学文献出版社，2011年。

活交往中，逐渐融合了信天游、山歌、蒙古歌曲的艺术风格而催生的一种新民歌。而广泛流传于晋北、陕北、河北以及内蒙古西部的地方小戏“二人台”，更是农耕文化与草原文化相互交流和融合的产物。

西口文化是民族融合、多元文化兼容并蓄的和谐文化，包含着晋陕汉族移民吃苦耐劳的创业精神，也体现着鄂尔多斯蒙古族宽厚诚实的仁爱品格，表现了鄂尔多斯文化的开放性、包容性、多元性、和谐性。

（七）漫瀚调

漫瀚调，又名蛮汉调，汉语译为沙漠调。它是民歌的一种形式，主要流行于蒙古族、汉族杂居的准格尔旗、达拉特旗等地，是鄂尔多斯地区蒙汉民族音乐文化交流融合的结晶。

漫瀚调的“漫瀚”二字，是蒙古语“芒赫”的译音，意为“沙丘”“沙梁”“沙漠”。漫瀚调发祥地准格尔旗遍布沙丘、沙梁，生活在这里的蒙汉人民，以漫瀚调为自己的歌种命名，是自然的、贴切的。清代嘉庆、道光时期，政府对蒙旗实行“借地养民”政策，使大量汉族移民流入准格尔旗，形成了蒙汉杂居、农牧兼营的局面。移入汉民不但带动了农业经济的发展，同时也促使蒙汉旗之间文化艺术，特别是民歌艺术的交流与融合。蒙汉两个民族在一起生活劳动、和睦相处，劳作之余常常聚在一起吹拉弹唱，晋陕而来的居民在学唱鄂尔多斯蒙古族民歌的同时揉入了一些晋陕民歌的韵味，准格尔旗的“漫瀚调”便由此而产生。

关于漫瀚调的名字当地还有另一种说法：清末，准格尔地区蒙汉杂居已成规模，两族人民经常在一起吹拉弹唱，起初蒙古族唱蒙古民歌，汉族唱晋陕民歌，时间一长，一些蒙古族短调被汉族接受，并按着即兴填词方法随意编词，听起来倍感新鲜，很快又为蒙古族人所欣赏。所以“漫瀚调”又叫“蛮汉调”，说白了，就是用蒙古短调做皮儿，汉族唱法做馅儿，包成了一个整体。

漫瀚调是准格尔旗群众文艺的“特产”，是蒙汉劳动人民在生产、生活交往中产生的一种新的民歌歌种，拥有数十种曲调和无数首歌词。它以晋陕地区的“信天游”“山歌”“二人台”等民间艺术为根基，不断补充蒙古传统曲，并填词演唱，突破了蒙古曲定词定调的固定格式，出现了一曲多词，一词多曲的特殊表现形式。因蒙汉人民在长期的融合之中，互相邀请聚会，即兴编词演唱，有问有答，一唱一和，漫瀚调一般采用男女对唱的形式，以民族传统器乐四胡、粗管笛子、三弦、扬琴伴奏（图7-5）。

漫瀚调是以鄂尔多斯蒙古族短调民歌为“母曲”，巧妙吸收、糅入了晋西北、陕

图7-5　准格尔旗漫瀚调（选自鄂尔多斯大辞典编纂委员会：《鄂尔多斯大辞典》，内蒙古人民出版社，2009年）

北汉族民歌的一些旋法、润腔，并配以陕北信天游、晋西北爬山调式的汉语歌词进行演唱而形成的。漫瀚调有三个基本特征：一是独特的音乐旋律，二是以比兴为主的诗化歌词，三是即兴编词对歌的表现形式[①]。

准格尔旗漫瀚调，是蒙汉人民共同浇灌出的一朵民间艺术奇葩。漫瀚调艺术的发展，与人民的生产生活密不可分。中华人民共和国成立以来，在党和政府的关怀重视下，漫瀚调得到了长足的发展。1996年，准格尔旗被文化部命名为“中国民间艺术之乡（漫瀚调）”。2008年6月7日，经国务院批准，漫瀚调列入第二批国家级非物质文化遗产名录。

（八）鸡鸣三省

鸡鸣三省位于准格尔旗龙口镇大口村小占社，地处内蒙古、陕西、山西三省（自治区）交界处，素有“一脚踏三省、一桌吃三省、一个快门拍三省”之说。这里山清水秀，风景宜人，古迹甚多，文化底蕴丰厚，整体呈现出山西明清居民建筑风格。2014年，小占社成为旅游示范点（图7-6）。

“哥哥我走西口，小妹妹呀实在难留，手拉着我哥哥的手，送我送到大门口……汪汪的泪水止不住地流，只恨哥哥我不能带你一起走，只盼哥哥我早回到家门口。”一首《走西口》，唱出了一批又一批移民背井离乡北上口外的蒙古地区艰苦创业的辛酸史。

大口村是山西等地的民众从西口古渡过黄河后“走西口”的路线之一，也是陕西府谷东北部的民众“走西口”的路线之一，山陕地区民众从小占的一个路口往北走，

---

① 张占霖主编：《鄂尔多斯文化·综合卷》，社会科学文献出版社，2011年。

图7-6　鸡鸣三省之地

越过长城进入准格尔，再到达拉特、包头、五原、临河等地。

这里有明长城、古渡口，在走西口的路上发生了许多可歌可泣的故事，晋文化、陕北文化与蒙古人的草原文化在这里融为一体，漫瀚调、二人台等民间艺术都是蒙汉交融、文化融合的重要体现。我们的祖辈就是从这条路上走到了内蒙古，带着闯一闯的劲头，带着开拓者的勇气，来到了广袤的草原，并在这里生根发芽。

（九）封贡互市明蒙商贸文化街

封贡互市明蒙商贸文化街，位于中国首个城市4A级旅游景区——康巴什区中心地带，该街紧邻乌兰木伦景观湖，地处康巴什中轴线商业中心黄金地段。总面积达3.3万平方米，依托鄂尔多斯地区独特的民族特色文化，结合明清风格的特色建筑，打造出独具明蒙风情的商贸文化街（图7-7）。

明代，蒙古牧民与中原地区进行生产生活必需品的交换需求非常迫切，这使得封贡互市盛行起来。康巴什的封贡互市明蒙商贸文化街正是这种古老贸易和文化的集中体现。其以1∶1的比例还原了明蒙时期的历史文化，再现了蒙、汉人民的生活场景、饮食及服饰文化。封贡互市明蒙商贸文化街内部设立了四个专区，分别是蒙古族游牧生活摄影区、鄂尔多斯非物质文化展演区、蒙古族箭道区、手工皮制品现场制作区。可以充分让游客了解蒙古族生活，体验蒙古族习俗并增加现场互动性和体验感。

封贡互市明蒙商贸文化街每年举办数次中蒙俄韩商品交易会，是今天实践草原丝绸之路、万里茶道、“一带一路”交往贸易的重要场所。

图7-7　封贡互市明蒙商贸文化街

三、长城带综合分析

“长城带”这一概念最早由李凤山教授在1990年10月召开的“山海关首届中国长城学术研讨会”上提出并开始使用。从地理位置上看，其大致包括今天秦岭淮河一线以北的黑龙江、吉林、辽宁、河北、北京、天津、内蒙古、山西、陕西、宁夏、甘肃、青海、新疆、河南和山东等省（市、自治区）的全部或部分地区。其范围，南北宽数百乃至上千千米，东西长数千千米。在这个广阔的地带，农耕经济与游牧经济相互交错，汉文化与少数民族文化相互交融，中原农产品、手工业产品与北方牧业产品相互交换，汉族和少数民族相互融合，形成了一个多元一体的大熔炉，对中华民族的历史发展做出了卓越的贡献。

（一）农耕与游牧

中国特殊的地理位置和地形、气候特点，决定了中国古代东西两区南北三带的经济、文化天然布局。两大区即北起兴安岭，经燕山、阴山、贺兰山、岷山至横断山脉一线，其东为农业经济发展地区，其西是畜牧业，间有河谷和绿洲的小块农业或农牧经济相结合的发展地区。三带即秦岭、淮河以南为水田农业经济发展带；其北至阴山、燕山以南和东北平原是旱作农业经济发展带；阴山以北、贺兰山以西为畜牧业经济发展带。两区三带的天然布局，构成中国古代农、牧两大经济文化类型。

长城带包括了旱作农业经济发展带全部和畜牧业经济发展带的绝大部分地区，构成一个完整独立的经济体系。长城带在经济上以农业经济为基础，以畜牧业为重要补充，两种经济相互依存、互相补充；在文化上则是以农耕文化为主导，农、牧两种文化相互渗透和吸收，不断汇聚与辐射。

在历史过程中，农业首先在黄河中下游地区发展起来，该地区最终成为整个中国农业经济、文化的腹心和全国交往汇聚的中心。兴安岭以西、阴山以北的内蒙古大草原，则凭借其得天独厚的条件发展成为典型畜牧业经济、文化的腹心。万里长城，自古就坐落在这两大经济、文化腹心的自然交汇处，既将两种经济、文化隔开，又将两种经济、文化紧密联结在一起。

鄂尔多斯高原正好位于农业经济与畜牧业经济的交错地带。鄂尔多斯广大草原地区适宜游牧，秦汉时期的匈奴、隋唐时期的突厥、两宋时期的党项、元以后的蒙古等民族都曾在这里游牧，甚至建立了国家。但在黄河沿岸、无定河畔以及高原南端也适宜农耕，秦汉以来，尤其是唐代、清代时，农耕文化在这些适宜发展农业的地区得到了迅速发展，当中原农耕王朝占据这些地方并普遍推行军垦和屯垦后，农耕经济更是发展迅速。

毋庸讳言，长城的修建与存在，最初是作为封建统治阶级的政治藩篱，曾给古代中国农业经济文化与畜牧业经济文化的交流、往来和发展制造了许多不便，并带来一定的消极影响。尤其是当农、牧两区的统治阶级上层因各自的利益而关系紧张，甚至发生冲突的时期，掌握中原政权的统治者往往关闭互市贸易场所和交通要道，严禁人员和物资进入畜牧业地区，限制和阻碍了农、牧业地区得到对方的物资，从而给农、牧业地区的各民族带来不便，不利于各民族的正常生活、生产和农、牧业经济文化的正常发展。

农业和畜牧业是两种截然不同的生产方式，农业需要在稳定的生活环境下发展生产和进行文化积累，畜牧业则在流动放牧中收获，两种生产方式格格不入，因此，长城带农、牧两大类型的经济、文化自古就有矛盾的一面。畜牧业生产的单一性和不稳定性，使之对农业有很强的依赖性，常常造成两种经济、文化的失衡，出现严重的对抗。而古代牧区部落保留的亦兵亦民的集群社会组织，使马背民族很容易形成一定时间、一定地域内的军事优势，使其能够不断地进入农业地区进行掠夺，对农业区造成极大破坏。长城的修建与存在，便起到了把农、牧两个民族隔离开来，增强农业民族对畜牧业民族抗御能力的作用，从而有利于保护中原地区的农业经济和先进的生产方式，有益于社会生产力和封建文明的发展与积累。自秦汉至明朝，无论是哪个民族掌握政权，控制中原地区的历代统治者，多数都会利用农业社会强大的组织力量不断修筑长城，同时采取大规模向长城沿线移民、修筑交通通道、开拓边疆新区域的举措，促进了中原和长城沿线地区经济、文化的发展。

然而，长城也是农业、牧业经济的汇聚线，起着调节两种经济关系，使农业、牧业两种经济沿着主辅配置的方向有序发展的重要作用。因此，长城不单是具有将两种类型的经济文化分隔开来的作用，更重要的是它还担负着将两种经济、文化联结在一起的重任。

中国农业地区需要向畜牧业地区出卖农副产品及手工业产品，畜牧业地区是农业经济地区的重要市场；畜牧业经济则需要农业经济地区提供必要的粮食、布匹和铁、铜、锡、金、银、陶瓷等各种质地的手工业品，并向其出卖马匹、皮毛、药材等产品用以交换。因而，自秦汉至明清，长城沿线的许多关口便自然而然地成为农、牧两大经济、文化系统民族进行交易的场所，加之特殊情况下的抢掠，使农牧业产品沿长城一线集散，长城带成为国内最大的贸易市场和物资集散地。在此过程中，许多关口逐渐发展成为长城沿线的重要城镇，直到今天，它们仍在发挥着桥梁作用，我们仍然能够清楚地看到它们的风姿。可见，在一定程度上，长城既保证了农业经济、文化的正常发展，又为其与畜牧业经济的交流和相互补充提供了场所。

古代长城带的经济、文化结构与民族的构成格局，决定了中国古代农业经济地区与畜牧业经济地区的关系和农业经济、文化与畜牧业经济、文化的对立统一集中表现于长城一线。与此相适应的中国古代民族问题也集中于长城一线，且表现得异常突出。无论是民族间在政治、经济、文化上的联合与交流，还是民族间在军事、政治上的斗争，都是沿长城一线展开，它决定着主体民族的形成与发展，也决定着整个中华民族的形成与发展。这是由中国古代经济体系一分为二、农业经济与畜牧业经济的对立统一所决定的。

鉴于古代社会农、牧两种经济类型既对立又相互依赖的辩证关系，作为农业经济、文化腹心地带的中原的盛衰，与中华民族的整体发展息息相关，也直接影响到畜牧业地区的发展和安宁。历史进程一再表明，中原地区统一稳定，经济、文化发展繁荣，全国就统一安定，畜牧业经济地区和全国各民族也就共同稳步发展；相反，中原地区分裂动乱，畜牧业经济地区和全国各民族就征战不休，相互兼并，经济、文化遭到严重的破坏。长城带的安宁与否，成为整个中国治乱兴衰的晴雨表和风向标，影响着整个中国的历史进程。

（二）经济交流

农业、畜牧业各自的特点决定了两种经济相互对立又相互依赖的共存关系，尤其是畜牧业经济的脆弱性，使它对农业经济和农业地区的依赖性更大，从而使农、牧两区结成具有一定经济基础的不可分割的整体。在统一国家内，各地区、各民族之间日益强固的经济联系，促使其产生日益强烈的渴望统一的共识。

长城带的经济交流作用，主要表现在生产技艺的传播上。在历史进程中，汉族先进的生产技艺，如金属冶炼工艺及金属制品、手工业品的制作技艺以及育蚕、精耕细作等技艺，通过俘虏、移民、屯田或自然迁徙等人口流动形式，从长城带腹地向四周辐射、传播。秦汉时期，统治者在鄂尔多斯高原实行移民、垦荒政策，大批中原汉人来到鄂尔多斯，带来了先进的农耕技术和手工业技艺。汉设河西四郡，开发河西走廊，大批军卒和人民前往西域屯田，从事农业生产。在少数民族建立王朝或政权的时代，生产技艺和经济交流的规模尤为宏大。如辽宋夏金元时期，随着大量汉族进入契丹、党项、女真、蒙古等族居住的地区，中原的生产技艺从黄河中游传播到西拉木伦河流域，并进一步传播至黑龙江流域，并在各地区得到广泛应用和迅速发展。元朝大规模从长城带腹地移民并“发军”到漠北地区打井、开渠、浚河，兴修了不少水利工程，展示着中原先进生产技艺的巨大影响。

生产技艺的传播与交流是双向的。随着少数民族迁徙进入长城带腹地，他们的许多先进生产技艺，如畜牧业生产技艺，毛皮制作技艺，棉花、芝麻、花生、麦、高粱、西瓜、葡萄、苜蓿等农业和经济作物的生产技艺，马、驴、骡等畜力的繁育技艺和某些生产工具的生产、制作技艺等，也从西域或大漠南北传入中原，为长城带社会生产力和物质文化、精神文化的发展做出了不可忽视的贡献。

长城带各民族的经济交流是促进各民族进步与发展、巩固与完善统一格局的坚强纽带。西汉设西域都护府和南匈奴呼韩邪单于入塞“事汉”这两个历史事件，标志着长城带农、牧两大经济、文化区域在政治上开始成为统一体，中华民族统一格局初步形成。其后，两大区域在历史进程中虽然有分有合，但经济上的统一却自秦汉至明清一脉相承，日益紧密和完善，逐步形成各民族相互依存、不可分割的整体。这一过程，反映了经济发展的客观规律。

（三）文化交融

在历史发展过程中，长城带各民族文化不断向中原汇聚。汉文化的发展受到各民族文化的强烈影响。同时，汉族和各少数民族在衣、食、住、行和文化艺术、思想制度等方面无不进行着双向的文化交融。

少数民族的农业技术和农作物品种大量传入中原，极大地改变了汉民族的衣、食结构。以穿衣为例，从赵武灵王提倡的“胡服”到清代的“旗袍”“马褂”，古代汉族上衣下裳、宽领褒袖的笨重服饰发生了重大演变。而在饮食结构中，从西域民族传入的“来”（小麦）、“牟”（大麦）以及磨面方法，逐步改变着中原汉族“五谷为饭”的膳食种类和习惯，并逐渐变为长城带汉族及其他民族普遍而重要的食物①。中原汉族自汉代开始食用面食，当时称一切面食为“饼”，分而言之，曾有胡饼（烧饼）、馒首、汤饼（汤面）、蒸饼、煮饼（水饺）、混沌（馄饨）、水溲饼（凉拌面）等名称。

汉代末年“胡床”（马札子类）从西域传入中原，引起了汉族习俗的一场革命，它的传入改变了汉族没有桌椅、席地而坐的习俗。自汉魏迄唐，豪门贵族逐渐变为坐榻床，宋代时便有桌子、椅子、杌子等家具出现，到元代，西域民族的凭桌坐椅习俗传入长城带，汉族人民的双腿和膝盖才真正离开了地面，这是汉族文明生活的一大进步。马传入中原以后，人们改变了步行和骑牛的习惯，逐渐形成了骑马作战、骑马出行的习惯，马也成为驿传的主要工具。马的使用提高了人们的出行效率，对交通运输和生产生活产生了巨大而深远的影响。

长城带各民族的文化艺术同样对汉族的文化艺术有着极大的影响。比如，乐器中的笛、琵琶、箜篌、胡琴、羯鼓、腰鼓、唢呐等，由长城带西部或其以外地区传入，现已成为长城带乃至中国的民族乐器。音律、歌舞以及杂技艺术在长城带的影响更是突出，如龟兹乐舞，自南北朝传入中原后就极受欢迎。特别值得一提的是，清代以后在鄂尔多斯高原准格尔旗，由蒙古短调、山西山曲、陕西信天游融合而成的一种新的音乐艺术方式——漫瀚调流行开来，成为长城带民族文化交往、融合的典型代表。

总之，长城带各地各民族都对我国的音乐、舞蹈、戏剧、词、曲等产生过巨大而深远的影响。今天我国北方音乐、舞蹈戏剧、歌曲的特点，都是长城带各民族在历史发展的过程中共同构筑的，已成为长城文化的特有现象。汉族的绘画艺术、雕塑艺术、建筑艺术也受到长城带各民族的深刻影响，如现存的玉门昌马、酒泉文殊山、洛阳龙门和大同云冈等地的石窟艺术，以及敦煌的壁画艺术等，都是长城带各民族乃至世界艺术汇聚的结晶，是长城带举世闻名的文化艺术宝库，也是中华民族尤其是长城带各民族共同创造的文化艺术遗产。

长城带各民族文化相互影响、渗透，既继承本民族文化，又大量吸收国内外其他民族的优秀文化，进而形成区域性的各民族共同文化，成为中国文化的重要组成部分，体现了各民族文化的包容性。语言、文字是人类交际的工具。在长期的经济文化交流中，汉字、汉语成为长城带各民族通用的语言文字，在长城带居住过的古今民族，诸如乌桓、鲜卑、契丹、女真、回、满等就采用了汉语、汉文。局部地区也有数个不同民族共同使用一个民族语言或文字的情况。同时，各民族语言文字，都有在吸

① 李凤山：《长城与民族》，中央民族大学出版社，2006年。

纳其他民族的语言词汇，甚至利用其他民族文字的情况。西夏文字、契丹文字都借用了汉文的笔画或偏旁等情况就是有力的证据。鄂尔多斯高原上的语言融合主要表现在元代以后，尤其是明清时期走西口以后，汉语与蒙古语的交流、互鉴和融汇。语言文字的发展充分体现了各民族文化的融会性。

（四）商业贸易

在历史发展过程中，长城带各民族，逐渐成为经济上互相联系和渗透的不可分割的整体，农业和牧业两大经济、文化类型地区之间出现了带有地区分工性质的经济上的供求关系。双方所需产品，除少部分各民族统治阶级上层所需要的奢侈品之外，绝大部分是广大人民日常生产和生活的必需品，这种相互间的需要，推动并维持着古代社会长城带两大经济、文化类型民族间2000余年持续不断的商品贸易，成为长城带各民族交往、交流和联系的主要方式和表现。

长城带商业贸易往来的主要形式是互市贸易，包括由官方垄断的“官市”，如“关市”“榷场”“绢马贸易”“茶马互市”等，也包括民间的“民市”“私市”，即民间的年市、月市、日常交易等（图7-8）。长期商业贸易往来的积淀，促使长城带形成了许多商业贸易城镇，各历史时期的贸易交汇线虽然有所不同，但绝大部分时间基本一致，大多位于万里长城一线南侧的农业区，如明代著名的互市重镇张家口、大同、延绥（今陕西省榆林）、宁夏镇（今宁夏回族自治区银川）、兰州、凉州（今甘肃省武威）、甘肃镇（今甘肃省张掖）、哈密、吐鲁番、秦州（今甘肃省天水）、洮州（今甘肃省临潭）、河州（今甘肃省临夏）、西宁等地，以及东北地区的开原、广宁（今辽宁省北镇）等地，这些都是历代各民族商业贸易、物资集散的中心，是农、牧业经济区的重要联结点，在长城带的商业贸易历史中起着重要作用。明代鄂尔多斯高原东面的榆林镇北台易马城马市、南部宁夏的花马池马市、西南部鄂托克前旗的清水营东城互市，是当时蒙古鄂尔多斯部与中原汉族边民进行贸易交换的重要集市场所。即使到今天，鄂尔多斯高原的长城带内，包括与山西、陕西、宁夏的交界地带，从明代保留至今的月市、周市、赶节、赶交流等交易活动仍在长城带区域内的城镇、集市内继续上演，并盛行不衰。

在中国封建社会，长城带各民族同中央王朝或各民族统治上层之间的“贡”、“赐”和“馈赠”，既是一种政治交往手段和政治关系，又是一种重要的经济往来和交流，是同互市贸易相辅相成的一种经济形式。历史上，不论长城带主要王朝或政权是强大还是衰弱，也不论是处于和平时期还是战乱时代，长城带各民族的统治者都把“贡”、“赐”和“馈赠”视作向中央王朝或中原政权提出的一种重要要求；而中央

图7-8 《俺答封贡》（殷会利、钟捷、范新国画）

王朝或中原政权，也常常将其作为一种重要的“抚绥”手段，企图以此控制边远地区各民族。另一方面，边远地区各民族统治者常常以得到这种“贡”“赐”的机会和权力以及所取得的册封、诰命和印绶，作为在本民族地区行使统治权力和经济剥削的合法根据。这正是不可分割的政治和经济联系的体现，是生活在多民族统一国家内的各民族多元一体格局的自然反映。而各民族派出的“进贡”团队，也是一个庞大的商贸队伍，在“进贡”之后，一般都能得到相应或超过“进贡”价值的“回赐”；同时，他们绝大多数人又都带有自己的物品，在“进贡”地或往返途中换取大量物资，或以自带金银、所得赏赐银两购取大量物资随队携回，供自己享用或出售，以获取巨额利润。但不论哪种形式，“贡”、“赐”和“馈赠”，都是一种重要的经济联系和交流形式，它加强了长城带各民族之间的经济往来。

河西走廊交通要道的打通，不仅保证了丝绸古道的畅通，同时使农、牧地区一分为二，削弱了游牧民族对中原农业区的威胁，使中原农业区与新疆南部农业区联结为一体。随着历史的发展，这条通道进而成为联结中亚、南亚、西亚以及欧洲、非洲的走廊和重要枢纽，成为中外经济、文化交流和国内东、西部各民族之间经济、文化交流过程中极其重要的输送线，即人们熟知的“丝绸之路”。所有这些，都为中原经济文化的发展、积累与传播提供了便利的条件。

丝绸之路共有四条主要通道：第一条称为“沙漠（绿洲）丝路”，即由西安出发，主要经过中国河西走廊、南疆地区各绿洲城国的经济文化走廊；第二条称为“草原丝路”，主要通过蒙古草原，是一条横贯欧亚大陆的商贸通道；第三条称为“西南丝绸之路”，主要通过今云贵川藏地区至印度及东南亚，这条通道又是藏区与内地之间茶叶、马匹贸易运输之路，又称“茶马古道”；第四条称为“海上丝路”，是通过海路从中国南方沿海地区，经东南亚、印度洋，抵达波斯湾的海上贸易通道。丝绸之路起始于古代中国，连接亚洲、非洲和欧洲的古代商业贸易路线，它深刻地影响了沿线各国的经济、政治、文化、艺术、哲学、宗教发展，为这些文明的发展留下了不可磨灭的印记。

草原丝绸之路是蒙古高原沟通亚欧大陆的商贸大通道，是丝绸之路的重要组成部分，它起于内蒙古阴山长城沿线，向西北穿越蒙古高原、南俄草原、中西亚北部，直达地中海北陆的欧洲地区。草原丝绸之路随着匈奴、突厥、蒙古等游牧民族的兴盛而兴起，东端的中心地在内蒙古地区，这里是草原文化分布的集中地和东西文化和南北文化交流的汇集地，同时也是当时游牧经贸文化交流的大动脉。蒙古高原、鄂尔多斯高原是“草原丝绸之路”南端的不可替代的重要地区和必经之地。

以鄂尔多斯草原丝绸之路为例，其在距今几万年前的旧石器时代表现为石器之路，在青铜时代表现为青铜之路，在秦汉时期表现为秦直道及其他天然通道，在隋唐时期表现为受降城道及参天可汗道，在明清时期表现为万里茶道，在清朝和民国时期表现为走西口所经道路。历代鄂尔多斯草原丝绸之路虽然路线不同，但都起到了加强经济交流、文化交融、贸易交往和民族融合的重要作用。

鄂尔多斯高原地处内蒙古中南部，三面环绕黄河，南接中原，北通大漠，历史上匈奴、突厥、蒙古都曾在这里放牧、崛起。这里宜农宜牧，南面农区的粮食、丝绸，北面牧区的皮革、马匹和本地盛产的糜子、牲畜、池盐等产品都在这里进行交换、贸易，使得鄂尔多斯高原成为历朝历代沟通关中与塞外，乃至中西经济、文化交流的大通道，成为亚欧大陆草原丝绸之路上的交通枢纽和中心区域。

包括鄂尔多斯高原在内的长城以北的广阔草原自古以来就是北方游牧民族繁衍生息的地方，众多游牧民族先后在这里与中原、西域发生交往，创造了灿烂的草原游牧经济文化。鄂尔多斯草原丝绸之路，体现了北方草原游牧民族开放、包容的思想理念，促进了社会生产力的发展，它的出现标志着人类社会发展进入新阶段。草原丝绸之路，是农牧经济产生与发展的结果，其以产品交换形式打通了东西方经济文化交流的大通道，直接连通中原、亚欧，是当时世界最为活跃、距离最长的丝绸之路。草原丝绸之路不仅推动了蒙古高原的文明进程，同时也推动了草原丝绸之路沿线各国经济、文化的发展。

（五）民族融合

从考古材料看，早在新石器时代，农业、畜牧业两种经济、文化的交流就已进入了准备或起步阶段；西周晚期，北部和西北部各人类群体的内迁标志着两种经济、文化的交流正式开始，早期的华夏民族便是这种融合的结果，并且继续发展为汉族。战国末期，匈奴民族形成，长城带以农、牧两大系统民族为主的民族融合开始了。

秦汉时期，强大的匈奴奴隶制多民族政权以河套、阴山为政治经济中心，控制东到辽东平原，西达天山南北，北抵贝加尔湖、叶尼塞河流域，南至河北、山西、陕西北部黄河一带广大地区，其文化为典型的北方干旱草原型游牧经济文化。继匈奴之后兴起的东胡系乌桓、鲜卑同样是游牧民族，它们据有匈奴故地，实力超过匈奴。长城带的西部羌系民族也是游牧民族，很早就向长城带腹地迁徙。秦汉至隋代以前的800余年间，长城带的民族征战、迁徙、交往与融合，都是在中原农业民族和北方游牧民族之间进行的。魏晋时期所谓“关中之人百余万口……戎狄居半”的情况，正是长城带在民族融合过程中各民族混杂居住阶段的具体写照。唐至明的七八百年间，活动于长城带上的游牧民族有突厥、回鹘、契丹、党项、女真、蒙古等，他们大规模地同农业民族交往，相互吸收或大批融合于农业民族两大文化系统之中。元朝、清朝是由蒙古族、满族建立起来的全国性的政权，更是呈现了民族间的大融合状况。

长城带是中国北方民族融合的巨大纽带。长城地处北方干旱农业与干旱草原交错地区，是农业和畜牧业两大民族交合地域，它像一块巨大的强力磁石吸引着各民族不断地步入长城带。但是，不论哪个民族来到这里，都毫不例外地被融合于此。这是长城带民族融合纽带历经千年经久不衰的历史现象，是凝聚形成中华民族的历史过程和深刻表现。

（六）多元一体

中华民族，是对居住在中国领土内的古今各民族的总称，是由众多民族在形成为统一国家的历史发展过程中逐渐形成的民族集合体。中华民族多元一体是由具有民族认同心理的古今各民族单位构成的多元统一体，现今共有56个民族。从历史发展过程看，长城带一直是我国多元一体最直接体现的重要区域。

长城带是中华民族的摇篮，是最早的地区性统一中心。陈连开教授等认为，中原农业地区的华夏汉族与北方畜牧业地区的匈奴族的汇合便是中华民族形成之始。不仅如此，中华民族实体的形成也源于长城带。长城带在中华民族的历史发展中起着决定性的作用，它始终是中华民族统一与分裂的决定性因素。在中国数千年的历史发展过程中，分裂与统一反复出现，然而，虽有南北朝、五代十国、辽宋夏金等政权的鼎立，但最终都走向更高级别的统一。而这些分裂与统一势力的活动，大都发端于长城带①。

我国是各族人民共同缔造的统一的多民族国家，我国各族人民的大团结具有深厚的历史渊源和广泛的现实基础。在漫长的历史进程中，我国各族人民密切交往、相互依存、休戚与共，形成了中华民族多元一体的格局，共同推动了国家发展和社会进步。这一科学的结论，是对我国统一多民族国家历史发展规律的重要总结。费孝通教授主编的《中华民族多元一体格局》一书指出：中华民族是由许许多多分散孤立存在的民族单位经过接触、混杂、联合和融合，同时也有分裂和消亡，形成的一个你来我往、我来你去，我中有你、你中有我，而又各具个性的多元统一体。作为这个多元一体的核心，即华夏族——汉族，像滚雪球一般地越滚越大，把周围的异族都吸收进来。汉族在不断壮大的同时，也渗入到其他民族的聚居区，构成具有凝聚作用和联合作用的网络，奠定了在中国疆域内许多民族联合成不可分割的统一体的基础，最终形成中华民族。

中华民族多元一体格局在形成过程中显示出的主要特征是：第一，存在着一个凝聚的核心——汉族。从新石器时代到青铜时代形成并发展的华夏族团，经过春秋战国的逐步融合和秦的壮大，到汉代在多元的基础上统一成为汉族。汉族经过2000年的扩

① 李凤山：《长城与民族》，中央民族大学出版社，2006年。

展，融合了众多其他民族的人，成为目前56个民族中人口最多的民族。汉族主要聚居在农业地区，少数民族地区的交通要道和商业据点一般也都有汉人长期定居，并大量深入到少数民族聚居地区，形成一个点线结合、东密西疏的网络，而这个网络正是多元一体格局的骨架。第二，少数民族聚居地区占全国面积的一半以上，主要是高原、山地和草场，所以少数民族中有很大一部分人从事牧业。少数民族聚居区这个概念是指有少数民族聚居其内的地区，并不排斥有汉族居住在内，甚至人数上可以占多数。在这种多民族杂居的情形下，汉族固然也有被当地民族吸收的，但主要还是依靠深入到各少数民族地区的队伍，发挥它的凝聚力，巩固了各民族的团结。第三，少数民族一般都有自己的语言，但他们在和汉人的接触中大多已学会汉语，汉语已逐渐成为共同的通用语言。第四，民族融合是出于社会和经济的需要。如果要寻找一个汉族凝聚力的来源，汉族的农业经济无疑是一个因素。一个游牧民族进入平原，落入精耕细作的农业社会里，接受了农业文明，便主动融入汉族，融入中华民族大家庭之中。第五，中华民族成为一体的过程是逐步完成的。先是各地区分别有自己的凝聚中心，各自形成了初级的统一体，再通过初级统一体之间的流动、混杂分合，形成更大的统一体。民族凝聚力是中华民族多元一体格局的根本特征，是中国多民族历史发展的产物。

从中国多民族历史发展的脉络可以清楚地看出，中华民族多元一体格局是一个历史必然过程。先秦秦汉时期是中华民族多元一体格局的出现时期，不同类型的游牧民族文化及定居农耕文化的出现，体现了早期中国多民族文化的多元性质。华夏族的祖先很早就在黄河中下游定居，并显示出其文化的优势，在内部不断整合的同时，融入周边若干氏族部落，进行经济文化交流，这导致了春秋战国时期我国历史上第一次民族大融合。秦统一六国，建立了中国历史上第一个真正意义上的统一多民族国家。汉承秦制，进一步扩大了统一国家的疆域，纳入了更多民族群体，汉族得到进一步稳定发展。随着汉朝疆域的扩大，汉族人口向少数民族地区迁移，其先进的经济和文化也传入周边民族之中，发挥了主体民族的凝聚作用。汉朝政府采取羁縻政策，既保留少数民族原有的政治结构、经济形态和风俗习尚，又通过少数民族领袖人物对汉朝的臣服、纳贡和应征，加强了多民族国家的统一，从而出现了中国各民族多元一体的初步格局。魏晋南北朝、隋唐时期是中华民族多元一体格局的发展时期，这一时期形成了我国历史上第二次民族大融合。北方少数民族的大量内迁造成了各族之间错居杂处。随着汉族与各少数民族间了解的加深以及少数民族的封建化，汉族共同体进一步发展壮大。同时，北方战乱不断引起大量汉人南迁，他们大多移居淮河流域和长江三角洲，更远的到汉水流域，甚至迁至岭南、云南。北人南迁带来了先进的生产技术和文化，其与南方各族交错杂居，促进了各族的封建化进程及其与汉族的融合。这为隋唐时期更大范围的统一和各民族共同发展奠定了基础。唐朝的疆域远远超过汉朝，更多的民族群体被纳入唐帝国范围之内，形成更大的多元一体格局。辽宋夏金时期，虽未出现全国统一的王朝，但却是中国历史上第三次民族大融合时期，中华民族多元一体格局得到进一步发展。这一时期，包括契丹、党项、女真、回鹘、吐蕃等在内的10余个少数民族政权先后并存，不但使边疆地区得到开发，缩短了其同中原汉地的差距，而且形成了区域性中心，实现了地区的统一，从而为全国大一统创造了条件。各民族政权之间除了统治阶级争相角逐和战事不断外，也存在和平的经济文化交流，各族自然而然地向汉族农业文明这个核心倾斜。无论是战争还是经济交流，都造成大量人口的频繁流动，从而加强了相互间的经济交流和文化认同，为民族融合创造了条件。这一时期，各民族政权多以中国自居，民族认同感大为增强。大一统的元朝建立后，各民族呈现出更为广泛的杂居共处和不断的相互融合，统一政令推行于民族地区，边疆民族地区得到开发，少数民族为国家的经济发展、科学进步、文化繁荣做出了巨大贡献，农业区和游牧区实现了大一统。明清时期是中华民族多元一体格局的稳固时期。明朝在全国实行卫所制，在边疆民族地区设有羁縻卫所。在西南、中南少数民族地区，则承袭元朝土司制度并使之更趋完备。清朝建立后，采取许多重大措施稳定边疆，使多民族国家的统一得到进一步巩固和发展，清朝疆域奠定了近现代中国各族人民共有的疆土。此时，生活在中国广阔土地内的56个民族作为民族共同体都已定型，各民族聚居区也都趋于稳定。鸦片战争后，列强侵入我国，共同的命运使中国各族人民在反帝反封建斗争中日益自觉地紧密结合成一个整体。

中华民族多元一体格局是中国在特定条件下多民族历史发展的必然结果和必然归宿，因此，也必然形成“汉族离不开少数民族，少数民族离不开汉族，各少数民族之间也相互离不开”的传统。中华民族多元一体格局既是中国统一多民族国家历史渊源和现实结构的客观反映，也是中国统一多民族国家未来构造的必然取向①。

四、长城的巨大影响力

（一）长城的作用

修筑万里长城，是农耕民族为防御游牧民族的掠扰，保障农业经济的有序发展，维护统治阶级的统治，不得已而采取的一种特殊的隔离举措。万里长城之所以能够存在两千多年，不仅是因为它存在的合理性，也是因为它存在的必要性，也就是说，它能够承担起农业社会寄予它的某种希望。

① 陈育宁：《民族史学概论》，宁夏人民出版社，2006年。

1. 防卫和保障作用

中国古代居住在中原农业地区的统治者，面对来如风雨、卒莫能御，去如绝弦、速不可追的骑马民族，既不可能采取军事进攻的手段彻底消灭其有生力量，又不能通过单纯的军事防守来很好地防御，只能采取修筑长城予以隔离、阻挡，借以保护农业经济文化有序发展的举措，这可以说是一种无奈的选择。在以冷兵器为主要战争武器的年代，以长城进行军事设防，遏制北方游牧民族的袭扰，是国家安全保障的需要，是某一时间和空间内人类生存的必然产物，其积极作用十分明显。

长城的隔离作用，既有一般的障御性效应，又有军事防卫的功能。长城的修筑与存在，自然成为游牧民族进入农业区的障碍，某种程度上起到了将两种经济形态地区隔离开来的作用，保证了农业经济地区的基本稳定，从而保证了农业生产和经济文化发展与积累所需要的基本条件，保证了农业文明的继续发展，这就是人们经常提到的长城“障屏蔽”“拒胡”作用的最主要的内容。而从军事防御层面上来说，长城可以增强农业生产地区对于游牧民族各种规模的军事进攻的抗御能力，尤其进入秦汉以后，农业社会越是扩充发展，长城的防卫、抗御能力就越显得突出。长城是冷兵器时代骑兵难以逾越的一道障碍，它可以有效地延缓骑兵进入长城以内的时间、规模和机会，一定程度上保障长城以内军队调动的时间和应对措施的实施。长城不是简单的一条城墙线，它是由城墙、亭、障、斥候、烽火台、壕沟、敌台、关堡等众多军事设施共同构成的一整套综合性的带状防御体系。这一体系，在一定历史时期和一定条件下，起到了应有的延缓、抗击和防御游牧民族军事攻击的作用，而这正是长城存在两千余年间的主要功能。

2. 促进经济开发

鄂尔多斯高原的经济开发与万里长城有着密切的关系。秦汉前期，在南北东西的人类群体交流，基本上还是一体的。到汉朝以后，整个鄂尔多斯地区逐渐发展出自成体系的移民经济和移民文化。鄂尔多斯地区的移民开发，有文献可查的是始于秦始皇三十六年（前211年），“迁北河榆中三万家”，即秦王朝强迫内地人民三万户迁往今内蒙古河套及准格尔旗一带进行屯田垦殖。到汉朝，移民屯垦的规模日益扩大，汉宣帝时，大臣上“屯田奏”，屯田开发活动逐渐系统化、制度化。其后，历代民屯、军屯多有坚持和反复。直到元朝，鄂尔多斯地区人口和民族构成发生重大重组，同时，疆域的空前扩大和统一，使得大批蒙古人尤其是鄂尔多斯部常驻鄂尔多斯高原，汉代以来开始形成的灌溉农业与畜牧业相结合的农、牧经济转变为较为稳定的畜牧业经济并快速发展，移民文化发生很大变化。清朝以后，由于在鄂尔多斯地区大量放垦开荒，鄂尔多斯高原进入农耕经济与牧业经济并行发展的时期。

（二）长城带对今天的巨大影响

长城带经济文化交流的影响十分广泛、深远，历代各民族的历史、经济和文化发展、各民族自身的形成与发展，都直接受益于长城带持续不断的经济文化交流，时至今日，我们仍然感受着它强烈而广泛的影响。

1. 提升了人民的生活水平，改变了人民的生活方式

整个长城带不同地区、不同民族的社会经济结构和经济文化发展水平差异性较大，在生产和生活上都需要与其他地区相互调剂和补充。长城带的经济文化交流成功地起到了这种作用。

人们的一日三餐是最普通不过的事情了，然而，在长城带历史发展的长河中，其发生了极其巨大的变化。粟、稷、百谷、粱等中原人民早期的食物品种，在同周边各民族的经济文化交流中发生了巨大变化。我们日常生活中所吃的小麦面粉及其许多食用方法，其实是在古代经济文化交流中，从西域人那里传入长城带乃至全国的。小麦及其食用方法的传入，丰富了各民族饮食文化的内容，改变了中原居民“五谷为饭”的较为单调的饮食习惯，此后，无论是日常生活中的饮食品，还是逢年过节的特殊食品，或是祭日供品，各地都繁衍出各具特色的花色品种，为我们的饮食生活增添了无穷乐趣。

穿衣是另一项再普通不过的日常生活必需。我们都知道，中原古代先民的衣着原是“宽领褒袖”，日常劳动极不方便，在同周边民族的长期经济文化交流中，中原先民不断学习周边民族的衣着形式，并将之逐渐改进为便装，方便了生产和生活。而且，中原的古代先民最早是“衣麻”，随着“白叠”——棉花从西域的传入，劳动人民逐渐改穿“布服”。此后，随着经济文化交流的扩展，皮革的鞣制技术和毛皮传入中原，毛皮服装开始在部分较为富裕的人群中流行，今天更成为广大群众喜爱的服饰。而长城带从事畜牧业生产的民族，原来是“衣兽皮”，随着经济文化的交流，中原的丝绸，尤其是棉织布匹传入牧区，广大牧民改以穿布衣为主，大大方便了生产和生活，同时丰富了服装的花色品种。

饮茶习俗源自中原，茶叶、茶具传入牧区和其他地区以后，成为当地居民日常生活的必需品，一些地区和民族还养成了饮茶和尚茶的习惯。茶叶自古就是中原与牧区进行交换的大宗商品之一，茶叶在长城带的大量行销，有益于提高各民族居民的生活质量和身体素质。随着历史的发展和经济文化交流范围的扩展，茶叶和饮茶习俗，通过长城带扩展到周边国家和地区，逐渐享誉世界。

进入铁器时代之后，人类生产和生活就再也离不开铁制品。但在不同政权之间的

统治阶级关系紧张的特殊历史时期，占据长城以南农业地区的统治者，往往采取严禁铁、铁锅和铁器制品运入牧区的政策，给牧区生产生活造成极大的不便，致使长城带某些牧区曾发生牧民因为没有铁锅而“以皮贮水煮肉为食”的情况。这从反面说明了经济文化交流能够给各民族带来生产和生活的方便。

中原地区居民原来的起居习俗是“席地而坐”。西汉末，“期床”（高坐凳、马扎之类）从西域传入中原以后，引起中原习俗的一场革命。汉、魏迄唐，豪门贵族时兴坐榻床，宋代出现了桌子、椅子、杌子等家具，直到元代才形成普遍凭桌坐椅的习俗，这才有了我们今天的方便。

2. 促进了经济发展和社会进步

经济文化交流自古就是社会进步与发展、经济文化发达和积累的催化剂，它与人类的发展和文明进步息息相关，是人类相互促成彼此经济文化发展的重要因素，是打破封闭落后状态、实现各民族开放发展必不可少的条件。同世界其他地区一样，长城带各民族在社会进步与经济发展上，也是相互影响、共同发展的，而且表现得尤为突出，事例不胜枚举。

赵武灵王所推行的“胡服骑射”，就是地处长城以南的赵国统治阶级上层，吸收游牧民族的骑射文化后，在中原进行的一场激烈社会变革。它的推行，引起了一场军事和政治革命，带动了赵国社会经济文化的全面发展，使赵国一跃成为北方的强国。

清代“旅蒙商人”进入蒙古大草原深处进行大规模、广泛的经济贸易活动，也是一场大规模的经济文化交流。它一方面满足了牧区牧民更加广泛的经济文化需求，更重要的是对广大牧区的经济结构和牧民的思想意识产生了巨大影响，牧民开始越来越多地利用以往被他们丢弃的物品，从“旅蒙商人”那里换取日常生产和生活用品。经济文化交流的扩大，又进一步刺激畜牧经济为进行必要的交换而扩大再生产，使它的部分产品开始纳入商品经济流通的范畴，进而使一部分蒙古人从他们祖祖辈辈所从事的纯畜牧经济中分离出来，开始从事一些手工加工业、交通运输业，甚至有一部分人开始从事商品贸易活动。这种变化对畜牧业民族来讲尤为重要，它表明，大规模的经济文化交流终于使落后的畜牧经济的社会基础发生变化，落后、封闭和相对保守的经济开始被纳入与中原相对先进的经济逐渐“同步”运转的轨道，这无疑是整个蒙古大草原社会发展的一线曙光，会给其经济文化发展和积累带来新的希望。

清朝完成国家统一后，清政府对地处今天国境线内外的哈萨克诸部、准噶尔诸部、土尔扈特诸部以及新疆、青海、西藏等地区展开空前规模的“茶马”“丝绸”贸易活动，促进了这些地区的经济文化发展和社会进步。随着时间的推移和贸易的发展，民间贸易崛起，其规模更大，范围更广，更趋多样化，扩展到陕西、甘肃、宁夏、青海等地区，形成一场涉及国内乃至国际的大规模经济文化交流。这一经济文化交流，使整个西北地区的社会经济文化得到迅速恢复和发展。

3. 开辟了四通八达的商贸通道并最终形成丝绸之路

秦朝完成统一中国的大业之后，极其重视对北方民族的防御，不仅修筑了将旧有长城连成一线的秦长城，还修筑了以长安为中心，通往长城沿线各重要地段和关口的驿路“驰道”，以及纵贯鄂尔多斯高原的“直道”，可被视为长城带修筑四通八达交通网络之始。汉代张骞通西域以后，联系国内外使节往来和商业贸易的交通通道——沙漠“丝绸之路”真正形成，并成为真正意义上的交通网络。此后越来越多的国内外，尤其是边疆和国外的使者、商人穿梭于这条商道，从事政治、经济和文化交流活动，道路的功能不再是单纯的驿传，而是具有了多重功效。在汉与匈奴“通关市”，开启由官方控制的经济文化交流活动之后，这些交通通道担负起维护经济文化往来的主要功能。自秦汉至隋唐，长城带形成了几条联系国内、国际的著名交通干道，而且历代延续不断，对社会发展起着巨大作用。

（1）以长安为中心，向西穿越河西走廊和新疆，通往中亚、欧洲、阿拉伯半岛以及非洲、印度的交通干道，即世界公认的“丝绸之路”西段干道。这条干道的具体走向在不同历史时期不完全相同，而且有南路和北路之区分。这条路自起点长安向东，沿燕山南麓东行，经营州柳城（今辽宁朝阳）过鸭绿水（江），达朝鲜半岛，延抵日本，是为“丝绸之路”东段。此段也是通往整个东北地区和黑龙江流域的主路。

（2）以长安为中心的南北干道。这条路古已有之，至唐代发展成较大规模，基本路线是从长安北行，经中受降城（今内蒙古包头西），再北行经鹈鹕泉（今内蒙古杭锦后旗北）至漠北，抵回鹘牙帐（在今蒙古人民共和国的哈剌和林一带）。这条路在历史上又被称作“参天可汗道”。元朝至清代，此路的起点移至北京，北行经张家口等地至内蒙古自治区、蒙古国各地。在唐代、元代和清代，北行路线又是经乌里雅苏台、科布多，穿越阿尔泰山至阿力麻里（今新疆霍城附近）或是经恰克图前往亚、欧各地的繁忙道路，有的学者称它为“欧亚草原之路”“地球的纽带”。南行路线则是从中心起点往南，通往中原及江南、西南等各地。四通八达的交通网络既是在长期的中外政治、经济文化交流中形成，又对社会发展和经济文化交流起到了重要作用。

4. 促成一批在国内、国际有重大影响的商贸城市的建立

随着长城带交通网络的形成和社会经济文化的发展，逐渐衍生出一批城镇。当今长城带上大多数城镇的形成，都与经济文化交流有关。张家口、大同、延绥（今陕西榆林）、宁夏镇（今银川）、兰州、凉州（今甘肃武威）、甘肃镇（今甘肃张掖）、哈密、吐鲁番、乌鲁木齐、喀什、伊犁、塔城、秦州（今甘肃天水）、洮州（今甘肃临潭）、河州（今甘肃临夏）、西宁以及东北地区的开原、广宁（今辽宁北镇）、卜奎（今黑龙江齐齐哈尔）等大中城镇，都是历代各民族在长城带进行经济文化交流时进行商业贸易、物资集散的中心地。最典型的例子是多伦诺尔（今内蒙古多伦），其直到今天仍是在中国地图上很难找到的一个小城镇，康熙三十年（1691年）多伦会盟之前，这里还是一片优良的牧场，会盟后，随着旅蒙商人的发展和商业活动的扩展，这里逐步变为一个商贸人流、物流繁盛的城镇，集中反映了长城带经济文化交流对于城镇形成的影响。而形成的商贸城镇，又在国内外经济文化交流中起着桥梁与纽带作用。

（三）长城成为中华民族精神的象征

长城熔铸着中华民族勤劳勇敢、自强不息的民族精神。长城历经两千多年的修建，是中国古代劳动人民凭借着血肉之躯，历经千辛万苦在崇山峻岭、荒漠戈壁上建立起来的伟大奇迹，体现了古代劳动人民高超绝伦的建筑技术工艺。长城的修建锻造了中华民族吃苦耐劳、顽强坚毅、众志成城的民族骨骼。

长城积淀着中华民族博大精深、灿烂辉煌的文化内涵。历史上长城内外农耕文明和游牧文明不断的碰撞与融合交流，在长城的沿线形成了独具魅力的长城文化，推动了多民族共同奋斗、共同发展的历史进程。

长城凝聚着中华儿女同仇敌忾、共御外辱的爱国情怀。在抗战时期，中国军队在山海关、多伦、百灵庙、大青山等长城沿线地带，英勇抗击日本侵略者。在人民大会堂的大型壁画和国家大型活动的背景图中，都不乏万里长城的经典画面。长城形象和长城精神已经深入到中国人民的骨髓之中。“不到长城非好汉”，长城已经成为中华民族勤劳、智慧和精神的象征。

第八章　长城现状与保护

鄂尔多斯地区人类历史悠久，文化底蕴深厚，文物资源丰富，保留下了丰富多彩而又独具特色的文化遗产。其中历代长城是分布最广、路线最长、体量最大的线性文化遗产。近年来，鄂尔多斯市各级党委、政府高度重视文物保护工作，特别是各级文物管理部门，积极开展长城普查和保护工作，取得了很大成效。

一、往年长城调查研究和保护情况

（一）往年鄂尔多斯长城调查、研究情况

1980年，陕西师范大学史念海教授曾对伊金霍洛旗、准格尔旗境内的战国秦长城进行调查，调查成果《鄂尔多斯高原东部战国时期秦长城遗迹探索记》发表于《文物与考古》1980年第1期。

1985～1987年，第二次全国文物普查期间，伊克昭盟文物工作站王志浩先生和鄂托克前旗文物保护管理所余国强先生调查了鄂托克前旗境内的明长城；伊克昭盟文物工作站高毅先生调查了伊金霍洛旗境内的战国秦长城；伊克昭盟文物工作站杨泽蒙先生调查了达拉特旗、东胜区境内的战国秦长城。调查成果发表于国家文物局2003年11月编辑出版的《中国文物地图集·内蒙古自治区分册》上。

1996年，内蒙古文物考古研究所李逸友先生到准格尔旗、伊金霍洛旗南部访查长城遗迹。后来，又考察了东胜区、准格尔旗的一些烽燧遗址，调查成果《内蒙古史迹丛考》发表于《内蒙古文物考古文集》（第二辑）。

（二）往年长城保护情况

长城是祖先留给鄂尔多斯的宝贵遗产和财富。由于鄂尔多斯市的长城年代久、分布广、里程长，保护长城任重而道远。鄂尔多斯市及之前伊克昭盟各级政府、文化文物部门进行的长城保护工作主要有以下两方面。

1. 出台长城保护文件

（1）伊金霍洛旗人民政府出台了《伊金霍洛旗秦国长城遗址保护管理暂行办法》，为战国秦长城的管理、保护提供了依据。

（2）1994年，伊金霍洛旗人民政府下发文件《关于将新庙、秦长城遗址列为旗级重点文物保护单位的通知》（伊政发［1994］46号），将伊金霍洛旗战国—秦昭襄王长城列为旗级重点文物保护单位，并划定1平方千米的保护范围，由旗文物管理所负责管理。

（3）2002年，伊金霍洛旗人民政府下发文件《伊金霍洛旗人民政府关于建立纳林塔秦国长城遗址（战国）保护管理机构划定保护范围和建设控制地带的通知》（伊政发［2002］76号），确定纳林塔秦国长城遗址（战国）保护管理机构为旗文物保护管理所，具体负责该遗址的保护管理工作，纳林陶亥镇人民政府予以协调配合。确定的保护范围和建设控制地带为该段长城南北各1千米，共计2千米，东西两侧各0.5千米为重点保护范围，再向南、北、东、西各延伸0.5千米为建设控制地带。

（4）2006年，鄂托克前旗人民政府下发文件，确定了鄂托克前旗明长城的保护范围为以墙体为基线向外扩展100米，建设控制地带为以墙体为基线向外扩展200米。

（5）2010年，达拉特旗人民政府下发文件《达拉特旗人民政府关于公布第二批旗级重点文物保护单位及其保护范围建设控制带的通知》（达政发［2010］291号），决定战国秦昭襄王长城·敖包梁段（战国）（白泥井镇境内）、秦汉长城·新民堡段（秦代、汉代）（王爱召镇、树林召镇境内）为第二批旗级重点文物保护单位，并划定长城遗迹的保护范围以长城两边各向外延伸200米，建设控制带再向外延伸200米。

2. 保护碑设置情况

（1）1990年，鄂托克前旗人民政府在鄂托克前旗芒哈图村南长城北侧0.21千米处立石质保护碑一块。碑宽1.5米，高1米，厚0.15米，底座高0.5米。

（2）1996年，伊金霍洛旗人民政府在纳林塔长城1段西侧立水泥包砖保护碑一块（图8-1）。碑高1.2米，宽1.5米，厚0.15米，底座高0.5米。内容为“纳林塔战国秦长城”。

（3）2001年11月18日，伊金霍洛旗人民政府在纳林塔长城3段西北侧立石质保护碑一块，基座为水泥。碑高0.65米，宽1.3米，厚0.1米；基座高0.45米，宽1.5米，厚0.35米。

碑正面内容：

全国第五批重点文物保护单位

纳林塔秦国长城遗址（战国）

图8-1　纳林塔长城1段西侧所立水泥包砖保护碑

中华人民共和国国务院公布

二〇〇一年六月二十五日

伊金霍洛旗人民政府立

二〇〇一年十一月十八日

碑背面内容：

纳林塔秦国长城遗址（战国）简介

纳林塔秦国长城遗址（战国）为战国时期秦昭襄王所筑（公元前255—251年），史学界又称“秦昭襄王长城”。《史记·匈奴列传》有“秦昭王时，杀义渠戎王于甘泉，遂起兵伐义渠，于是秦由陇西、北地、上郡筑长城以拒胡”的记载。

二、鄂尔多斯长城现状

岁月千年，风雨涅槃，鄂尔多斯境内部分长城已受到不同程度的损坏，长城保护工作形势不容乐观。就目前长城的保护现状而言，由于历史欠账较多，虽经多种途径抢救但收效甚微，特别是距离市区较近的长城，保护状况相对较差，破坏相对严重。

（一）长城保存现状

经历了长年的风雨侵蚀、山洪冲刷、沙丘掩埋以及昆虫、鼠类、鸟类繁衍生存的损坏，加上历代居民在这块土地上种地、放牧的影响，以及近现代人为取土、开矿、挖煤、修路、架线、掏洞、种植、放牧、取土石盖房等生产生活活动的毁坏，鄂尔多斯长城已经是千疮百孔，保护和研究工作急需提上议事日程。

2012年6月5日，国家文物局公布全国历代长城总长为21196.18千米，其中包括战国、秦、隋、宋、明各朝代分布于鄂尔多斯市伊金霍洛旗、准格尔旗、达拉特旗、东胜区、鄂托克旗、鄂托克前旗共6个旗区约228千米的长城，这些长城中的每一段都已经录入国家文物局长城数据库。然而，随着鄂尔多斯市经济的快速发展，基本建设已对长城造成了一定的破坏，并将长期威胁长城的存留，经济建设与长城保护的矛盾和冲突已迫在眉睫。下面举例说明各时代、各旗区长城被自然和人为因素破坏的具体情况。

1. 达拉特旗、准格尔旗、伊金霍洛旗的战国秦长城正在遭受露天煤矿的严重威胁

南起伊金霍洛旗，经准格尔旗，直至达拉特旗的鄂尔多斯战国秦长城目前正遭受着露天煤矿的破坏威胁。这段长城位于鄂尔多斯露天煤矿最集中的区域，包（头）府（谷）运煤专线从长城西侧经过。随着经济的快速发展和露天煤矿工程的大批上马，这里的地貌发生了翻天覆地的变化，有的长城段落在路基下或路基旁，有的长城段落被露天煤矿包围，有的长城段落脚下就是排土场的堆土。经济发展和文物保护的矛盾刺眼地展现在这里。

2. 达拉特旗秦长城在农村和耕地里慢慢消失

由于位于村庄内，达拉特旗的秦长城，已经被村民辟为耕地、道路、房基、打谷场（图8-2）。由于长城墙体为夯筑而成，非常坚硬，用作道路不会泥泞，用作打谷场更是“物尽其用”，在老乡的房基下甚至能看到明显而厚实的夯层，还有一些工矿企业直接在长城墙体上垒起了砖围墙。再加上河滩对长城墙体的侵蚀，这里的长城墙体正在慢慢消失。

图8-2　达拉特旗新民堡长城1段墙体被辟为打谷场（由西向东）

3. 鄂托克旗秦长城正在遭受露天煤矿的破坏

由于鄂托克旗秦长城所在地严重依赖露天煤矿和煤化工产业，露天煤矿分布密集，长城墙体被露天煤矿分隔、包围、掩埋，一些长城段落需要去露天煤矿矿区内寻找；一些长城段落孤悬山头，四周都是露天煤矿；一些露天煤矿的排土场已经将墙体甚至长城保护标志掩埋。长城保护困难重重。由于该段长城地处乌海市与鄂托克旗交界处，该地区各类煤矿为便于解决各类矿业处理以及处罚，在乌海市地区建矿，而将排土厂建在交界地带，目前该地区长城墙体损毁严重，多是因为被煤矿排土厂掩埋。

4. 鄂托克前旗隋长城和明长城遭受风雨侵蚀等自然损害较严重

由于鄂托克前旗隋长城墙体多为堆土而成，只经过人踩马踏，修筑草率，故而保存很差，经过近千年的风雨侵蚀，已退化成土垅状，岌岌可危。

由于鄂托克前旗明长城墙体是用土夯筑或堆筑而成，虽然墙体仍然较为高大，但也正在遭受风雨侵蚀、沙丘掩埋以及昆虫、鼠类、鸟类繁衍生存的损坏，还受到了种地、放牧活动的影响（图8-3）。

5. 准格尔旗北宋丰州长城烽火台多被盗掘

在准格尔旗境内，北宋丰州长城主要由纳日松镇的20多座烽火台组成的烽燧线构成，这些烽火台多呈圆锥状，有的被辟为敖包用来祭祀。由于这些烽火台与墓葬形制相似，激起了盗墓者的极大兴趣，几乎每一座烽火台都曾被盗掘，留下了长方形的盗坑（图8-4）。

图8-3　鄂托克前旗头道边墙体被沙土掩埋（由东向西）

图8-4　准格尔旗纳林庙宋代烽火台被盗掘（由西向东）

鉴于近年来鄂尔多斯市经济快速发展，露天煤矿等大型基本建设项目不断开工建设。为摸清我市长城保存现状，鄂尔多斯市文化新闻出版广电局派遣鄂尔多斯市文物考古研究院组建长城现状调查队，于2014年11月4日至25日，对全市长城的保存现状，尤其是破坏情况进行了全面摸底调查，形成了《2014年鄂尔多斯市全境长城现状调研报告》，为下一步的保护工作提供了重要资料。

（二）长城保护存在的主要问题

1. 长城保护的法制建设需予以完善，基础工作和科研队伍建设有待加强

国务院《长城保护条例》颁布后，地方政府相应配套的法规、制度尚不健全，长城保护管理机制、基础设施、科研队伍建设较为滞后，力量相对薄弱。鄂尔多斯地域辽阔，人烟稀少，受制于交通条件，某些段落的长城看护难度较大，致使长城保护工作经常处于滞后状态。

2. 长城保护基础工作薄弱

由于地方政府不重视，管理能力较差，长城遗产构成又极为复杂，“长城四有”工作（划定保护范围、建设控制地带，设立保护标志说明，配备管理机构或人员，建立记录档案）进展缓慢。“长城四有”工作是依法保护长城的前提和基础，基础不牢，一切保护工作就无从谈起。其中，划定长城保护范围、树立长城保护标志、配备管理机构和人员力量薄弱的问题尤为突出。

3. 长城研究水平总体不高

长城保护一直是文物保护研究中的一个热点。但总的来看，长城研究力量较为分散，针对长城的世界文化遗产价值、特点、保护维修、展示、检测和管理方面的具有重大影响并被广泛认同的学术成果不多，对于一些长城相关遗迹的性质、年代、墙体分布等存在较大争议。

4. 长城保护资金短缺

鄂尔多斯长城线长面广，由于年久失修，加之自然损毁和人为破坏等因素，全市的长城保护任务依然十分艰巨。个别地方政府存在着重经济发展、轻长城保护的问题，长城保护资金投入不足现象普遍存在，许多濒危段落得不到及时的修缮和维护。

5. 社会力量参与长城保护的有效机制尚未形成

长期以来，社会大众对于长城的认识，多以山海关、八达岭的明长城为标杆，而对于秦汉及其他时代的长城缺乏认识。秦汉及其他时代长城多以夯土构筑而成，在地表大部分以土垄的形式呈现，不被人们认识和重视。据调查，内蒙古90%的民众不知道内蒙古有长城。但是，秦汉及其他时代长城同样蕴含着丰富的历史文化信息，让文化遗产有尊严地存在，需要形成全社会关注长城保护的意识。

三、近年来鄂尔多斯市的长城保护工作

2015年8月9日，中共中央政治局委员、国务院副总理刘延东在出席内蒙古鄂尔多斯市第十届全国少数民族传统体育运动会开幕式后，主持召开了长城保护工作座谈会。在会上，刘延东副总理传达了习近平总书记对长城保护工作的重要指示：“《长城保护条例》颁布实施10个年头了，长城保护工作仍不尽如人意，值得总结反思。长城是中华民族的精神象征，具有特殊的历史文化价值，要本着对历史负责、对人民负责的态度，切实完善政策措施，加大工作力度，依法严格保护，更好发挥长城在传承和弘扬中华优秀传统文化中的独特作用。”对长城保护与宣传事业和长城科研工作都提出了新的任务与要求，各级文物、长城保护工作部门深感责任重大。

为深入贯彻落实习近平总书记、李克强总理、刘延东副总理关于长城保护工作的重要指示精神和全区长城保护工作会议精神，全面加强鄂尔多斯市的长城工作，根据市委、市政府的部署，2015年12月3日，召开了鄂尔多斯市长城工作会议，市人民政府、各相关旗区人民政府、市发改委、市财政局、市国土局、市煤炭局、市文化新闻出版广电局等相关部门出席会议。依据《中华人民共和国文物保护法》《长城保护条例》和全市长城保护工作的实际，按照“落实责任、属地管理”的原则，市政府李国俭副市长做了重要讲话，市文化新闻出版广电局曾涵局长对全市长城工作做了重要部署，会上鄂尔多斯市人民政府与长城沿线各旗区人民政府签订了长城保护工作责任状，吹响了我市加强长城管理和保护工作的号角（图8-5）。

图8-5　2015年鄂尔多斯市长城工作会议现场

（一）加强长城管理工作

在长城文物保护方面，鄂尔多斯市各级文化文物部门认真贯彻落实《长城保护条例》，主要采取了以下几项措施：一是建立了机构，落实了责任。为进一步加强各旗区境内长城的保护管理力度，按照属地管理的原则，明确了各旗区为长城保护的责任主体，全面负责辖区内长城保护工作，各旗区均成立了相应保护机构，并聘用了一定数量的专职或兼职文物保护管理员，使这项工作有人抓、有人管。二是摸清了家底，完善了档案。我们对全市境内的长城资源进行了详细普查，掌握了第一手资料，基本建立了资源档案。同时公布了相应的保护范围与建设控制地带，并在长城沿线设立了保护和警示标识，基本实现了保护机构、保护标识、保护范围和记录档案的全覆盖。三是加强了宣传，营造了氛围。针对社会各界对长城保护的认识不够、意识不强等问题，在全市范围开展了长城保护相关法律法规的宣传教育活动，对长城保护人员进行了业务培训，重点加强了对长城沿线农牧民的教育，查处了一批因采土、修路等破坏长城的行为。

（二）长城保护措施

1. 设立保护碑和网围栏

近年来，鄂尔多斯市各级文化文物部门加大了树立长城保护碑的力度。其中，鄂尔多斯博物馆设置长城保护碑20块，东胜区文物保护管理所设置长城保护碑7块、保护界桩100块，准格尔旗文物保护管理所设置长城保护牌30块，伊金霍洛旗文物保护管理所设置长城保护牌23块、保护界桩84块，鄂托克旗文物保护管理所设置长城保护碑30块，保护界桩156块，达拉特旗文物保护管理所设置长城保护碑7块、禁止施工牌10块。鄂托克前旗还在明长城两侧设置了网围栏，阻隔了牲畜对长城的踩踏（图8-6）。

图8-6　鄂托克前旗明长城保护碑

2. 开展长城巡查工作

鄂尔多斯市各旗区长城管理、保护、巡查工作主要由各旗区文化局、文物保护管理所负责实施。各旗区文物保护管理所的文物管理保护工作人员兼任长城管理保护工作人员，每年定期对长城进行巡查，发现问题并采取措施。各乡镇苏木、嘎查村文化管理员兼任长城管理保护员。各旗区文化局、文物保护管理所还在每个有长城分布的嘎查村雇用长城保护员，对长城进行日常巡查，发现情况及时上报。

3. 编制长城保护规划

鄂尔多斯市各旗区文化局、文物保护管理所积极推动和制定长城保护规划编制工作。目前，《伊金霍洛旗纳林塔战国秦长城加固维修保护规划》已经编制完成，《鄂托克前旗明长城保护规划》《达拉特旗秦汉长城抢险加固工程规划》的编制工作也都基本完成，鄂尔多斯全市的长城保护规划编制工作已经提上日程，正在积极推进。

四、长城保护建议

2006年12月1日，国务院颁布的《长城保护条例》正式实施。鄂尔多斯长城年代久、分布广、里程长、保护长城任重而道远。

2012年以来，全国人大和自治区人大已经开展了长城专项文物执法检查工作，取得了很好的效果。为了更真实地了解长城的现状，引起各级领导和政府的重视，并进而采取措施，鄂尔多斯市级和旗区级长城专项文物执法检查工作也相应开展起来。

在经济发展起来后，发展文化文物事业已经是鄂尔多斯市建设全面小康社会的重要内容，我们不用再以牺牲环境、牺牲文物资源为代价换取GDP的增长。以历代长城等线性文物为代表的众多的文物遗址，是祖先留给我们的珍贵历史文化遗产，而它们现正面临着经济建设项目的巨大威胁。如何保护好文物资源，处理好基本经济建设与文物保护之间的矛盾，是衡量和考验我们建设全面小康社会、建设文化强市、建设文物大市的关键所在。

针对长城现状与保护所存在的问题，笔者特提出以下几点建议。

（一）政府大力加强保护

1. 事前评议

政府相关部门认真执行《中华人民共和国文物法》《内蒙古自治区文物保护条例》和相关文物保护规定，在露天煤矿、电厂、公路、铁路及其他大型项目建设前，规划部门、建设部门须会同文化文物部门先行论证项目的可行性，在建设项目涉及文物时，妥善处理经济建设与文物保护的关系，既保证了文物安全，又不阻断建设项目的上马。

2. 事后督查

各级政府应当定期对下级政府执行《中华人民共和国文物法》《内蒙古自治区文物保护条例》和相关文物保护规定的情况进行督查，执行不力的给予通报批评，不作为或明知故犯致使文物遗址遭到严重破坏的，应当追究相关部门及其负责人的责任。

3. 重点保护

对于历代长城、秦直道、各级重点文物保护单位、二普和三普文物点等重要遗迹，应当定期督促各级政府责成专人对这些文物遗址的现状进行考察，确认其是否有明确的保护标志，是否有人员保护，是否遭到破坏，是否有建设项目对其形成威胁，这样才能确保这些文物遗址永世长存。

4. 实施长城数字化工程

长城保护利用也要紧随时代潮流，充分利用互联网＋等现代手段提高长城研究水平。充分利用航天航空遥感技术、激光扫描技术、倾斜摄影、快速建模技术、多体虚拟技术等高新技术，逐步建立让每个人都可以即时了解长城全貌及其信息的终端，吸引更多游客探索长城。

（二）大力弘扬和宣传长城文化

长城文化是中华优秀传统文化的重要组成部分，蕴含着中华民族坚不可摧、永存于世的力量。全市宣传文化文物部门要采取多种方式，加强对长城保护意义和价值的宣传。要积极发挥各级长城保护学会、协会的力量，动员社会力量保护长城；要动员广大媒体和各种新闻宣传及国民教育力量，宣传长城并利用长城进行广泛的社会教育，使全社会特别是青少年，了解长城的历史、文化内涵和伟大精神。

长城沿线博物馆要建立相关的专题陈列室，宣传长城的历史故事，开辟爱国主义教育基地，充分发挥长城在开展爱国主义教育、社会主义核心价值观教育、弘扬传统文化中的重要作用。加强对长城历史文化价值的理论研究和阐释，深入挖掘长城的历史文化价值，突出长城是中华民族精神象征的重大意义，以及其在传承和弘扬优秀传统文化中的独特作用。广泛动员社会各界参与到长城保护活动中来，增强群众在保护长城方面的使命感和自觉性。

（三）加强长城保护管理及研究利用工作

进一步加强长城保护管理工作，开展专业研究及长城考古、调查、出版工作，使全市的长城保护管理、研究利用工作能够持之以恒地开展下去，同时深入研究长城的历史、文化与艺术价值，探索不同材质长城遗存的保护管理办法。

1. 认识长城的军事价值

著名长城学专家董耀会先生说："历史地看长城，它完全是军事斗争的产物，是我国历代统治者为维护其政权的利益而构筑的长久性防御工事。"诚然，从古至今，地大物博的中国人在传统上就不愿向外扩张、侵略别国，但一定会坚决捍卫自己的领土完整和国家安全。"高筑墙"，拒敌于国门之外，是构筑长城的历代统治者的军事需求。

2. 认识长城的文化价值

帝王巡边、官员履职、将士征战、文人出游，都在这里留下不少吟咏长城的诗篇，中国广播电视出版社出版的《中国历代长城诗大全》收入的诗有3000多首。隋炀帝、唐玄宗、康熙帝都留下了巡游边塞诗；唐代著名诗人李白、杜甫、李益、王昌龄、陈子昂等也都写出不少脍炙人口的长城诗词。伟人毛泽东的"不到长城非好汉"和"望长城内外，惟余莽莽"更为人们津津乐道；邓小平的题词"爱我中华，修我长城"，更加激发了国人对长城的热爱。边塞诗见证历史，丰富了文学宝库，在我国文学史上占有重要地位[①]。

3. 认识长城的对外开放价值

罗哲文先生曾说，长城是"为防御扰掠而修筑的"。然而除此之外，长城还有保护通信和商旅往来的重要对外开放功用。秦始皇时期长城12郡有大道相通，文书传递、商旅往来络绎不绝。长城和烽燧正是保证这些交通大道畅通的重要条件。汉代打通了西域的交通大道，使节、商旅也都是通过这条大道往来不绝，长城烽燧正是沿此道修筑，用以保护沙漠"丝绸之路"的中西交通大道，其经济价值不可估量。

4. 认识长城的旅游价值

长城的三关——山海关、居庸关、嘉峪关和老牛湾、镇北台、红山堡等长城关台已成为旅游热点，中外游人纷至沓来，络绎不绝，其中不乏美术家、摄影家、考古学家和旅行家（图8-7）。鄂尔多斯市的伊金霍洛旗纳林塔战国秦长城、鄂托克前旗明长城都极具深度旅游开发的重大价值。

打造长城经济带，促进长城旅游产品发展，发展长城沿线经济，提高人民精神文化和生活水平，是长城保护可持续性发展的重要措施。近些年，长城沿线矿产、能

① 段云飞：《试论长城文化研究的历史价值及弘扬长城精神的现实意义》，《内蒙古长城研讨会文集》，现代出版社，2017年。

图8-7　北京居庸关长城风景区

源、文化、旅游等资源的开发呈现出较好势头，但是目前长城旅游的开发与其知名度远不相符。一是缺乏相应的世界级长城旅游品牌和组织，甚至自治区级品牌也没有；二是没有整体、分段、分季的系列旅游产品，也无空中、汽车、步行等多元体验方式；三是旅游产品的文化成分亟须加强。总之，长城丰富的文化旅游资源有着巨大的发展潜力，有待于进一步开发利用。

五、鄂尔多斯长城的展示与利用

长城保护不能只孤立地“保而不用”，而应是“保用结合”。开展科学合理利用长城的工作，最根本的就是要立足于服务经济社会发展。要把长城保护与“一带一路”和“草原丝绸之路”发展倡议紧密结合起来；要把长城保护重点项目与建设参观游览示范区结合起来。要在坚持节俭、“原状保护”的原则下，支持各旗区选择长城重点地段，规划建设长城保护示范区，把长城的宣传、展示、教育功能发挥好。文化旅游文物部门要做好与发改委、财政、交通等部门的沟通协调工作，统筹协调长城保护与城乡建设、经济发展、民生改善的关系。各地政府在制定本地区发展规划时，既要注重依法保护，又要主动服务社会和谐发展，充分发挥长城在促进我市经济社会发展中的重要作用。

（一）鄂尔多斯长城研究、保护、利用的建议

从保存状况来看，由于我市古代地处游牧地带，近现代人口稀少、农业不发达等因素，鄂尔多斯境内长城整体扰动较少、保存较好。伊金霍洛旗纳林塔、乌兰敖包，准格尔旗公沟、铧尖的战国秦长城是全国范围内保存最好的战国秦长城。鄂托克旗的秦始皇长城也是全国保存较好的秦长城之一。鄂托克前旗的明长城城墙高、壕沟深、敌台多，堪称我国西部土筑明长城保存最好的段落之一。从学术研究上来说，鄂尔多斯战国秦长城正处于全国战国秦长城的北端，其北端起点、走向等在学术界存在很多争议，是历史、考古学研究和争论的焦点。秦汉时代，河套地区的长城走向和分布也存在太多疑点。隋长城、宋长城由于存量少、不明显、争议大，更是全国长城研究的焦点。明长城由于保存好、形式多，文字记载丰富，也是全国长城研究的热点。故而，鄂尔多斯市历代长城在国内长城学术研究领域均具有不可替代的重要价值。

笔者认为须加大长城保护和利用力度的长城段落有：①伊金霍洛旗纳林塔战国秦长城；②鄂托克旗巴音温都尔山秦长城、乌仁都西石城；③准格尔旗北宋丰州故城及其烽燧线；④鄂托克前旗明长城。具体举措包括：①建立长城保护工作站；②配备专门保护人才；③建设长城展览室；④设立由文物部门牵头的长城管理、保护、开发委员会；⑤建设长城保护、旅游开发区。应在充分管理、保护和研究长城的基础上，发挥长城的文物价值、旅游价值，使长城充分焕发出历史价值、社会价值和经济价值。

（二）纳林塔战国秦长城保护开发研讨会

2017年7月3日至4日，由鄂尔多斯学研究会、鄂尔多斯博物馆、伊金霍洛旗文化体育广电局、纳林陶亥镇人民政府主办，伊金霍洛旗文物保护管理所承办的纳林塔战国秦长城考察、调研与研讨活动在伊金霍洛旗成功举办（图8-8）。

伊金霍洛旗纳林塔战国秦长城迄今已有2200多年的历史，是全国最为古老、保存最好、学术价值最高、最具观赏价值的战国秦长城段落之一。早在2001年，纳林塔战国秦长城就已由国务院公布为第五批全国重点文物保护单位。

参加本次会议的单位和人员有：宁夏回族自治区文物考古研究所，内蒙古长城研究会，包头市文物管理处，鄂尔多斯学研究会，内蒙古大学鄂尔多斯学院，鄂尔多斯职业学院，鄂尔多斯市文化新闻出版广电局，鄂尔多斯博物馆，伊金霍洛旗党委、政府、人大、政协，伊金霍洛旗文化体育广电局、文物保护管理所，纳林陶亥镇人民政府、布尔洞塔村以及鄂尔多斯日报、鄂尔多斯晚报的领导、专家和媒体。

7月3日，与会人员考察了位于包头市的固阳秦长城及其长城工作站、长城博物

图8-8　纳林塔战国秦长城保护开发研讨会

馆。7月4日上午，考察了位于纳林陶亥镇布尔洞塔村的纳林塔战国秦长城。

7月4日下午，纳林塔战国秦长城保护开发研讨会在纳林陶亥镇人民政府会议室正式举行，会议由鄂尔多斯博物馆副馆长、副研究员甄自明主持，伊金霍洛旗人大常委会副主任韩丽致欢迎辞。会上由伊金霍洛旗委员会副主席张子珍、鄂尔多斯学研究会副会长包海山共同为鄂尔多斯学研究会长城文化研究中心揭牌，由伊金霍洛旗文化体育广电局局长白明德、纳林陶亥镇人民政府镇长陈立东共同为纳林塔长城工作站揭牌。

会议围绕如何深入研究伊金霍洛旗战国秦长城，如何更好地保护、开发、利用纳林塔战国秦长城，如何将纳林塔战国秦长城打造成旅游品牌，如何更加持续地开展长城文化、长城传说以及长城文化带历史、文物、民俗、旅游等相关研究，是否成立鄂尔多斯长城学会或鄂尔多斯长城研究会，探讨出版一部书籍《纳林塔战国秦长城》或拍摄一部专题片《纳林塔古长城》等相关议题展开深入而热烈的讨论。会议针对纳林塔战国秦长城的保护、研究、宣传、开发、利用等相关问题提出了新思路、新办法。最后，由鄂尔多斯市文化新闻出版广电局文物科副科长郝成作会议总结。本次会议是鄂尔多斯市专门针对长城保护、利用方面相关议题的首次大型会议，吹响了纳林塔战国秦长城保护、研究、宣传、利用的新号角。可以预见，在遵守文物工作“保护为主、抢救第一、加强管理、合理利用”原则的前提下，在各位领导、专家、媒体和社会各界的关注和重视下，纳林塔战国秦长城必将书写更加灿烂辉煌的明天！

六、弘扬长城精神的现实意义

（一）提高国际影响力

长城是世界奇迹，一提到长城人们就会联想到中国。英国作家兼摄影师威廉·林赛（William Lindesay）二十年如一日，满腔热情地从事长城保护工作，并出版了专著《独步长城》，他于1998年获得中国国务院颁发的友谊奖，于2008年获北京市政府颁发的长城友谊奖，引起世界热爱中国人士的关注。举办鄂尔多斯长城的相关活动将极大地提升长城和鄂尔多斯在国内外的影响力。

（二）弘扬爱国主义精神

长城、黄河、长江等都是中国历史的见证。诚如罗哲文先生所言，长城“是中华民族坚强不屈精神力量的象征，是我们国家的光荣、民族的骄傲”。因此，弘扬长城精神亦能激发国人的爱国主义精神。也正因如此，一曲《万里长城永不倒》能在全球华人中传唱。

（三）促进民族大团结

长城的修筑固然在较大程度上阻隔了汉民族与少数民族的交往，但是正如民谚所说“不打不相识”，各民族在血与火的交锋中逐渐增进了交谊，历代的“和亲”，明朝时“互市”的开放，清代时“伙盘地”的出现、“边客”的往来、“走西口”在山西、陕北和鄂尔多斯交界处的传唱等，都促进了民族团结和融合。在交通便捷的当下人们可以自由出入长城内外，通商、通婚、开展文艺活动都促进了各民族大团结。

习近平总书记指出“像爱惜自己的生命一样保护好文化遗产”，刘延东副总理部署“进一步提高长城保护水平，更好地传承长城文化遗产”，自治区人民政府多次开会部署和加强长城保护工作。我们必须更快地行动起来，统筹谋划长城规划编制工作；以项目为抓手推动长城保护，实施抢救性保护工程；提升长城保护管理水平，加强长城保护管理机构建设；加强执法监督，营造社会参与氛围，充分利用传统媒体和新媒体，讲好长城故事。在市委、市政府领导和上级业务部门的指导下，进一步提高认识，团结协作，锐意创新，与时偕行，为长城保护工作做出新的贡献。

历代长城是祖先留给我们的宝贵财富，其见证了鄂尔多斯高原北方游牧民族与中原农耕王朝冲突、交往、融合最终走向统一的历史步伐，是不可再生的历史印记。在经济、社会飞速发展的今天，我们只有保护好、研究好、利用好鄂尔多斯市境内的古长城，才能使之得以永久保存。

“爱我中华，修我长城”“不到长城非好汉”，长城已成为中华民族的象征。我们必须保护好、发掘好、传承好祖先留给我们的珍贵文化遗产，为把鄂尔多斯市建成文物大市、文化强市而努力奋斗。

第九章　长城资源调查工作

根据《“长城保护工程（2005—2014年）”总体工作方案》，国家文物局决定启动长城保护工程。2007年，国家文物局和国家测绘局决定联合启动全国长城资源调查工作，为期5年，目标是全面、准确掌握全国历代长城的规模、分布、构成及走向等基础资料，建立科学、准确、翔实的长城记录档案和信息系统。

作为全国长城资源调查工作的一部分，2007年，内蒙古自治区、鄂尔多斯市长城资源调查工作正式启动，至2008年，明长城调查工作完成，至2010年，明以前历代长城调查工作完成。

一、全国长城资源调查工作

长城资源调查与研究工作是长城保护、管理等各项工作的基础。1952年起，国家对居庸关、八达岭、山海关等长城重要点段陆续开展了调查和保护工作。1956年实施的首次全国文物普查中，北京、河北、甘肃、宁夏等地将明长城作为调查重点。1979～1984年，结合第二次全国文物普查，各地对重要区域的春秋战国长城、秦汉长城、明长城和金界壕等遗址进行调查，出版了《中国长城遗迹调查报告集》。

（一）长城资源调查工作缘起

长城体系庞大，遗存丰富，所处环境十分复杂，是世界上规模最大、保护难度最大的文化遗产。长城绵延万里，横亘于我国北方，其众多遗存特别是巨大的墙体不可避免地会与公路、铁路、工矿企业、城乡建设以及沿线居民日常生活等产生矛盾。于是，毁坏长城修路建厂者有之，在城墙上取土、取石用于房屋修葺者有之，在长城及其周边开辟耕地、放牧等破坏长城墙体的行为则更是不胜枚举，一些不科学的修复工程和不适当的旅游开发，对长城及其风貌的破坏也不容小觑。加之长城沿线自然环境、气候复杂，地震、山体滑坡、洪水等突发自然灾害时有发生，常对长城造成毁灭性破坏，同时风雨侵蚀、环境污染、植物生长、动物破坏等也在悄无声息地威胁着长城的安全。在自然与人为双重因素的共同作用下，长城保存状况很不乐观，部分地段正逐步丧失其原貌，甚至正在消失。

为了应对日益严重的人为和自然因素的破坏威胁，20世纪80年代以来，长城沿线各省、自治区、直辖市的文物部门曾对长城做过不同程度的专题调查，初步掌握了长城保存的基本情况。限于当时的条件和认识水平，对长城相关情况的掌握和资料储备等尚不能满足长城保护、管理、研究等的需要。这种状况严重制约了长城保护政策法规的出台和执行，影响了具体保护规划、措施的制定和实施，已经成为长城保护、研究等工作深入开展的瓶颈。采取有效措施，彻底改变长城保护工作的被动局面，已经成为文物保护界的共识，也是社会各界广为关注的焦点。为彻底扭转长城保护面临的严峻形势，国家文物局果断提出开展长城保护工程和长城资源调查工作。

长城到底有多长？这是一个十分浅显的问题，因为每个中国人，甚至全世界许多人都知道中国有“万里”长城。但这又是一个让许多专业人士纠结不已的问题，自从长城出现在中华大地之日起，两千多年来从没有人知道确切答案。近年来，长城仍然因自然和人为原因遭到侵蚀和破坏，更让有识之士和社会公众忧心忡忡。针对长城保护问题，2005年初，国家文物局制定了《“长城保护工程（2005—2014年）”总体工作方案》，该方案得到了国务院领导同意。2006年，经国务院批准，国家文物局组织长城沿线各地开展了自中华人民共和国成立以来最为全面、系统的长城资源调查工作。

长城资源调查的总体任务是全面、准确地掌握全国历代长城的规模、分布、构成、走向及其时代、自然与人文环境、保护与管理现状等基础资料，测量长城长度，获取长城基础地理信息和长城专题要素数据，并建立科学、准确、翔实的长城记录档案和长城资源信息系统，为编制长城保护规划、开展长城保护工程、加强保护管理和进行科学研究提供依据。

长城资源调查是对中国境内全部长城遗存进行的首次综合性专题科学调查。其调查范围之广、难度之高、数据量之大，可谓前所未有，当然也就不存在可以照搬的现成经验。因此，为保证调查的全面性、科学性、系统性和规范性，从根本上杜绝各种可能出现的混乱问题，确定科学的调查组织机构和制度、调查方法和步骤以及技术路线等就显得十分重要。

（二）长城资源调查工作的实施

长城资源调查项目由国家文物局统一规划部署。从2004年春开始，国家文物局即针对当时河北、内蒙古、陕西、山东等地连续发生的严重破坏长城事件展开调查、处理，并组织部分专业机构和专家起草了长城保护工作方案初稿及相关工作计划。2005年底，经过多次修改完善的《“长城保护工程（2005—2014年）”总体工作方案》经国务院领导审核，同意正式实施。2006年春节前夕，国家文物局在山海关召开长城保护工程启动工作会议，包括长城资源调查工作在内的长城保护工程正式启动。同时，国家文物局成立了由副局长童明康为组长的领导小组，负责《“长城保护工程（2005—2014年）”总体工作方案》有关重大事项的决策和落实工作。领导小组下设由国家文物局相关司室负责人组成的办公室，负责长城保护工程项目实施的组织和协调工作。同时在中国文物研究所（现中国文化遗产研究院）成立长城项目管理组，负责项目实施的具体组织协调、规范管理和成果汇总等工作。

2006年10月，在总结河北、甘肃两省文物、测绘部门合作开展长城资源调查试点工作成功经验的基础上，国家文物局、国家测绘局决定合作开展明长城资源调查。为此，两局联合成立国家长城资源调查领导小组，负责长城资源调查的组织、协调，重大问题的决策、统筹安排，国家层面的数据整合、建档、建库，以及《长城资源调查报告》的协调编纂。国家文物局副局长童明康和国家测绘局副局长李维森任组长，国家文物局文物保护与考古司和国家测绘局国土测绘司共同负责领导小组办公室的工作。2006年12月，两局联合签发文件，布置长城资源调查相关工作，标志着文物、测绘两部门合作开展的明长城资源调查工作正式开始。2007年4月，根据国家文物局、国家测绘局的安排，由中国文物研究所牵头，会同国家基础地理信息中心成立长城资源调查工作项目管理组（以下简称“长城项目组”），承担长城资源调查相关的具体日常工作，包括落实领导小组的决策，开展前期调研，起草相关标准规范、各项工作制度，对调查人员进行培训，组织和协调田野调查、室内整理、汇总调查资料、编写报告等工作。

与此同时，长城沿线16个省（自治区、直辖市）文物和测绘部门根据国家长城资源调查领导小组的部署，先后建立了相应的明长城资源调查管理机构，负责组织本省（自治区、直辖市）的明长城资源调查、资料整理、数据整合、记录档案建立等工作。各省（自治区、直辖市）还任命了本辖区长城资源调查工作的总领队，根据本省（自治区、直辖市）明长城分布的具体情况组建了调查工作队，具体实施调查工作。

长城资源调查工作的实施可分为前期准备、全面展开两个阶段。前期准备阶段主要是组建队伍，对调查人员进行全员培训，并开展调查试点，以形成较为成熟的调查队伍和调查方法。同时，通过试点建立一套科学的工作程序，制定并验证一系列技术标准、规范和工作制度，使之具有可操作性和适用性，为长城资源调查工作的全面展开提供经验，避免出现重大失误。

长城资源调查队主要由考古和测绘专业人员组成。长城资源的复杂性和调查工作的艰巨性，要求调查人员不仅要有较高的专业素养和丰富的野外工作经验，还要有良好的合作意识，能够正确理解工作任务和工作意义，进而通过团队的力量来弥补个人能力的不足。为确保调查队伍的综合素质能够满足长城资源调查工作的需要，除了在组队时对调查队员精挑细选以外，还要对所有参加长城资源调查的人员进行全员培训。鉴于参加明长城资源调查的人员数量众多，培训工作分为国家、省两级进行。

国家级培训由长城项目组组织实施。培训对象是各省（自治区、直辖市）长城资源调查工作的主要技术负责人和管理人员。培训目标是使学员们通过学习，掌握与本次长城资源调查和测量有关的法律、法规；掌握专门针对本次长城资源调查与测量制定的技术标准、规范；掌握本次长城资源调查的工作流程和关键技术环节；为省级培训培养教员等。来自长城沿线10个省（自治区、直辖市）的127名文物、测绘部门的专业技术和管理人员参加了培训，这些学员大都成为各省（自治区、直辖市）长城资源调查工作的骨干，并负责本省的省级培训（图9-1）。

图9-1　参加2007年3月全国长城资源调查领队培训班的内蒙古学员

省级培训由各省（自治区、直辖市）长城资源调查机构负责。培训对象是参加本辖区长城资源调查和测量的专业人员。培训目标是使所有参加长城资源调查的人员熟练掌握所需技术和相关要求，具有独立从事长城资源调查的能力。省级培训同样采取室内授课和野外实习相结合的形式，课程内容与国家级培训大体一致，但针对本地的实际情况有所调整，更具针对性。据统计，参加省级培训的专业人员共计527人。

长城资源调查采用田野考古调查与测绘技术手段相结合的方法。针对长城资源调查工作对象复杂，涉及学科和工作繁多，且参与人员众多的实际情况，为确保本项目科学有序开展，长城项目组先后起草、编制了《长城资源调查工作总体方案》《全国长城资源调查管理办法》《长城资源调查资料管理制度》等规章制度，提出了以“调查与测绘同步、严格数据整合程序”为核心的技术路线及一系列的技术标准和规范，包括《长城资源调查工作规程》《长城资源调查名称使用规范》《长城资源调查文物编码规则》《长城资源保存程度评价标准》《长城基础地理信息与专题要素数据生产外业技术规定》《长城基础地理信息与专题要素数据生产内业技术规定》《长城基础地理信息和专题要素数据技术规定》，以及长城墙体调查登记表及著录说明，长城关堡调查登记表及著录说明，长城单体建筑调查登记表及著录说明，长城相关遗存登记表及著录说明，长城调查采（征）集标本登记表及著录说明，长城GPS采集点登记表及著录说明，长城资源调查照片登记表、册页及其著录说明等（图9-2）。这些规章制度和标准规范，经国家长城资源调查领导小组审查同意后，以不同的方式发布实施，有力地保障了长城资源调查工作的顺利实施。

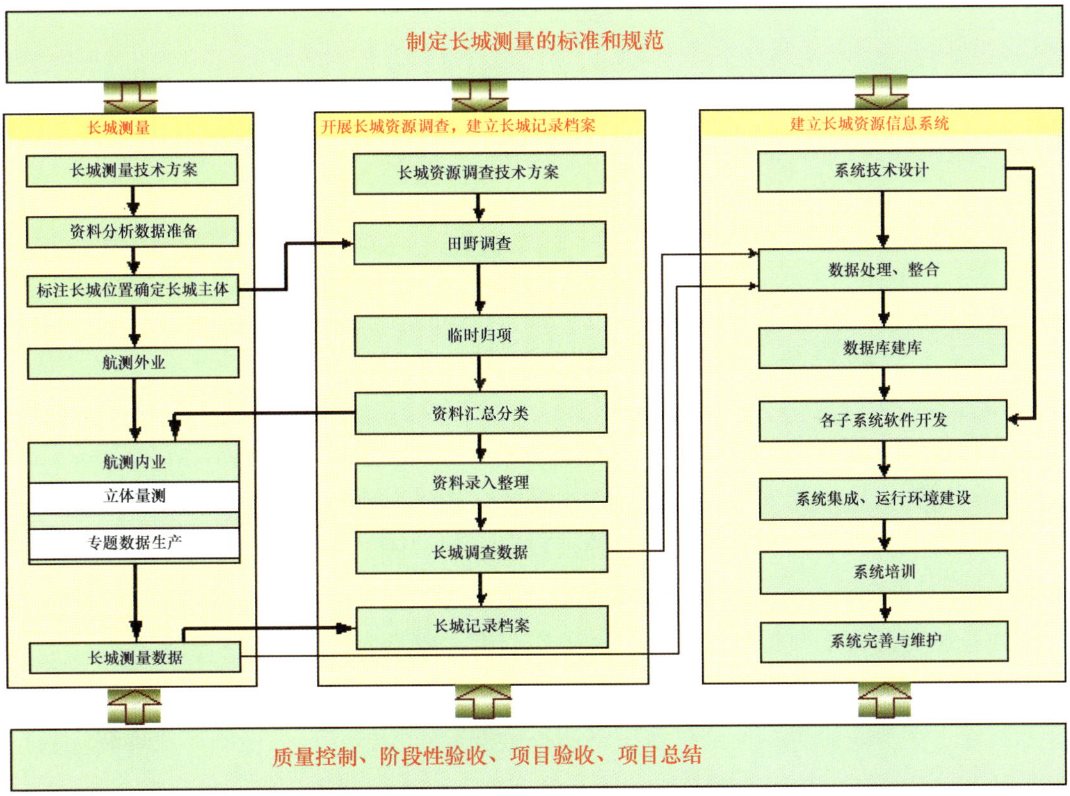

图9-2　长城资源调查技术路线图

田野考古调查是本次长城资源调查工作的基础和主体，具体包括前期准备、现场调查确认、数据采集和记录、数据校核和临时归卷、资料数据整理、建立档案（图9-3）。全国数百名调查队员在野外工作中，克服严寒酷暑、荒漠高山等自然环境带来的重重困难，风餐露宿，行程数百万千米，徒步对中国境内所有的长城及相关遗存进行全覆盖式的实地踏查，对长城每一段墙体、每一处设施和遗迹都进行详细的调查、记录与测量。本次调查的重点是掌握长城各类遗存本体现状、长城的人文和自然环境、长城保护与管理等方面的情况。具体做法是：调查队首先收集、整理、消化早期文物考古调查、发掘资料，结合历史文献、地方志、民间传说等各类相关记载，确定长城的大体走向和布局，并标注在1：50000地形图上，作为工作计划用图，以县级行政区划为单位，划分调查区域。然后利用1：10000影像图、地形图等作为工作用图，按照事先拟定的工作计划，对所有长城遗存进行全面实地调查，采集标本并现场记录、提取数据。在数据采集方面，本次调查充分利用了GPS卫星定位系统、红外线测距仪、数码照相机、摄像机、笔记本电脑等现代设备。

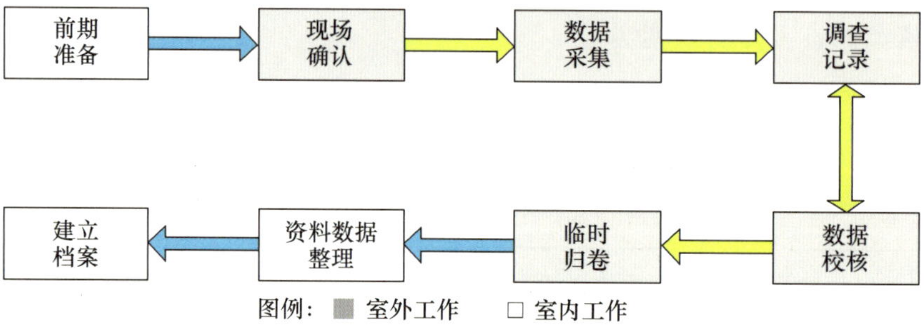

图9-3　田野调查流程图

（三）长城资源调查工作的技术支撑

为确保考古田野调查数据质量，便于今后的使用，本次长城资源调查专门设计研发了长城田野调查数据采集、检查与汇交系统，用于调查数据的数字化采集与整理。该系统具有三项基本功能：一是田野调查数据管理功能。以县级行政区域为单元，录入和存储长城资源调查文字、多媒体等各类数据，实现县、市（地区）级和省级行政区域的长城资源调度数据汇总，并对其进行查询、管理维护、备份和恢复。二是面向长城田野调查业务的地图应用功能。提供长城资源调查工作需要的地图，以辅助调查计划制定、任务安排等。三是长城田野调查数据检查功能。以图像的形式将调查数据与长城基础地理数据进行比对，以检验其准确性。该系统利用GIS（地理信息系统）技术，实现了长城基础地理信息、调查专题信息、调查多媒体等数据的集成管理，做到了实用性与安全性的统一，同时具有可扩充、易维护等特点，为长城资源调查田野数据采集与整理工作提供了有力的支持。

大规模引入数字摄影测量技术等现代科技手段是本次长城资源调查的一大特色。具体做法是：首先根据长城的走向与分布，按照国家测绘标准在野外设立控制点，通过对这些点坐标的记录，获取满足长城测量要求的控制数据（控制点测量与调绘），然后通过立体测量和数据生产等过程，完成室内数据采集，计算并得出长城的总长度

（包括地表长度、投影长度）、分省长度、分类长度（不同建筑材质、保存状况）等（图9-4）。同时生产长城墙体两侧各1千米范围内的基础地理数据［数字线划图（DLG）、数字高程模型（DEM）和数字正射影像图（DOM）］、长城专题要素数据［长城本体、附属设施、相关遗存的数字线划图（DLG）］①。

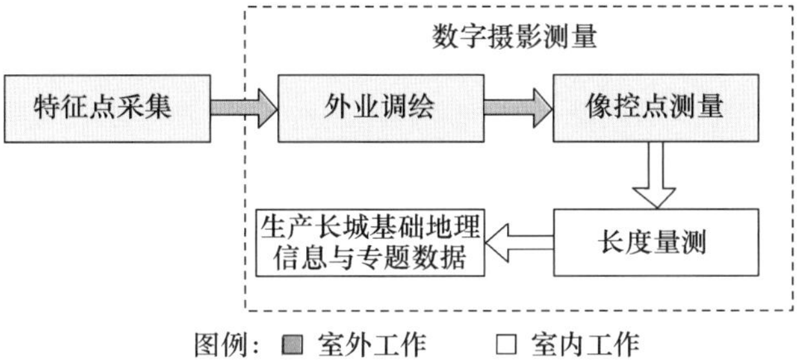

图9-4　测绘流程图

有效利用长城资源数据和基础地理数据为长城保护工程服务是本次长城资源调查的一个重要目的。为此，研究开发了长城资源信息系统。该系统以长城数据为基础，以基础地理信息为纽带，以标准、制度和安全体系为保障，以长城资源信息管理、利用和研究业务流程为主线，以支撑长城保护为核心，形成数据更新和互联互通、长城资源变化检测、辅助决策支持和社会服务信息化体系。长城资源信息系统主要包括三个子系统：一是长城资源信息管理子系统。用于长城资源信息和基础地理信息的集成管理、日常维护，实现长城资源调查数据自动装载入库，构建长城资源数据与地理数据关联等。二是长城资源信息应用子系统。主要面向长城保护、利用、管理和研究的应用需要，逐步实现长城资源数据统计查询、长城数字记录档案查看、长城专题图制作等，并根据长城保护工程需要，逐步发展其他方面的应用功能。三是长城资源信息公众服务子系统。利用Web GIS（网络地理信息系统）技术，将长城资源信息和有关长城保护的法律法规发布于互联网上，使社会公众足不出户就能查询和浏览明长城的基本信息，并就长城保护发表自己的意见和建议。此外，在文物系统设有政府专网链接的情况下，该子系统可为省级文物部门设立专门通道，服务于长城资源数据更新工作，从而保持长城资源数据的即时性。

（四）全国长城资源调查工作成果

长城是由墙体、敌台、马面、烽火台、关隘、城堡等多种设施组成的军事防御

① 柴晓明、杨招君：《明长城资源调查与收获》，《明长城》，文物出版社，2012年。

体系，功能完备，具有广阔战略纵深。同时，它也是中原农耕文明与草原游牧文明交往、融合的通道与纽带，具有极高的文物价值与研究价值。本次长城资源调查全面、准确地掌握了长城的历史沿革、规模、分布、构成、走向以及自然与人文环境、保护与管理现状等方面的情况，收获颇丰。

2006年，国家文物局会同国家测绘局组成长城资源调查领导小组，并在长城沿线各省（自治区、直辖市）建立省级领导机构，来自文物、测绘行业的361个专业机构的1295名专业技术人员组成调查队，历时4年，行程数十万千米，实地调查面积超过4万平方千米，涉及16个省（自治区、直辖市）的445个县（市、区），到2010年12月，对我国各时代长城资源的田野调查完成。本次长城资源调查以县级行政区域为单元，采取文物、测绘专业人员联合组队的工作模式。调查范围以明长城、秦汉长城主线为重点，同时将春秋战国长城、各时代长城支线、汉唐烽燧，以及金界壕遗址等我国境内其他具备长城特征的文化遗产一并纳入调查范围。调查对象主要包括长城的墙体、敌楼、壕堑、关隘、城堡以及烽火台等相关历史遗存。

本次长城资源调查制定了统一的调查技术规范，采用了遥感影像、地理信息、三维扫描、数字摄影测量等多项现代技术进行科学、精确的长城长度测量，获取了大量的文字、照片、录像以及测绘数据等长城保护第一手资料，包括各类登记表格46111张，照片册页196588份，图纸册页20606份，录像31070份，拓片、摹本596份，制作了高分辨率长城数字正射影像、数字高程模型和数字线划图，形成田野调查数据3112GB，测绘数据890GB，系统记录了我国长城资源的保存状况，形成较为全面、丰富的长城资源调查记录档案。

二、内蒙古自治区长城资源调查工作

2007年，依据国家文物局颁发的《“长城保护工程（2005—2014年）”总体工作方案》和《长城资源调查工作总体方案》的相关要求，经内蒙古自治区人民政府批准，内蒙古自治区文化厅、文物局成立了内蒙古自治区长城资源调查领导小组及长城资源调查项目办公室，负责长城资源调查项目的领导工作。同时在内蒙古自治区文物考古研究所设立内蒙古自治区长城资源调查项目组，负责长城资源调查项目的具体实施工作。

（一）任务分工情况

按照《长城资源调查工作总体方案》的要求，自治区文物局和测绘局共同承担的任务包括：第一，依据《“长城保护工程（2005—2014年）”总体工作方案》《长城资源调查工作总体方案》，共同制定内蒙古自治区长城资源调查实施方案和年度计划。第二，根据已有资料，自治区文物局和测绘局共同做好基于1∶50000地形图的长城本体位置标绘工作，并以其作为长城资源调查计划用图。其中自治区文物局负责长城本体标识与核对，自治区测绘局负责标绘。第三，组织自治区级长城培训，内容为调查、测量及数据采集整合的技术方法，形式包括室内和现场培训（图9-5）。第四，根据各自任务分工，协作开展田野调查测量、专题要素数据生产、数据采集与汇总等方面工作。第五，编制长城记录档案，出版调查报告。第六，共同制定长城资源调查宣传工作方案，并组织实施。

图9-5　2007年4月内蒙古自治区长城资源调查工作培训班现场

自治区文物局的主要任务为开展田野调查，对长城资源进行现场勘查、考古测量，做好信息采集和登录工作；对田野调查获取的资料和信息进行整理、归纳和汇总，依照《全国重点文物保护单位记录档案相关规范标准》建立记录档案，编制全区长城资源调查工作报告和全区长城资源调查报告。

自治区测绘局主要任务为提供长城资源调查资料与技术支持，处理影像和基础地理信息资料；提供正射影像图（没有的区域提供航片）、地形图等资料；提供数据定位、数据采集、数据整理等方面的技术支持；测量长城长度、投影长度及其他长度；制作形成长城基础地理信息数据和长城专题要素数据，即1∶10000数字高程模型、1∶10000数字正射影像数据和1∶10000数字线划数据，编写长城资源调查测绘报告。

（二）组织落实情况

根据国家长城资源调查领导小组及项目办公室的统一部署和《全国长城资源调查管理办法》《长城资源调查工作总体方案》的有关规定，为加强对全区长城资源调查工作的领导，推动全区长城资源调查工作的顺利开展，圆满完成内蒙古境内的长城资源调查任务，经自治区文化厅与国土资源厅研究，决定成立内蒙古自治区长城资源调查工作领导小组和长城资源调查项目管理办公室，负责组织实施全区长城资源调查工作。2007年3月21日，自治区文物局印发《关于成立内蒙古自治区长城资源调查领导小组和项目管理办公室的通知》（内文物发［2007］20号）。

1. 领导机构

成立长城资源调查领导小组，主要负责研究解决我区长城资源调查工作中的重大问题，确定指导原则和工作方针，决策有关重大事项。

2. 行政工作机构

成立长城资源调查项目办公室，主要负责组织和协调各有关部门实施长城资源调查工作，组织项目有关单位制定工作方案，督办我区长城资源调查工作的进度计划和质量控制，协调解决我区与相邻省区在工作中的有关问题。

此次长城资源调查工作，日常工作机构设在项目执行单位内蒙古文物考古研究所，负责人为自治区文物考古研究所所长塔拉。

3. 长城资源调查队

长城资源调查项目办公室根据实际工作需要组建调查队，成员由自治区文物考古研究所、自治区测绘局、各盟市文物部门业务骨干组成。调查队负责落实领导小组和项目办公室部署的有关工作，具体实施长城资源调查和测绘的各项工作任务，负责野外调查、室内整理、报告编写等各项具体工作。此次明长城资源调查共组建5支调查队，每队8～10人，其中包括队长1名。调查队员从自治区文物考古研究所、自治区测绘局、各盟市文物部门抽调，内蒙古大学学生志愿者也积极参与到此次长城资源调查工作当中（图9-6）。

（三）建立资料管理制度

本次调查严格按照《长城资源调查资料管理制度》执行长城资料管理工作，实行集中管理制度。在野外工作阶段，由长城资源调查队确定专人负责，检查调查资料的收集、保管情况。长城电子文档即照片要分别存储于不同的存储设备中，以防电子资料丢失。野外调查过程中，调查项目人员及其他人员须查阅长城资源调查资料的，应征得调查队长同意。

有关长城资源调查的各类文件、资料验收报告及工作简报等相关资料由内蒙古自治区长城资源调查项目办公室统一管理。各调查队的调查资料，包括野外调查日志、各类调查登记表、汇总表、图纸、照片、拓片/摹本、录音带、录像带、计算机存储磁盘及其他信息载体在室内整理完成之前，由各长城资源调查队派专人妥善管理。室内

图9-6 内蒙古自治区长城资源调查队部分成员

整理完成之后，资料全部上交自治区长城资源调查项目办公室，实行统一管理。长城记录档案实行国家、自治区、旗（县）三级备案机制。

（四）建立专家咨询制度

为保障长城资源调查工作的顺利进行，分析解决调查工作中遇到的疑难问题，本次调查专门聘请有丰富文物考古工作经验的文博界学者、专家成立专家组，建立起有效的自治区长城资源调查专家咨询制度。

（五）内蒙古自治区长城资源调查工作纪实

内蒙古自治区长城资源调查工作如张文平先生所写，充满了艰辛，也满载收获。相关纪实如下。

漫漫长城调查之路　拳拳赤子不忘初心[①]

——内蒙古自治区长城资源调查工作的回顾与展望

张文平

2006年初，国家文物局在河南省、内蒙古自治区、浙江省宁波市开展了

① 张文平：《漫漫长城调查之路　拳拳赤子不忘初心——内蒙古自治区长城资源调查工作的回顾与展望》，《内蒙古长城研讨会文集》，现代出版社，2017年。

第三次全国文物普查（简称“三普”）的试点工作。当时，我还在内蒙古大学蒙古学学院攻读博士学位，时任内蒙古自治区文物考古研究所所长的塔拉先生找我谈话，让我一边学习一边回单位工作，主持自治区的“三普”试点项目。我自大学毕业分配到自治区文物考古研究所工作以来，长期跟随塔拉所长下考古工地，搞调查，搞发掘，彼此间都很信任，就一口允诺了下来。由于此前有与美国匹兹堡大学合作搞区域性考古调查的经验，我将学习到的一些先进的考古调查方法运用到“三普”试点工作之中，一年下来，内蒙古自治区的“三普”试点工作得到了国家文物局领导和专家的肯定，为国家制定全国文物普查规范提供了有益的借鉴。

2007年，国家文物局又开展了全国性的长城资源调查项目，由于长城资源调查与“三普”有一些相似性，塔拉所长让我两个项目一起做。那个时候年轻，做工作有热情，想着一起做就一起做吧，虽然感觉肩上的担子重了，但是干劲很足。于是，召集了本单位、12盟市及部分旗县的一些业务骨干，熟悉资料，制定计划，分头行动了起来。此前，我区老一辈考古工作者在长城考古方面已经做了大量工作，尤其是以李逸友先生为代表，跑了很多地方，勾画出了全区长城分布的大致线路，为我们开展长城调查提供了基础性材料。

参加了国家文物局举办的长城资源调查培训之后，我们又举办了自治区级的培训。自治区培训结束后，自治区文化厅、文物局举行了“内蒙古自治区长城资源调查启动仪式”，自治区党委、政府对本次长城资源调查工作也极为重视，出席启动仪式的自治区领导亲自为调查队员授旗，预祝调查工作取得成功（图9-7）。自治区文化厅、文物局还为各长城调查队专门购置了车辆，各种专业的现代化调查设备也一应俱全。万事俱备，调查队员整装出发了。

图9-7　内蒙古自治区长城资源调查工作启动仪式

大家多是年轻人，掌握现代化设备快，不怕吃苦，都感觉没有克服不了的困难。翻山越岭，风餐露宿，长城在我胸中，长城在我脚下，大家都以作为一名长城调查队员而倍感骄傲。对长城的热爱，对事业的执着，是那时大家共同的理想和信念。现在，和这些老队员谈起调查长城的艰辛，问他们有没有信心像当年一样再走一次长城，他们都不敢想象能够走下来了。

按照国家文物局的要求，2007～2008年，我们组建了5支明长城调查队，完成了全区明长城调查的任务。2009年组建了7支秦汉及其他时代长城调查队，开始调查明代以前的长城。按照国家文物局与国家测绘局联合公布的明长城调查数据，我区明长城的墙体坡面长度为712.603千米，不足全区长城墙体总长度的十分之一。内蒙古秦汉及其他时代长城调查的工作量很大，而国家文物局要求在2010年年底之前必须完成全部的田野调查任务，时任国家文物局局长的单霁翔先生要求内蒙古在2010年组建30支长城调查队。可我区从事文物考古的专业人员有限，能跑野外的更少，很多人同时还在做“三普”工作，组建30支调查队何其难也！只能多方想办法，联系内蒙古大学、内蒙古师范大学，找了一批学习历史、考古专业的本科生、硕士研究生，充实到一线调查队伍之中。这样，2010年通过以老带新，共组建了21支调查队，斗酷暑，战严寒，保质保量地完成了国家交付的任务（图9-8）。

图9-8　自治区长城资源调查项目办公室在北京就资料整理情况向国家长城资源调查项目组作汇报

2012年6月5日，国家文物局在北京居庸关长城公布了全国长城资源调查的最终成果数据，调查的历代长城墙体的总长度为21196.18千米，分布于北京、天津、河北、山西、内蒙古、辽宁、吉林、黑龙江、山东、河南、陕西、甘肃、青海等15个省市自治区，共包括长城墙体、壕堑、单体建筑、关堡和相关设施等长城遗产43721处。

最终我们计算出，在本次长城资源调查中，内蒙古共调查长城墙体长度

7570千米，包括长城墙体、壕堑、单体建筑、关堡和相关设施等长城遗产13728处，包含了战国赵国、燕国、秦国和秦、汉、北魏、北宋、西夏、金、明等多个朝代修筑的长城。长度最长，时代最多，可以说是内蒙古长城的两大特点。

田野调查结束后，大家以为可以松口气了，但资料整理、调查报告编写两大任务接踵而来。塔拉所长曾在一次会议上对长城调查队员们讲到，田野调查很辛苦，但苦中有乐，有攀登之乐，有发现之乐；后期资料整理，每天直面的都是枯燥的数据记录，需要埋头苦干，一定程度上比田野调查更辛苦。我们在呼和浩特市市区内租了一间大房子，把骨干队员们集中在一起，每天同吃同住，共同奋战。两年下来，13728处长城遗产的记录资料完完整整地交付国家文物局；再三年下来，囊括内蒙古历代长城的8大部长城调查报告，目前已出版3部，交付出版社2部，剩余3部也均已完成初稿。

在整整10年的时间里，有近150名考古工作者参加了内蒙古的长城调查工作，是长城凝聚了大家，是长城调查工作锻炼、培养了大家。当年风华正茂的长城调查队队长，如今大多走上了本单位的领导岗位，他们说，是长城资源调查历练了他们的领导能力和业务水平；当年初出茅庐的大学生，如今绝大部分走上了工作岗位，在文物系统工作会上他们发言讲，是长城资源调查让他们加深了对文物考古事业的迷恋；后来没在文物系统工作的队员还经常和一起“战斗”过的其他队员们保持联系，当年的那份长城情结让他们一生无法割舍。

长城时而屹立于崇山峻岭之上，时而蜿蜒于乡野阡陌之间，时而雄伟高大，时而俯卧如土垅，这次田野调查工作，离不开长城沿线广大农牧民的帮助，他们为调查队员指引道路，提供食宿方便。通过与长城调查队的接触，一些农牧民了解了长城的价值和意义，在他们眼里不起眼的一道道土垄原来是老祖先遗留下来的宝贵文化遗产，于是他们成了真正的义务长城保护员。

长城调查队是调查员，又是宣传员，还是保护员。在调查过程中，我们印制了长城宣传册，分发给长城沿线的农牧民和工矿企业，让大家认识长城、了解长城，从而避免无意识地破坏长城事件的发生。长城调查队阻止了很多潜在的破坏长城行为，也发现了一些正在破坏长城的行为，对于后者，长城调查队在予以制止的同时，及时向上级文物行政主管部门报告。如2009年大青山金矿破坏秦汉长城案件，就是调查队员第一时间发现并报告的。

“雄关漫道真如铁，而今迈步从头越。”长城资源调查工作的结项，并不意味着长城研究工作的结束；长城调查仅仅是建立了长城基础数据系统，走出了长城研究的第一步。长城本身就是一个复杂的军事防御体系，长城两侧农耕民族与游牧民族在不同历史时期的关系问题，更是中国历史研究的大问题。只有不断对长城进行深入的研究，才能更加有的放矢地宣传长城、保护长城，而这些我们做得都还远远不够。

“经过历史的曲折发展，长城时代终于结束，咒骂长城恨不能将其哭倒的历史故事已不再动人。在新的时代心态下，长城得到了道德重建，‘修我长城’成为恢复民族自信的号召。长城地带，曾为家乡，现在面临的是全面的社会更新。”我的老师、历史地理学者唐晓峰先生，将这一段话作为其大作《长城内外是故乡》一文的结束语。我将这段话引在这里，作为本文的结束。当长城成为“全面的社会更新”的家乡的有机组成部分，才是长城的历史文化遗产价值最为凸显之时。

三、鄂尔多斯市长城资源调查工作

（一）前期准备工作

1. 调研、考察情况

2006年5月23日，由内蒙古文物考古研究所塔拉所长、曹建恩副所长，鄂尔多斯市安源副市长，鄂尔多斯市文化局刘志兰副局长、窦志斌科长和鄂尔多斯青铜器博物馆王志浩馆长共同组成的调研组考察了鄂尔多斯市明长城和战国秦长城的情况，掌握了鄂尔多斯市境内长城的分布情况，为鄂尔多斯市境内长城的调查工作做好了计划和安排（图9-9）。

图9-9　2006年，内蒙古自治区文物考古研究所、鄂尔多斯市人民政府调研组考察长城

2. 培训情况

（1）国家文物局培训

2007年3月，内蒙古自治区文物局、内蒙古文物考古研究所任命鄂尔多斯青铜器博

物馆的甄自明同志为内蒙古鄂尔多斯长城资源调查队领队，并委派其参加国家文物局举办的全国长城资源调查领队培训班。

（2）自治区文物局培训

2007年4月13日至19日，内蒙古文物考古研究所、鄂尔多斯青铜器博物馆组织鄂尔多斯长城调查队全体队员甄自明、张旭梅、高平、马俊、刘伟到呼和浩特市，参加内蒙古自治区文物局和内蒙古文物考古研究所联合举办的全区明长城资源调查业务培训班。

3. 组织情况

根据国家的统一部署，按照《全国长城资源调查管理办法》《全国长城资源调查工作总体方案》的有关规定，2007年3月，经自治区文物局与自治区国土资源厅研究，决定成立内蒙古自治区长城资源调查领导小组和长城资源调查项目办公室。鄂尔多斯市文化局刘志兰副局长为内蒙古自治区长城资源调查领导小组成员；鄂尔多斯市文化局文物科窦志斌科长、鄂尔多斯青铜器博物馆王志浩馆长为内蒙古自治区长城资源调查项目办公室成员。

根据自治区文化厅、文物局部署，在内蒙古文物考古研究所的业务指导和具体领导下，鄂尔多斯市的全国长城资源调查工作领导机构设在鄂尔多斯市文化局，长城资源调查工作项目部设在鄂尔多斯青铜器博物馆，项目部负责人为王志浩馆长，领导、组织和指导鄂尔多斯长城资源调查队具体实施鄂尔多斯市境内的长城调查工作。决定由鄂尔多斯青铜器博物馆甄自明同志担任鄂尔多斯长城资源调查队队长，抽调鄂尔多斯青铜器博物馆业务技术人员、鄂尔多斯市各旗（区）文物保护管理所工作人员、内蒙古大学学生以及内蒙古自治区测绘事业局专业人员联合组成鄂尔多斯长城资源调查队，具体完成全市境内的长城资源调查工作。

4. 动员情况

（1）内蒙古自治区长城资源调查启动仪式

2007年4月20日上午，内蒙古自治区长城资源调查工作启动仪式在呼和浩特市文化大厦广场胜利举行。内蒙古自治区党委常委、宣传部部长乌兰，自治区副主席罗啸天，文化厅副厅长、文物局局长刘兆和出席了启动仪式。参加启动仪式的还有各盟市文化系统、文博单位负责人，以及7个内蒙古长城资源调查队（图9-10）。此次长城资源调查工作是按照国家文物局的统一部署，由自治区文物局和自治区国土资源厅测绘事业局联合开展的。

在启动仪式上，乌兰、罗啸天等领导为12个盟市的长城资源调查队授旗并发放了长城资源调查车。调查工作将在自治区长城资源调查领导小组的统一领导下，全面、

图9-10　内蒙古自治区长城资源调查工作启动仪式上鄂尔多斯长城调查队与塔拉所长合影

准确地掌握我区历代长城的规模、分布、构成、走向及其时代、自然与人文环境、保护与管理现状等基础资料，测量并发布长城长度等重要信息，建立科学、准确、翔实的长城记录档案和长城资源信息系统，为编制长城保护规划、开展长城保护工程、加强保护管理和进行科学研究提供依据。

（2）鄂尔多斯市长城资源调查启动仪式

2007年5月28日，鄂尔多斯市长城资源调查工作启动仪式在鄂尔多斯青铜器博物馆隆重举行，仪式由鄂尔多斯市文化局、鄂尔多斯青铜器博物馆主办，邀请内蒙古文物考古研究所领导、鄂尔多斯市委宣传部领导以及鄂尔多斯市八个旗（区）的文化局分管局长、文物保护管理所所长参加。启动仪式由鄂尔多斯市文化局刘志兰副局长主持，内蒙古文物考古研究所所长塔拉、市委宣传部副部长包山分别就鄂尔多斯长城资源调查工作的必要性和重大意义发表讲话，甄自明同志代表鄂尔多斯长城调查队队员宣誓（图9-11）。在市文化局赵新民局长宣布“鄂尔多斯市长城资源调查工作全面启动，鄂尔多斯长城调查队现在出发”后，长城调查队队员们随即上车，奔赴鄂尔多斯市长城沿线开始调查工作。会后，各旗（区）文化局分管局长、文物保护管理所所长均表示将大力支持长城资源调查工作。

（二）长城野外调查情况

2007年5月至7月，鄂尔多斯长城资源调查队开展了鄂托克前旗明长城的野外调查工作。共调查该段长城约58千米，其中头道边30千米，二道边28千米；共调查测量敌台134座、关堡2座、烽火台7座；发现女墙、藏身坑、瞭望室、登城阶梯以及挡马墙、

图9-11　甄自明队长在鄂尔多斯市长城资源调查启动仪式上宣誓

壕沟等长城防御设施。调查人员有甄自明、张旭梅、高平、马俊、杨建林、李祥勇、郭如宝、刘伟，其中郭如宝为内蒙古自治区测绘局专业人员。

2008年5月，在鄂托克旗共发现和调查4座烽火台，分别为单墩烽火台、馒头烽火台、石桥梁烽火台、土桥梁烽火台。在鄂托克前旗北部发现和调查3座烽火台，分别为拜图烽火台、陶利1号烽火台、陶利2号烽火台。调查人员有武俊生、甄自明、马登云、张震洲、刘军。

8月，鄂尔多斯长城资源调查队完成鄂托克前旗明长城的复查工作，在2007年野外调查工作的基础上，补充了部分照片和录像资料。调查人员有甄自明、马登云、乌拉、杨建林、程琪。11月，在准格尔旗共调查竹里台明长城墙体600多米，敌台1座；发现和调查烽火台2座，分别为竹里台烽火台和大占烽火台。调查人员有李恩瑞、马登云、杨建林、刘江河。

2009年6月至7月，鄂尔多斯长城调查队开展了鄂托克旗秦长城的野外调查工作，共发现和调查长城墙体26段，全长约10千米；关堡1座，单体建筑3座，相关遗存3处。调查人员有鄂尔多斯青铜器博物馆甄自明、张智杰、徐磊、张铭水，乌海博物馆武俊生等。

7月底至8月中旬，鄂尔多斯长城调查队开展了伊金霍洛旗战国秦长城的野外调查工作，共调查长城墙体70段，全长约41千米；单体建筑9座，相关遗存2处。调查人员有鄂尔多斯青铜器博物馆甄自明、张智杰，伊金霍洛旗文物保护管理所李绿峰、杨玉宝，内蒙古大学硕士研究生高艳、肖立聪，司机张建军、张艳红等。

8月中旬至10月底，鄂尔多斯长城调查队开展了准格尔旗战国秦长城的野外调查工作，共发现和调查长城墙体98段，全长约57千米；关堡7座，单体建筑20座，相关遗存

9处。调查人员有鄂尔多斯青铜器博物馆甄自明、张智杰，锡林郭勒盟文物站刘洪元、王洪江、韩璐，内蒙古大学硕士研究生高艳、肖立聪，司机张艳红等。

10月底至11月初，鄂尔多斯长城调查队开展了达拉特旗战国秦长城的野外调查工作，共调查长城墙体5段，全长约4千米；单体建筑1座。调查人员有鄂尔多斯青铜器博物馆甄自明、张智杰，司机张艳红等。

11月初至11月中旬，鄂尔多斯长城调查队开展了达拉特旗战国秦长城的野外调查工作，共调查长城墙体7段，全长约22千米。调查人员有鄂尔多斯青铜器博物馆甄自明、张智杰，司机张艳红等。

2010年10月初至10月中旬，鄂尔多斯长城调查队开展了东胜区战国秦长城的野外调查工作，共调查长城墙体24段，全长约18千米；关堡1座，单体建筑4座。调查人员有鄂尔多斯青铜器博物馆甄自明、杨俊刚、李双、包蕾等。

10月中旬至10月末，鄂尔多斯长城调查队开展了准格尔旗宋代烽燧线的野外调查工作，共调查单体建筑18座。调查人员有鄂尔多斯青铜器博物馆甄自明、杨俊刚、李双、包蕾等。

10月末至11月中旬，鄂尔多斯长城调查队开展了鄂托克前旗隋长城的野外调查工作，共调查长城墙体8段，全长约12千米。调查人员有鄂尔多斯青铜器博物馆甄自明、杨俊刚、李双、包蕾，鄂托克前旗张旭梅、高华祥等。（图9-12～图9-16）

图9-12　测量敌台

图9-13　测量墙体

（三）长城调查室内资料整理情况

2007年9月至10月，调查队在鄂尔多斯青铜器博物馆进行鄂尔多斯明长城资料的初步室内整理工作。其中甄自明负责原始表格整理，马俊负责电脑录入。

2008年3月至4月，内蒙古文物考古研究所组织各长城调查队参加在集宁路工作站统一进行的资料整理工作，鄂尔多斯长城调查队甄自明、杨建林参加资料整理工作。

图9-14　内蒙古大学女学生参与调查实习

图9-15　在航空照片上标绘

图9-16　野外调查记录、摄像、GPS定点

2008年8月，在东胜进行鄂托克前旗明长城资料的修改和完善工作，甄自明、马登云、杨建林参加资料整理工作。

2008年12月，在内蒙古文物考古研究所庙子沟工作站进行由内蒙古文物考古研究所组织、内蒙古各长城调查队参加的自治区明长城工作报告和考古调查报告的编写工作。甄自明参加编写工作。

2009年2月至4月，参加由内蒙古文物考古研究所在呼和浩特市组织的全区明长城考古调查报告编写工作。甄自明参加报告编写工作。

2009年12月至2010年1月、3月、4月，在呼和浩特市昭君花园进行鄂尔多斯市鄂托克旗秦长城，伊金霍洛旗、准格尔旗、达拉特旗战国秦长城和达拉特旗秦长城全部资料的室内整理工作。甄自明负责文字资料整理，张智杰负责电脑照片和录像资料整理。

2010年12月至2011年1月、3月，在鄂尔多斯青铜器博物馆进行鄂尔多斯市东胜区战国秦长城、准格尔旗宋代烽燧线、鄂托克前旗隋长城资料全部资料的室内整理工作。甄自明、杨俊刚、李双参加资料整理工作。

2011年11月至2012年5月，在鄂尔多斯青铜器博物馆编写鄂尔多斯市长城调查报告。甄自明负责编写。

（四）长城资源调查的主要收获

与以往鄂尔多斯市境内长城调查相比，本次长城调查采用了数码照相、摄像、

GPS卫星定位等先进技术，同时文物系统同测绘系统的合作，促成了考古调查方法同测绘、航片运用的结合。这些技术方法的运用，使本次长城调查的任务更详细，资料更完整，数据更准确。本次调查后编写的长城工作报告和调查报告也是自治区第一次专门的长城报告集，在学术上具有重要的意义。

2013年11月，由内蒙古自治区文化厅（文物局）、内蒙古自治区文物考古研究所编著，鄂尔多斯长城资源调查队队长甄自明执笔撰稿的《内蒙古自治区长城资源调查报告·明长城卷》（上、下册）正式出版。

2016年12月，由内蒙古自治区文化厅（文物局）、内蒙古自治区文物考古研究所编著，鄂尔多斯长城资源调查队队长甄自明执笔任副主编的《内蒙古自治区长城资源调查报告·鄂尔多斯—乌海卷》正式出版。

（五）鄂尔多斯市长城资源调查工作纪实

鄂尔多斯市的长城资源调查工作在内蒙古自治区整项长城资源调查工作中占有举足轻重的地位，也有其自身的特色，相关工作纪实正如甄自明先生所写。

鄂尔多斯长城调查工作六记[①]

——写在鄂尔多斯市全国长城资源调查启动10周年之际

甄自明

“不到长城非好汉，屈指行程二万。”2017 年是全国长城资源调查工作启动十周年。弹指一挥间，10 年已经过去了，作为鄂尔多斯市长城资源调查队队长，这 10 年于我而言，是快速成长的 10 年，也是快速进步的 10 年，其中许多记忆深刻的瞬间，仿佛就发生在昨天，现以此文纪念全国长城资源调查工作启动十周年，回忆过往、总结经验，让后人能够继往开来，将长城这一世界体量最大的文化遗产更加深入地研究好，将长城精神更加深刻地传承好。

1. 最为激动的时刻

2007 年春天，我还是鄂尔多斯青铜器博物馆的一名考古队员，一天上班后，王志浩馆长和杨泽蒙副馆长分别找我谈话，让我出任鄂尔多斯市长城调查队队长，负责全市长城资源的调查工作，就此开始了我与长城 10 年乃至一辈子的缘分。现在想来，真得感谢两位馆长，是他们的信任、支持和重用，促成了鄂尔多斯长城调查的丰硕成果和我的快速成长。

之后，内蒙古文物考古研究所张文平主任通知我到呼和浩特与大家会合，

---

① 发表于《鄂尔多斯文化旅游》（博物馆专刊）2019年第2期。

一起到北京居庸关参加全国长城资源调查领队培训班。见到张主任后，他说："小甄，你是考古专业毕业的，希望你搞好鄂尔多斯的长城调查工作，这次去北京培训，希望你好好听课，掌握技能，这台笔记本电脑交给你，先拿上用哇。"我激动地接过电脑包，打开一看，原来是一台 IBM 笔记本电脑，简直惊呆了，如此高级的笔记本电脑就这样交给我使用了！去北京培训的一行，除了我和张文平主任外，还有王仁旺、巴戈那、李恩瑞、马登云等，大多是内蒙古各盟市博物馆的工作人员，下一步都将带队进行长城调查工作。

在北京居庸关培训的每一天我都处于兴奋状态，早上 5 点钟就醒了，然后就寻思着怎么搞好长城调查工作。我们白天认真听教授、专家们讲课，其中就有著名长城专家景爱先生的讲座，真是受益匪浅。记得有一次，一位专家讲课说到了长城内外，提到编号只能用长城内侧的省份编号，而不用长城外侧的省份编号。为此张文平主任起身慷慨发言："长城内外是故乡，长城南北都是我国领土，中国是由 56 个民族组成的，长城只是古代游牧民族与农耕民族的分界线，现在我们不应该再有长城内外之分。"张主任讲完后，100 多位长城领队学员热烈鼓掌，表示赞赏和支持。培训的日子忙碌又充实，内蒙古的学员在陈雅光处长和张文平所长的带领下，认真学习，认真领会，认真实习，我还记得有一位同仁参加培训时，连电脑都不会用，等培训结束的时候，笔记本电脑已经用得很溜了。

之后，内蒙古文物局、内蒙古文物考古研究所为各盟市文物处、博物馆长城调查队都配备了 IBM 笔记本电脑、联想台式电脑、尼康 D200 专业相机、录像机、GPS 经纬度卫星定位手持机、惠普打印机等专业设备，还为各支调查队配备了猎豹越野车，这些实实在在的基本设备和装备，保证了内蒙古长城调查工作的顺利完成。

2. 记忆深刻的壮行

2007 年 5 月 28 日，鄂尔多斯市长城资源调查工作启动仪式在鄂尔多斯青铜器博物馆举行，内蒙古文物考古研究所塔拉所长、鄂尔多斯市委宣传部包山副部长分别发表讲话，仪式由市文化局刘志兰副局长主持，我代表长城调查队队员宣誓，在市文化局赵新民局长宣布"鄂尔多斯市长城资源调查工作启动"的话语声落地后，鞭炮燃放，锣鼓齐鸣，我举着鄂尔多斯长城调查队的红色旗帜在空中挥舞了几个来回，然后带领身穿探路者服装、脚蹬登山鞋、头戴遮阳帽的调查队员坐上长城调查越野车开出了博物馆。十年已然过去，但这一幕仍历历在目，每当忆起，仍是热血沸腾。

在中午的壮行宴会上，赵新民局长为我端起一大杯白酒，动情地说道："甄队长，饭后你们就要去长城一线调查了，风吹日晒，为你敬上一杯壮行酒吧，希望你们马到成功，将我市的长城调查好、整理好。"我端起酒杯一饮而尽，暗下决心一定不负重托。王志浩馆长则对鄂托克前旗文管所所长张旭梅嘱咐道："这次是去鄂托克前旗调查，小甄还是个毛头小子，缺乏江湖经验，你要多操点心，多帮帮他。"下午，我们一行，包括张旭梅、高平、马俊、李祥勇、刘伟等前往鄂托克前旗开始了历时两个月的明长城野外调查工作（图 9-17）。

图9-17　调查队员爬山途中

3. 不知疲倦的那几年

2007 年时，我 27 周岁，带领的队员们多是年轻人，大家兢兢业业、朝气蓬勃。2007 年和 2008 年调查的是鄂托克前旗明长城，调查队员们的驻地是特布德嘎查当地的一户老乡家。因为是夏天，天亮得早，我们早上 5：30 就开始起床、洗漱、吃早饭，6：30 调查队员们就坐上越野车，到明长城附近开始一天的调查工作。根据不同的分工，队员们有的拿出皮尺开始测量，有的拿出表格和笔记本开始文字记录，有的拿出 GPS 卫星定位手持机开始测点，有的手举录像机开始摄像，有的手持画板开始绘制文物草图，而我是负责照相的，同时负责指导和把控大家各项具体工作。我们的队伍中还有内蒙古测绘局的专家，将长城用特殊工具标绘在航空照片上。我们是沿着长城一步一步走下来的，每一个长城的重要节点、重要细节都要收录完整。夏天的鄂托克前旗非常热，调查工作一直持续到 10：30，之后我们乘车返回驻地，在驻地整理资料、吃午饭、休息，下午 3：30 至 7：30 继续长城调查工作。

晚上吃完饭后，就开始了长城调查工作的重头戏——整理长城现场资料。

考古工作有一条重要的原则和规矩，就是当天的考古调查、勘探、发掘的记录、数据、照片、图纸等都须在当晚整理完成，所有考古资料都不过夜，否则就存在遗漏、遗忘的风险。队员们会在晚上将自己手头的各种资料整理好，我都要检查一遍，修改完善了才行。之后召开座谈会，大家交流一天的工作心得、体会和不足、问题，并找到解决的办法，然后再部署第二天的工作任务。当时感觉自己浑身是劲、精力充沛，早起晚睡，能日复一日工作几个月。

2009年，我们主要调查鄂托克旗的秦长城和伊金霍洛旗、准格尔旗的战国秦长城。由于这些地方多是山地、丘陵地貌，故而，我们开展调查工作是在爬山这个体力活的基础上进行的。早上乘车，到达山脚下后，开始爬山，到顶上找到长城，进行详细的登记、记录。到了中午，找一处阴凉地一起吃午餐，大家席地而坐，拿出随身携带的馒头、榨菜、卤蛋、火腿肠、方便面等干货便餐，就着水吃起来，以天为顶，以草为地，别有一番情趣，唯一的不足是，这些干货一吃就感觉饱了，过一会儿又感觉饿了，不耐饥。吃饱后找个避风向阳能靠的地方，闭上眼睛休息半小时，接着开始下午的调查工作（图9-18）。

图9-18　调查队员在野外用餐

鄂托克旗、准格尔旗、伊金霍洛旗的长城都位于山头和丘陵上，翻过一个山头，再翻一个山头，上山、下山，再上山、再下山，每天要翻四五个山头，天黑了才准备收工回驻地。每天最少也要走几千米，按照今天微信显示的步数应该可以达到2万步至4万步。可以说，长城调查工作是考古队员用步量出来的，用汗水堆积出来的，长城调查成果是我们走出来的。

4. 工作站整理资料的难忘岁月

2007年至2010年期间，每年的5月至10月份，长城调查队都在进行野外考古调查，到了冬季，各盟市长城调查队都会由内蒙古文物考古研究所召集起来，集中在一个地方统一整理资料，撰写工作报告和调查报告。集宁路工作站、庙子沟工作站、昭君花园小区都曾是内蒙古长城调查队的集中地和大本营。在这些地方，我们整理好了全市的长城资料并顺利通过验收，在这些地方，我们编出了《内蒙古自治区明长城资源调查工作报告》，之后又编出了《内蒙古自治区长城资源调查报告·明长城卷》《内蒙古自治区长城资源调查报告·鄂尔多斯—乌海卷》等，集中整理资料、撰写报告是长城调查工作成果丰硕的制胜法宝。

集宁路工作站、庙子沟工作站、昭君花园小区这些地方还是内蒙古文物考古研究所专家、老师、各盟市长城调查队员切磋经验、互相学习、共同进步的大熔炉。在这里长城调查队员们聆听了国家文物局、中国文化遗产研究院领导、专家的指导和教授，在这里大家统一了想法和做法，在这里大家的能力和水平得到大幅提升。在集中整理资料的日子里，考古所的专家们、各盟市的调查队员们同吃同住，建立了深厚的友谊，成为在一条战壕里战斗过的战友。回想起来，当时的日子真是难忘，虽然伙食不是太丰富，但是大家吃得津津有味。虽然住宿条件不太好，但是大家都能够适应。尤其是庙子沟工作站，冬天长城调查队在这里整理资料，没有暖气，靠火炉取暖，大家睡在床上都得盖两层厚被子，等晚上12点火炉一灭，就没有热气了，早上冷的谁也穿不上衣服，等做饭师傅将火炉点燃暖一会儿后，大家才能勉强起床。就是在这样的条件下，我们完成了《内蒙古自治区长城资源调查报告·明长城卷》的初稿。

张文平先生既是内蒙古长城资料集中整理工作的组织者、负责人，又是专家、老师。他几乎是手把手、心交心，语重心长、苦口婆心地讲授、辅导，帮助大家统一整理资料并使其符合国家要求的标准，引导我们完成了从田野考古到资料整理，再到撰写报告的全过程，令我们进步飞快、受益终生。现在想想，后来我编写出版的《内蒙古文化遗产·鄂尔多斯文化遗产》《伊金霍洛史迹拾遗》等专著都得益于当时的学习、培训和历练。

5. 长城新发现的探索之路

2007年，鄂尔多斯长城调查队在鄂托克旗特布德嘎查野外田野考古调查中发现，有段长城由东向西分布于上海庙镇特布德嘎查四十堡小队、宝日岱小队和十三里套小队，均为堆筑土墙，泛白色或红色，墙体呈土垅状或鱼脊状凸起。由于修筑草率，地面有时很难发现和确认，更多的是在航空照片和卫星照片上看到的。从航片和卫片上观察，长城位于明长城大边和二边以北或以南，距明长城 50 ~ 300 米，墙体笔直。它和明长城的走向是一致的，时而单独出现，时而与明长城重叠一处，呈东西向贯穿整个鄂托克前旗南端。现代航空摄影考古与传统田野考古两种方法技术的结合和应用，促成了这段长城的发现。

在田野考古发现和航空照片、卫星照片的认定的基础上，我查阅了史念海、景爱、艾冲等专家对鄂尔多斯高原南端崔仲方所筑长城分布地点和范围的描述，特别是宁夏考古专家们在《宁夏盐池县古长城调查与试掘》《宁夏灵武市古长城调查与试掘》中对隋长城的调查和认定，对比鄂托克前旗这段长城与宁夏隋长城的形制和分布路线后，最终确认了该段长城为隋代崔仲方所筑。这段长城是内蒙古唯一的一段隋长城。

根据《中国文物地图集·内蒙古自治区分册》的记载，在询问内蒙古考古所和鄂尔多斯青铜器博物馆文物考古专家的基础上，2010 年 10 月，鄂尔多斯长城调查队队员们对准格尔旗羊市塔的山梁进行了调查。这里有许多“敖包圪旦”，其底部呈圆锥形，表面长满蒿草，顶部为圆柱形的石砌敖包。在就近对一座山顶上的“敖包圪旦”进行仔细观察后发现，“敖包圪旦”的底部为黄土夯筑而成，应不是简单的敖包，而是已有几百年历史的烽燧。在羊市塔，我们找到了 4 座这样的烽燧，一路走下去，在纳林庙、松树焉、川掌、大路峁等地均发现了这样的烽燧，共有 20 多座，形成了一条完整的烽燧线。起初，因为烽燧附近地表上有许多汉代陶片，我们认为这些烽燧是汉代的。杨泽蒙老师听了汇报后说：“我们这个地区汉代陶片是很多的，而准格尔旗烽燧我看夯层比其他汉代古城的夯层要薄，并且形制如此完整，应该时间要晚很多，你们需要查找更多的资料。”事实证明杨泽蒙老师的判断是正确的，查阅相关资料后我们发现，这条烽燧线是宋代的。

李逸友先生很早就对准格尔旗南部的宋代城址和烽火台进行了考察和研究，他在《内蒙古史迹丛考》一文中论述：二长渠古城内出土了“大观四年十一月三十日常八哥骨殖”陶罐，是居住在宋丰州城内庶民百姓的骨灰罐，这证明二长渠古城就是宋丰州故城。李逸友先生不但论证了“二长渠古城”就是“丰州故城”，考证了丰州故城、保宁砦和永安砦的相对位置，而且敏锐地指出“二长渠古城”附近山梁上的烽燧即为军士修筑完“丰州故城”后所筑，为预警之用，为宋朝新筑。也就是说，这条准格尔旗的烽燧线属于北宋时期，是内蒙古唯一的北宋长城（图 9-19）。

图9-19　内蒙古自治区长城办检查鄂尔多斯长城调查工作

6. 首次尝试制作宣传册、宣传片

2010 年鄂尔多斯市长城调查野外工作结束后，为了总结长城调查成果和迎接中国文化遗产日的到来，根据市文化局张占霖局长的部署，市文化局文物科科长窦志斌安排我编写一本《鄂尔多斯境内历代长城》宣传册，再带队拍摄一部《鄂尔多斯古长城》专题片。我草拟了基本内容，撰写文字，选择照片，带领摄影师采集素材。最终，这两项工作顺利完成，成为我们编写宣传册、拍摄专题片的第一次有益和有效的尝试。同时，鄂尔多斯市长城宣传册、宣传片扩大了长城的影响力，起到了极大的宣传、推广和普及作用。和蔼可亲、令人钦佩的窦志斌老师，是一位行政工作和文物业务工作二者兼通的专家型领导，对于工作有自己独到的见解和创意。鄂尔多斯市的全国长城资源调查工作、第三次全国文物普查工作、第一次全国可移动文物普查工作都是在他的大力倡导和支持下取得很多成绩的。

长城是如此富有魅力，在古代她是农耕民族与游牧民族碰撞、贸易、交往和融合的地方；在今天她是我们长城队员走过、爬过、撒过汗水的地方。长城工作是我们相互学习、借鉴、努力和提升的平台和舞台，“不到长城非好汉”，我们为参加过长城工作而深感荣幸和自豪。10 年光阴，我们以梦为马、不负韶华，万里长城是我们心中共同的桥梁和纽带，连通古今，连通彼此，连通现在和未来。

参考文献

一、古　　籍

［1］（西汉）司马迁：《史记》，中华书局，1959年。

［2］（东汉）班固：《汉书》，中华书局，1962年。

［3］（唐）魏徵：《隋书》，中华书局，1975年。

［4］（唐）李吉甫：《元和郡县图志》，中华书局，1983年。

［5］（元）脱脱、阿鲁图等：《宋史》，中华书局，1977年。

［6］（明）宋濂等：《元史》，中华书局，1975年。

［7］（清）张廷玉：《明史》，中华书局，1974年。

二、工具书、专著、考古报告与论文集

［1］伊克昭盟文物工作站：《鄂尔多斯文物考古文集》（内部资料），1981年。

［2］谭其骧：《中国历史地图集》，中国地图出版社，1982年。

［3］夏鼐：《中国文明的起源》，文物出版社，1985年。

［4］艾冲：《明代陕西四镇长城》，陕西师范大学出版社，1990年。

［5］（明）王琼著，单锦衎辑校：《王琼集》，山西人民出版社，1991年。

［6］沙日勒岱、武占海、刘毅政：《成吉思汗研究文集1949—1990》，内蒙古人民出版社，1991年。

［7］内蒙古文物考古研究所：《内蒙古中南部原始文化研究文集》，海洋出版社，1991年。

［8］陈育宁：《宁夏通史》（古代卷），宁夏人民出版社，1993年。

［9］鲁人勇、吴忠礼、徐庄：《宁夏历史地理考》，宁夏人民出版社，1993年。

［10］伊克昭盟地方志编纂委员会：《伊克昭盟志》，现代出版社，1994年。

［11］周清澍：《内蒙古历史地理》，内蒙古大学出版社，1994年。

［12］（清）吴广成著，龚世俊等校证：《西夏书事校证》，甘肃文化出版社，1995年。

[13] 内蒙古公路交通史志编委会：《内蒙古古代道路交通史》，人民交通出版社，1997年。

[14] 内蒙古文物考古研究所：《内蒙古文物考古文集》（第二辑），中国大百科全书出版社，1997年。

[15] 魏坚：《内蒙古中南部汉代墓葬》，中国大百科全书出版社，1998年。

[16] 景爱：《沙漠考古通论》，紫禁城出版社，1999年。

[17] 内蒙古自治区文物考古研究所、鄂尔多斯博物馆：《朱开沟——青铜时代早期遗址发掘报告》，文物出版社，2000年。

[18] 杨勇：《鄂尔多斯草原文化》，内蒙古人民出版社，2000年。

[19] 史念海：《黄土高原历史地理研究》，黄河水利出版社，2001年。

[20] 内蒙古自治区文物考古研究所：《万家寨水利枢纽工程考古报告集》，远方出版社，2001年。

[21] 王天顺：《西夏地理研究》，甘肃文化出版社，2002年。

[22] 陈育宁：《鄂尔多斯史论集》，宁夏人民出版社，2002年。

[23] 国家文物局：《中国文物地图集·内蒙古自治区分册》（上、下），西安地图出版社，2003年。

[24] 旺楚格：《成吉思汗陵》，内蒙古人民出版社，2004年。

[25] 王志浩：《鄂尔多斯文物考古文集》（第二辑），远方出版社，2004年。

[26] 李凤山：《长城与民族》，中央民族大学出版社，2006年。

[27] 陈育宁：《民族史学概论》，宁夏人民出版社，2006年。

[28] 张光耀：《秦直道探索与研究》，内蒙古人民出版社，2006年。

[29] 景爱：《中国长城史》，上海人民出版社，2006年。

[30] 赵新民、杨道尔吉主编：《鄂尔多斯史话》，华文出版社，2007年。

[31] 董耀会、吴伟、吴江江：《长城》，现代出版社，2008年。

[32] 杨蕤：《西夏地理研究》，人民出版社，2008年。

[33] 高毅、王志浩、杨泽蒙：《鄂尔多斯史海钩沉》，文物出版社，2008年。

[34] 辛德勇：《秦汉政区与边界地理研究》，中华书局，2009年。

[35] 苏秉琦：《中国文明起源新探》，辽宁人民出版社，2009年。

[36] 鄂尔多斯大辞典编纂委员会：《鄂尔多斯大辞典》，内蒙古人民出版社，2009年。

[37]《鄂尔多斯青铜器国际学术研讨会论文集》编辑组：《鄂尔多斯青铜器国际学术研讨会论文集》，科学出版社，2009年。

[38] 苏秉琦主编，张忠培、严文明撰：《中国远古时代》，上海人民出版社，

2010年。

［39］张占霖：《鄂尔多斯文化·文物卷》，社会科学文献出版社，2011年。

［40］国家文物局：《明长城》，文物出版社，2012年。

［41］张久和：《内蒙古通史·远古至唐代的内蒙古地区》（二），人民出版社，2011年。

［42］艾冲：《公元7—9世纪鄂尔多斯高原人类经济活动与自然环境演变研究》，中国社会科学出版社，2012年。

［43］杨泽蒙：《鄂尔多斯文化遗产2012》，鄂尔多斯市文物考古研究院，2013年。

［44］项隆元：《中国物质文明史》，浙江大学出版社，2013年。

［45］白寿彝、高敏、安作璋：《中国通史·中古时代秦汉时期》，上海人民出版社、江西教育出版社，2013年。

［46］陈虹：《当代中国考古学》，浙江大学出版社，2013年。

［47］王巍：《中国考古学大辞典》，上海辞书出版社，2014年。

［48］段清波、徐卫民：《中国历代长城发现与研究》，科学出版社，2014年。

［49］内蒙古自治区文化厅、内蒙古自治区文物局：《内蒙古长城与长城的故事》，2016年。

［50］李开元：《内蒙古长城研讨会文集》，现代出版社，2017年。

［51］宁夏文物考古研究所：《宁夏明代长城·河东长城调查报告》（上、下册），文物出版社，2017年。

三、论文与考古简报

［1］史念海：《秦始皇直道遗迹的探索》，《文物》1975年第10期。

［2］祁国琴：《内蒙古萨拉乌苏河流域第四纪哺乳动物化石》，《古脊椎动物与古人类》1975年第4期。

［3］李作智：《隋唐胜州榆林城的发现》，《文物》1976年第2期。

［4］崔璿：《秦汉广衍故城及其附近的墓葬》，《文物》1977年第5期。

［5］史念海：《鄂尔多斯高原东部战国时期秦长城遗迹探索记》，《文物与考古》1980年第1期。

［6］田广金、郭素新：《西沟畔匈奴墓反映的诸问题》，《文物》1980年第7期。

［7］罗哲文：《山海关关城的布局与建筑勘查记》，《中国长城遗迹调查报告集》，文物出版社，1981年。

［8］苏秉琦、殷玮璋：《关于考古学文化的区系类型问题》，《文物》1981年第

5期。

［9］林幹：《试论王昭君艺术形象的塑造》，《内蒙古大学学报》（哲学社会科学版）1986年第3期。

［10］史念海：《论西北地区诸长城的分布及其历史军事地理》（下篇），《中国历史地理论丛》1994年第3期。

［11］王大方、巴图吉日嘎拉、张文芳：《百眼窑石窟的营建年代及壁画主要内容初论——兼述成吉思汗在百眼窑地区之活动》，《内蒙古文物考古文集》（第一辑），中国大百科全书出版社，1994年。

［12］吴宏岐：《秦直道修筑的起讫时间与工程分期》，《中国历史地理论丛》1996年第3期。

［13］田广金：《论内蒙古中南部史前考古》，《考古学报》1997年第2期。

［14］李逸友：《内蒙古史迹丛考》，《内蒙古文物考古文集》（第二辑），中国大百科全书出版社，1997年。

［15］李凤山：《长城带经济文化交流述略》，《中央民族大学学报》1997年第4期。

［16］宁夏文物考古研究所、盐池县博物馆：《宁夏盐池县古长城调查与试掘》，《考古与文物》2000年第3期。

［17］仁钦道尔吉：《鄂托克访古——成吉思汗在阿尔寨石窟及阿尔巴斯地区的活动》，《内蒙古地方志》2002年第1期。

［18］辛德勇：《张家山汉简所示汉初西北隅边境解析——附论秦昭襄王长城北端走向与九原云中两郡战略地位》，《历史研究》2006年第1期。

［19］宁夏文物考古研究所、内蒙古鄂托克前旗文化局、灵武市文物管理所：《宁夏灵武市古长城调查与试掘》，《考古与文物》2006年第2期。

［20］王乃昂、何彤慧、黄银洲，等：《六胡州古城址的发现及其环境意义》，《中国历史地理论丛》2006年第3期。

［21］刘金海：《岢岚宋长城保护开发工程启动》，《中国旅游报》2008年10月22日第14版。

［22］段清波、于春雷：《陕西战国秦长城调查与研究》，《中国文物科学研究》2012年第3期。

［23］中国科学院古脊椎动物与古人类研究所人类演化实验室、鄂尔多斯青铜器博物馆、鄂尔多斯市文物考古研究院，等：《内蒙古鄂尔多斯乌兰木伦遗址2010年1期试掘及其意义》，《第四纪研究》2012年第2期。

［24］中国科学院古脊椎动物与古人类研究所人类演化实验室、鄂尔多斯青铜器

博物馆、鄂尔多斯市文物考古研究院，等：《内蒙古鄂尔多斯市乌兰木伦旧石器时代中期遗址》，《考古》2012年第7期。

［25］刘利华：《克夷门考》，《西夏研究》2014年第1期。

［26］甄自明、岳够明：《鄂尔多斯汉代古城分布与研究》，《鄂尔多斯学研究》2014年增刊。

［27］甄自明：《试论鄂尔多斯青铜器的传播、交流与草原丝绸之路》，《中国北方及蒙古、贝加尔、西伯利亚地区古代文化》，科学出版社，2015年。

［28］陈育宁：《地斤泽在何处》，《党项史迹与陕北历史文化学术研讨会论文集》，横山政协，2016年。

［29］王大方：《内蒙古自治区的长城资源与长城保护的重点任务》，《内蒙古长城研讨会文集》，现代出版社，2017年。

［30］段云飞：《试论长城文化研究的历史价值及弘扬长城精神的现实意义》，《内蒙古长城研讨会文集》，现代出版社，2017年。

［31］赵静波、刘建国：《清水营考》，《内蒙古长城研讨会文集》，现代出版社，2017年。

后　记

《鄂尔多斯长城》是一本关于鄂尔多斯市长城方方面面的百科全书，是鄂尔多斯市的第一本有关长城的专著，填补了在本地长城及长城文化研究方面的空白，也是鄂尔多斯市全国长城资源调查工作在调查报告出版之后的后期深化研究成果。

自2007年以来，鄂尔多斯青铜器博物馆积极承担和完成了鄂尔多斯市全国长城资源调查工作及相关长城调查报告编写工作。在《鄂尔多斯长城》成书出版之际，感谢内蒙古自治区文物局、内蒙古自治区文物考古研究所、鄂尔多斯市文化和旅游局对鄂尔多斯市全国长城资源调查工作的正确领导和大力支持，感谢鄂尔多斯市各旗区文物保护管理所对长城调查和长城保护工作的重视和配合。特别感谢陈育宁老师为本书作序，鄂尔多斯青铜器博物馆原馆长王志浩作前言，汤晓芳老师为本书审稿。感谢内蒙古自治区文物考古研究所对鄂尔多斯市全国长城资源调查工作的精心安排和部署，以及对鄂尔多斯长城研究的指导和关注。感谢包头市、阿拉善盟、乌海市、乌兰察布市等兄弟盟市文博单位和长城调查工作人员的帮助和配合。

我们相信《鄂尔多斯长城》的出版将进一步推进鄂尔多斯境内长城及长城文化研究的深化和长城保护的加强，推动鄂尔多斯长城研究和保护事业进入新阶段。虽然经过数年编写、修改、校对、补充，但书中仍可能有欠缺、谬误之处，敬请专家和读者批评指正。

编　者

2019年11月18日